KÖNIGSTEINER
FORUM

Königsteiner Forum 2007

Abenteuer Information: Natur und Wissenschaft im Dialog

SOCIETÄTSVERLAG

Societäts-Verlag, 60327 Frankfurt am Main

Satz: Nicole Proba, Societäts-Verlag
Umschlaggestaltung: Nicole Proba, Societäts-Verlag
Umschlagfoto: picture-alliance/MAXPPP
Druck: Verlagsservice W. Niederland, Königstein

ISBN 978-3-7973-1115-3

Verantwortlich für Konzeption und Inhalt des Königsteiner Forums:
Diether Döring, Prof. Dr. rer. pol., Frankfurt am Main

Organisation: Königsteiner Kur GmbH,
Veranstaltungen & Marketing

Inhalt

Vortragsreihe 2007

Abenteuer Information: Natur und Wissenschaft im Dialog

Königsteiner Forum

Beirat

Dr. Heinz-Dieter Sommer
Hörfunkdirektor des Hessischen Rundfunks, Frankfurt am Main

Hans-Joachim Tonnellier
Vorsitzender des Vorstandes der Frankfurter Volksbank
und Präsident der IHK Frankfurt am Main

Oberstudiendirektor Stephan Zalud
St. Angela-Schule, Königstein im Taunus

Prof. Dr. Herbert Zürn
Königstein im Taunus

Vorwort

Die Entwicklung der Wissenschaften beeinflusst in hohem Maße unser Leben. Die wissenschaftliche Forschung hilft uns auch, die Entwicklung unseres Lebens und dessen Bedingtheit zu verstehen. Dennoch findet ein Dialog zwischen Wissenschaft und Gesellschaft eher nur sporadisch statt. Erschwert wird dieser zweifellos durch den hohen Grad an wissenschaftlicher Spezialisierung und durch die Herausbildung einer Fachsprache in den Disziplinen, die selbst aufgeklärten „Normalbürgern" schwer zugänglich ist.

Diese Vortragsreihe will einen Beitrag für die Verbreiterung des Dialoges zwischen Wissenschaft und Gesellschaft liefern. Dabei wird ein Schwerpunkt gerade auf die naturwissenschaftliche Forschung gelegt. Das Königsteiner Forum hat für die Referate gezielt Forscher angesprochen, die über ein besonders hohes Ansehen in der Wissenschaft verfügen. Die Erfahrung zeigt, dass gerade solche Forscherpersönlichkeiten oft mehr als andere befähigt sind, komplexe wissenschaftliche Zusammenhänge auch einer interessierten Öffentlichkeit zu vermitteln. Die Mehrzahl der Vorträge ist der Entwicklung auf wichtigen wissenschaftlichen Feldern von der Biologie bis zur Medizin gewidmet. Ein besonderer Akzent wird zudem auf die Frage eines verantwortlichen Umgangs mit den Ergebnissen der wissenschaftlichen Forschung und den gewonnenen Informationen gelegt. Getreu der Tradition des Forums, ethischen Fragen besondere Aufmerksamkeit zu schenken, lag ein weiterer Schwerpunkt dieser Reihe auf der Reflexion des wissenschaftlichen Fortschrittsbegriffs und der Verantwortung der Wissenschaften. Unser Referent war Bischof Dr. Wolfgang Huber, der Ratsvorsitzende der Evangelischen Kirche in Deutschland (EKD).

Herrn Hans-Joachim Tonnellier, dem Vorstandsvorsitzenden der Frankfurter Volksbank, wird für die großherzige Unterstützung der Arbeit des Forums gedankt. Desgleichen den Herren Prof. Dr. Herbert Zürn und Peter Lückemeier für ihre Mitarbeit bei der Durchführung dieser Reihe.

Prof. Dr. Diether Döring

Leben – die Organisation von Materie und Energie in Raum und Zeit

Jürgen Tautz

Die Erbgutlinie, die ohne Unterbrechung vom Beginn der Lebensentstehung bis zu jedem heute existierenden Organismus verläuft, hat im Laufe der Jahrmilliarden immer komplexere Systeme um sich herum aufgebaut, die der Gewinnung und der Organisation von Materie und Energie dienen. Der Erfolg wird dabei am Überleben und der Vermehrung gegenüber der Konkurrenz gemessen. Die Bestandteile dieser Systeme weisen untereinander eine entsprechende Zunahme in Arbeitsteilung, Kooperation und Kommunikation auf. In dieser Entwicklung haben die Staaten der Honigbienen eine Spitzenstellung erreicht. Als Superorganismen organisieren sie Materie und Energie derart perfekt, dass sie von ihrer Umwelt in einem Ausmaß unabhängig geworden sind, das ähnlich nur noch der Mensch erreicht hat.

Die Entwicklung und Verbreitung des Lebens auf unserer Erde spielt sich seit den ersten Anfängen vor geschätzten 4,5 Milliarden Jahren nach unveränderten Prinzipien ab. Nach im Grunde simplen Regeln und einfach zu verstehenden Rezepten entfaltete sich eine atemberaubende Vielfalt und eine erstaunliche Komplexität in der Welt des Organismischen.

Antriebsmotor für die Dynamik dieser Explosion des Lebens ist die „Verdammnis zum Erfolg“. Erfolgreich sein heißt, sich stärker vermehren als die direkte Konkurrenz. Vermehren heißt, abstrakt betrachtet, Kopien von sich selbst herzustellen. Wenn man den Begriff der Kopie ernst nimmt, können nur Klone gemeint sein. In diesem Sinne kann in der Welt des Lebendigen allein die Erbsubstanz echte Kopien von sich selbst herstellen. Als alleinige Erbsubstanz haben sich die Nukleinsäuren durchgesetzt; das sind Makromoleküle, aufgebaut aus beliebig vielen Gliedern einer Kette. Jedes Glied dieser Kette besteht aus einer von vier unterschiedlichen organischen Basen, einem Zucker und einer Phosphorsäure. Sind in der Umgebung einer solchen Kette diese entsprechenden Bausteine vorhanden, kann eine Negativkopie der Kette hergestellt werden und von dieser wiederum eine Negativkopie, die dann eine perfekte Positivkopie der Ausgangskette ist. Nachdem sich dieser Molekültyp auf unserem Planeten erst einmal entwickelt und sich gegen mögliche, uns aber nicht bekannte Alternativen, durchgesetzt hatte, begann ein aufregender Automatismus: Kopien der Kopien der Kopien der Kopien der Kopien... bilden eine nie unterbrochene Linie der Erbsubstanz durch die Jahrmilliarden bis in unsere Tage, bis zu jedem heute lebenden Organismus.

Es lässt sich leicht nachvollziehen, dass bereits diese Moleküle, die Kopien von sich selbst herstellen konnten, in Konkurrenz um die elementaren Bausteine getreten sind, aus denen die Kopien erstellt wurden. Schon damals waren Rohstoffe knapp oder wurden umso knapper, je begehrter sie wurden. Das Makromolekül, das es dabei geschafft hat, sich Hilfstruppen in Form von Enzymen zuzulegen, die eine noch raschere und wirtschaftlichere Kopierarbeit ermöglichten, ließ die Konkurrenz hinter sich. Damit aber überhaupt neue Molekültypen entstehen konnten, mussten die Kopien zwar präzise, aber nicht vollkommen fehlerfrei sein. Kopierfehler in vertretbarer Häufigkeit garantierten das Spiel mit Varianten, ohne die nichts Neues entstehen konnte. Auch daran hat sich bis heute nichts geändert. Mutationen, die zu fehlerhaften Kopien führen, sind eine wichtige Quelle für das Auftreten neuer und unterschiedlicher Typen. Durch immer neue Abweichungen, die entweder als ungünstig rasch verschwunden sind oder als günstig überlebt haben, ist eine unüberschaubare Fülle an Nukleinsäurekettenvariationen entstanden. Diese unterschiedlichen Ketten enthalten die Instruktionen, die der genetischen Information der Organismen entsprechen und die zu den unterschiedlichen Lebewesen führen.

Es ist nicht zu übersehen, dass nach einem unvorstellbar langen Zeitraum von mehr als vier Milliarden Jahren Evolution die Welt heute vor Nukleinsäuremolekülen unterschiedlichster Kettenzusammensetzung nur so wimmelt. Diese Ketten existieren aber nicht frei, sondern sie haben sich eine schier unüberschaubare Fülle unterschiedlicher Verpackungen zugelegt.

Wieso diese zurückgezogene Existenz der Nukleinsäuren, tief verborgen im Innern der Organismen? Es ist keineswegs bescheidene Zurückhaltung, die Nukleinsäuren sind vielmehr ständig „rücksichtslos" damit befasst, ihre eigene Kopierfähigkeit – im Vergleich zu ähnlichen Nukleinsäuren als direkte Konkurrenz – zu verbessern. Was soll dabei die Verpackung helfen?

Sucht man nach Phänomenen, die mit der Evolution von der anfänglich nackten, sich selbst kopierenden Erbsubstanz bis zu heutigen Lebensformen einhergehen, so fällt auf:
- Es entstehen mit der Zeit immer komplexere Strukturen.
- Die entstehenden Strukturen leisten mehr als die Summe ihrer Teile.
- Die Strukturen können das Verhalten ihrer Teile bestimmen.

Die Erbsubstanz selbst wird keineswegs immer komplexer. Diese drei aufgeführten Feststellungen zu offensichtlichen Tendenzen der Evolution betreffen die Verpackung der Erbsubstanz, den so genannten Phänotyp, das System, den Organismus, den die Erbsubstanz stellvertretend für sich unter dem Motto in die Schlacht schickt „überlebe und vermehre dich erfolgreicher als die anderen".

Als frühe komplexe Organisationsform wurden vor rund 3,5 Milliarden Jahren die ersten kernlosen Zellen gebildet, die die Erbsubstanz umschlossen und eine Reihe wichtige funktionelle Bausteine umfassten. Eigenständige Zellen entnahmen ihrer Umgebung Materie und Energie, die zur Vermehrung der Zellen und damit der Vermehrung der Erbsubstanz eingesetzt wurden. Frei lebende Einzelzellen finden wir noch heute, sie spielen eine wichtige aber eher unauffällige Rolle im Naturhaushalt. Bakterien und einzellige Lebewesen sind auf dieser Stufe der Evolution stehen geblieben und können offenbar mit Vielzellern konkurrieren. Andernfalls gäbe es sie nicht mehr. Die Evolution mehrzelliger Lebewesen nahm ihren Anfang vor erst sechshundert Millionen Jahren, also fast drei Milliarden Jahre später. In diesem nächsten großen Schritt organisierten sich ursprünglich unabhängige Zellen zu mehrzelligen Lebewesen. Als Einstieg in diese nächsthöhere Ebene der Komplexität kann man sich vorstellen, dass sich Zellen nach ihrer Teilung nicht vollständig voneinander lösten, sondern aneinander kleben blieben. Durch diesen „Unfall" wurden die Vorteile zweier entscheidender Eigenschaften entdeckt: Arbeitsteilung und Kooperation. So kamen „Vehikel" mit Eigenschaften zustande, mit denen die Erbsubstanzmoleküle ihre eigene Vervielfältigung und damit ihre Verbreitung noch besser bewerkstelligen konnten.

Durch den Zusammenschluss der vorhandenen Bausteine entstanden komplexere Strukturen. Das ist unbestritten. Aber wieso sollten komplexere Strukturen im Vorteil sein? Und worin sollte der Vorteil bestehen?

Ein klarer Vorteil liegt in der Chance, einzelnen Bausteinen des Komplexes unterschiedliche Aufgaben zu übertragen. Diese Art der Spezialisierung erlaubt es dann, unterschiedliche Probleme zeitgleich zu lösen und nicht hintereinander abzuarbeiten, wie es bei unspezialisierten Einzelkämpfern der Fall ist. Sind erst einmal Spezialisten, wie verschiedene Zelltypen in mehrzelligen Lebewesen, entstanden, lassen sich deren Organ-Aktivitäten vernetzen und so völlig neue Möglichkeiten eröffnen, sich mit der Umwelt auseinander zu setzen. Das war offenbar ein sehr erfolgreicher Schritt. Mehrzelligen Organismen bestimmen das heutige Erscheinungsbild der belebten Welt.

Mit der Schaffung mehrzelliger Lebewesen tritt der „planmäßige" Tod in das Leben. Die Vehikel, die sich die Erbsubstanz in Form von Organismen erschaffen hat, sind sterblich. Keine gute Ausgangsbasis im permanenten Konkurrenzkampf. Einen Teil der Körperzellen vor der Sterblichkeit zu bewahren und damit eine „ewige Kopien-Linie" zu etablieren, erwies sich als der Königsweg aus dem Dilemma, den Gewinn leistungsfähiger Systeme mit dem Nachteil einer begrenzter Haltbarkeit erkaufen zu müssen. Mehrzelligen Lebewesen weisen die Weitergabe der Erbsubstanz spezialisierten Zellen zu, den männlichen und den weiblichen Keimzellen. So entstanden die Keimbahnlinien, die über die Zeiten hinweg die Generationen verbinden und die Weitergabe und Verbreitung der Erbsubstanz vom Tod ihrer Träger unabhängig machen. Der Zusammenbau komplexer Untereinheiten aus stabilen Bausteinen hat also zu mehrzelligen Organismen geführt, die zudem für die Erbsubstanz das Problem der Sterblichkeit gelöst haben.

Die bisher geschilderten evolutiven Quantensprünge haben eines gemeinsam: den Zusammenschluss von Bausteinen zu neuen, größeren und komplizierteren Strukturen. Es kommt jeweils eine neue Ebene der Komplexität hinzu. Mit jeder neuen Komplexitätsebene haben sich vollkommen neue Möglichkeiten in die Welt des Lebendigen eröffnet, an die vorher nicht zu denken war.

Führt man diese Schritte, den Zusammenschluss von Bausteinen zu übergeordneten Strukturen fort, dann wäre der nächstfolgende Quantensprung die Schaffung noch komplexerer lebender Systeme durch den Zusammenschluss von unabhängigen Organismen zu Superorganismen. Ein Beobachter der Evolution auf unserer Erde hätte nach dieser erwartungsvollen Überlegung auf das Auftreten solcher Hyperkomplexe wetten, sich zurücklehnen und warten können, bis die prognostizierten Superorganismen irgendwann auftreten. Dieser Schritt musste früher oder später geschehen, vorausgesetzt, das geeignete Rohmaterial ist vorhanden. Man kann seiner Phantasie freien Lauf lassen und diese Gedanken noch weiterspinnen: Irgendwann müsste dann der Zusammenschluss von Superorganismen zu Top-Superorganismen erfolgen. Soweit ist die Evolution aber nicht. Wird sie jemals dorthin gelangen? Es gibt erste Anzeichen bei bestimmten Ameisenarten, dass eine entsprechende Entwicklung Gang gekommen sein könnte.

Die Honigbienen in ihrer heutigen Erscheinung, die alles in allem auf eine etwa 30 Millionen Jahre lange Geschichte zurückblicken können, waren so gesehen unvermeidlich. Sie mussten irgendwann „passieren". In den Details ihrer Eigenschaften hätten sie anders ausfallen können; sie hätten nicht wie die uns geläufigen Bienen aussehen müssen, aber zu der grundsätzlichen Organisation des „Superorganismus Bienenstaat" gibt es keine konkurrenzfähige Alternative.

Honigbienen konnten jedoch nur „passieren", weil sie entsprechende Voraussetzungen mitgebracht haben. Denn die Entstehung von Superorganismen theoretisch zu fordern, ist eine Sache. Sie tatsächlich stattfinden zu lassen, eine andere. Superorganismen von nennenswerter Bedeutung im Naturhaushalt sind, sieht man von den taxonomisch separaten Termiten ab, lediglich bei den Hautflüglern (Hymenopteren) entstanden und umfassen Ameisen, Bienen, Hummeln und Wespen.

Mit dem Superorganismus Bienenstaat entstand ein höchst komplexes System, das aber ebenso wie alle einfacheren Systeme lediglich das Vehikel für die Erbsubstanz darstellt. Und die Erbsubstanz „verfolgt" auch in dieser noch raffinierteren Verpackung nach wie vor das gleiche Ziel, das die Moleküle aus der Ursuppe verfolgt haben: Ihre eigene Vermehrung soll erfolgreicher sein als die der Konkurrenz. Natürlich verfolgen Moleküle kein Ziel. Beobachtet man aber die ablaufenden Evolutionsprozesse, lässt sich erkennen, dass sich diejenigen Einheiten durchsetzen, die sich so verhalten, als verfolgten sie aktiv dieses Ziel sich zu kopieren und zu kopieren und zu kopieren... Diese umständliche aber richtige Darstellung wird der Einfachheit halber durch laxe aber unkorrekte Formulierungen wie „die Moleküle streben nach...", „sie wollen...", „sie verfolgen das Ziel..." ersetzt.

Ähnlich wie sich die Mehrzeller die Keimzellen als spezielle Zellen zur Weitergabe der Erbsubstanz zugelegt haben, übernahmen im Superorganismus einzelne spezialisierte Tiere diese Aufgabe. Auf diese Weise entstanden Kolonien mit wenigen Geschlechtstieren zur direkten Weitergabe der Gene und einer großen Masse an Individuen, die sich nicht fortpflanzen, aber wichtige Aufgaben für den Erhalt der Kolonie sowie Bildung und Qualität der Geschlechtstiere übernehmen.

Leisten, wie oben behauptet, komplexere Strukturen wirklich mehr als die einzelnen Bausteine für sich? Und lässt sich eine solche Aussage für die Honigbienen belegen? Komplexere Strukturen besitzen, da sie sich aus elementaren Teilen zusammensetzen, mehr Bausteine als die Objekte auf den unteren Ebenen und damit mehr Möglichkeiten der Wechselwirkungen zwischen den Teilen. Deshalb bringen komplexe Strukturen unter geeigneten Voraussetzungen Eigenschaften hervor, die sich aus den Eigenschaften der Einzelbausteine nicht erklären lassen: Das Ganze ist mehr als die Summe seiner Teile, hat schon Aristoteles so formuliert. So können Bienenkolonien aufgrund von Informationsflüssen als Einheit Entscheidungen fällen, die einzelnen unverbundenen Bienen nicht zur Verfügung stehen.

Bestimmt oder beeinflusst ein Komplex tatsächlich auch die Eigenschaften seiner Bausteine? Auch dies trifft für die Kolonien der Honigbienen zu. Eigenschaften der einzelnen Bienen werden durch die bienengeschaffenen Lebensbedingungen mitbestimmt.

Das Bienenvolk – ein Säugetier in vielen Körpern

Eigenschaften, auf denen die Überlegenheit der Säugetiere beruht, finden sich in gleicher Zusammenstellung im Superorganismus Bienenstaat. Nach allen gängigen Kriterien sind Honigbienen Insekten – kein Zweifel. Und das seit ihrem ersten Auftauchen vor geschätzten 30 Millionen Jahren bereits in ihrer heutigen Gestalt – allerdings nur bis ins 19. Jahrhundert. In diese Zeit fällt ihre „Geburt“ als Wirbeltiere. Schuld daran ist ein drastischer Vergleich, den der Imker und Schreinermeister Johannes Mehring (1815–1878) formulierte: Das Bienenvolk sei ein „Einwesen“. Es entspreche einem Wirbeltier. Die Arbeitsbienen seien der Gesamtkörper, seine Erhaltungs- und

Verdauungsorgane. Die Königin entspräche den weiblichen, die Drohnen den männlichen Geschlechtsorganen.

Diese Sichtweise, eine ganze Bienenkolonie mit einem einzigen Tier gleichzusetzen, brachte den Begriff des „Bien“ hervor, womit die „organische Auffassung des Einwesens“ ausgedrückt werden sollte, die eine Bienenkolonie als ein unteilbares Ganzes, als einen einzigen lebenden Organismus betrachtet. Für diese Lebensform hat der amerikanische Biologe William Morton Wheeler (1865–1937), resultierend aus seinen Arbeiten an Ameisen, dann 1911 den Begriff des Superorganismus (Wortstamm: lat. super = darüber, über hinaus; griech. Organon = Werkzeug) geprägt.

Ich möchte diese kluge, einer gründlichen Naturbeobachtung durch die alten Imker entsprungenen Auffassung mit der die Vorstellung von einer Bienenkolonie als einem Super-Organismus zum ersten Mal ausgedrückt worden ist, an dieser Stelle auf die Spitze treiben und behaupten: Der Staat der Honigbienen ist nicht nur „ein Wirbeltier“, er hat sogar manche Eigenschaften von Säugetieren.

Diese Aussage, die zunächst allzu weit hergeholt erscheinen mag, mutet nicht mehr so seltsam an, wenn man nicht vom Körperbau der Honigbienen und ihrer stammesgeschichtlichen Entstehung ausgeht, sondern die Bienen auf das Vorhandensein der wesentlichen evolutiven Erfindungen abklopft, die die jüngste aller Tiergruppen, die Säugetiere, allen anderen Wirbeltiergruppen so überlegen macht.

Säugetiere lassen sich durch die Kombination der folgenden Eigenschaften und Neuerfindungen von anderen Wirbeltieren abgrenzen:

- Sie haben eine extrem niedrige Vermehrungsrate – Honigbienen ebenfalls.
- Säugetierweibchen erzeugen in speziellen Drüsen Muttermilch zur Versorgung des Nachwuchses – Honigbienenweibchen erzeugen in speziellen Drüsen Schwesternmilch zur Versorgung des Nachwuchses.

- Losgelöst von einer Außenwelt mit schwankenden Eigenschaften bieten Säugetiere ihren sich entwickelnden Nachkommen eine schützende Umwelt, in Form exakt eingestellter Umweltwerte im Uterus der Mütter – Honigbienen bieten ihren Jugendstadien den gleichen Schutz und die gleiche konstante Umwelt im sozialen Uterus des Bienennestes.
- Säugetiere haben eine Körpertemperatur von etwa 36° Celsius – Honigbienen halten im sozialen Uterus ihre Puppen auf einer Körpertemperatur von etwa 35° Celsius.
- Säugetiere besitzen mit ihren großen Gehirnen unter den Wirbeltieren die höchste Lernfähigkeit und die ausgeprägtesten kognitiven Eigenschaften. Honigbienen besitzen eine ausnehmend hoch entwickelte Veranlagung zum Lernen sowie kognitive Eigenschaften, mit denen sie sogar so manche Wirbeltiere in den Schatten stellen. Damit gehören sie unter den wirbellosen Tieren klar in die Spitzengruppe.

Ist es nicht verblüffend, dass diese Liste an prinzipiellen Erfindungen, durch die sich die Säugetiere, uns Menschen eingeschlossen, charakterisieren lassen, auch für den Bienenstaat zutrifft?

Der „Nachweis“, dass ein Volk von Honigbienen als „Säugetier ehrenhalber“ angesehen werden kann, oder besser gesagt, dass der Superorganismus Bienenstaat entscheidende funktionelle Erfindungen der Säugetiere ebenfalls gemacht hat, erweckt den Verdacht, dass hier mehr dahinter stecken könnte als oberflächliche Ähnlichkeiten. Und das ist in der Tat so.

Um in diesem Phänomen mehr als verblüffend klingende, vielleicht bedeutungslose oder einfach nur zusammengesuchte Analogien zu sehen, beginnt man am besten mit der Frage nach dem „Wozu“ dieser gemeinsamen Eigenschaften. Am Ausgangspunkt dieser Erkundungsreise steht die Überzeugung, dass es Sinn macht, nach wichtigen Problemen zu suchen, für die unterschiedliche Tiergruppen offenbar gleiche Lösungen gefunden haben.

Der Startpunkt der Betrachtungen soll also sein: Wir haben die Lösung, was ist das Problem? Wir haben die Antwort, was ist die Frage?

Eine Organismengruppe, die sich zu einem evolutiven Höhenflug aufschwingt, ist Konkurrenten gegenüber umso mehr im Vorteil, je unabhängiger sie zur langfristigen Existenzsicherung von den Zufällen der Umwelt ist. Umweltfaktoren können unvorhersehbar schwanken. Wirken diese unberechenbaren Umweltfaktoren auf eine breite Palette von Eigenschaften in einer Population, bewerten sie diese Eigenschaften, indem sie als Selektionsfaktoren das Überleben und die Fortpflanzung der verschiedenen Typen bestimmen. Die Erfolgreichen und besser Angepassten werden sich ausbreiten, die weniger Erfolgreichen und weniger gut Angepassten werden verschwinden. Das ist der Kern der Darwin'schen Theorie über den Mechanismus der Evolution.

Angesichts der unvorhersehbaren Richtung und Stärke von Umweltschwankungen ist ein Organismus gut beraten, möglichst viele und unterschiedlich beschaffene Nachkommen in die Welt zu setzen, um auf möglichst viele unterschiedliche künftige Fälle eingerichtet zu sein. Wenn es einer Organismengruppe allerdings im Zuge eines Evolutionsprozesses gelingt, sich Fähigkeiten anzueignen, mit denen sie eine möglichst große Anzahl an Umweltparametern selbst einstellen und kontrollieren kann, sich also von den Unwägbarkeiten der Umwelt mehr oder weniger befreien kann, könnte sie sich auf diesem sicheren Polster risikolos eine geringe Anzahl von Nachkommen leisten. Säugetiere und Honigbienen gehören offenbar in diese besondere Kategorie.

Unabhängigkeit von schwankendem Energieangebot der Umgebung durch eine aktive Vorratswirtschaft, Unabhängigkeit von schwankender Nahrungsqualität durch selbsterzeugte Nahrung, Schutz vor Feinden durch die Errichtung schützender Lebensräume und die Unabhängigkeit von Witterungseinflüssen durch die Einstellung geeigneter Klimawerte im selbst geschaffenen Lebensraum sind klare Vorteile gegenüber all denjenigen Organismengruppen, die das nicht leisten können.

Die aufgeführten „säugetierähnlichen" Eigenschaften gewähren den Säugetieren wie den Honigbienen eine weitgehende Unabhängigkeit von aktuellen Umweltbedingungen. Diese Unabhängigkeit wird erreicht durch einen entsprechenden Aufwand an Materie und Energie sowie eine komplexe Organisation zur „Verwaltung" des Ganzen. Eine niedrige Vermehrungsrate kann dann als Folge dieser kontrollierten optimalen Lebensbedingungen aufgefasst werden. Organismen mit niedrigerer Vermehrungsrate, die sehr konkurrenzstark sind, erreichen durch die geringe Nachkommenzahl eine stabile Populationsgröße im Rahmen der Möglichkeiten, die das Habitat bietet. Sie können sich aber bei Veränderungen der Umweltbedingungen aufgrund der geringen Nachkommenzahl schlecht anpassen. Es sei denn, dieses Problem tritt erst gar nicht auf, weil man kritische Umweltfaktoren „im Griff" hat, weil man Teile seiner ökologischen Nische selbst erschaffen hat und ihre Aufrechterhaltung kontrollieren kann.

Als ob das den Honigbienen noch nicht reichen würde, haben sie die Fähigkeit, ihre Umwelt zu kontrollieren, weiter optimiert: Ihre Kolonien wurden, für den Fall idealer Bedingungen, potentiell unsterblich. Gleichzeitig hat der Superorganismus Bienenkolonie einen Weg gefunden, seine genetische Ausstattung wie ein „genetisches Chamäleon" kontinuierlich zu verändern, um in keiner Sackgasse der Evolution zu enden.

Kontrolle durch Rückkopplungen ist generell ein wesentliches Kennzeichen lebender Organismen. Jeder Organismus regelt sehr genau seine „innere Umgebung". Dabei werden Energieströme, der Materiedurchsatz und auch Informationsflüsse innerhalb eines Organismus auf jeweils passende Größen eingestellt. Die Körpertemperatur ist ein Resultat von Energiezu- und -abfuhr, das Körpergewicht ist das Zeichen einer Balance von Materiezu- und -abflüssen. In seinem Buch „The wisdom of the body" prägte W. B. Cannon 1939 für solche geregelte Körperparameter den Begriff der Homöostase. Das

Teilgebiet der Biologie, das die Grundlagen derartig geregelter Vorgänge in Organismen untersucht, ist die Physiologie. Übertragen auf die Analyse geregelter Zustände in einer Bienenkolonie als Superorganismus, „einem Säugetier in vielen Körpern", untersucht die Soziophysiologie, ob und welche Regelgrößen in einer Bienenkolonie homöostatisch eingestellt werden, wie dies von den Bienen im Detail bewerkstelligt wird und wozu das Ganze dienen soll.

Die Physiologie der Säugetiere und die Soziophysiologie der Honigbienen sind zu erstaunlich ähnlichen Lösungen gelangt. Solche ähnliche Lösungen, die vollkommen unabhängig voneinander entstanden sind, werden als Analogien oder Konvergenzen bezeichnet. Ein Beispiel für eine Analogie sind die Flügel der Vögel und die Flügel der Insekten. Das gemeinsame Problem, dessen Lösung die Erfindung der Flügel darstellte, hieß „Fortbewegung durch die Luft".

Deutet man die Übereinstimmung der aufgeführten Eigenschaften bei Säugetieren und Honigbienen, so führt das zu der Frage: „Was ist eigentlich das gemeinsame Problem, das mit diesem Bündel an konvergenten Phänomenen gelöst werden soll?" Dabei fällt auf, dass alle genannten Eigenschaften dazu dienen, Säugern und Honigbienen einen Grad an Unabhängigkeit von einer erratischen Umwelt zu gestatten, wie sie sonst kaum eine andere Organismengruppe bisher erreicht hat. Diese kontrollierte Unabhängigkeit muss dabei nicht die gesamte Lebensspanne in gleicher Weise intensiv betreffen, sondern kann sich auf besonders gefährdete Stadien im Lebenszyklus der Organismen beschränken.

Um wenige, aber bestens ausgerüstet und von den Zufällen der Umweltschwankungen möglichst behütete fortpflanzungsfähige Nachkommen zu erzeugen und in die Welt zu entlassen, setzt der Bienenstaat als Superorganismus offenbar „Tricks" ein, die denen der Säuger verblüffend ähneln. Zu diesem Zweck haben die Honigbienen bienenspezifische Fähigkeiten und Eigenschaften entwickelt, die zu den erstaunlichsten Erscheinungen in der Welt des Lebendigen gehören.

Der Tod und die Unsterblichkeit

Wir Menschen sind stolz auf ein möglichst weit zurückreichendes Gründungsdatum unserer Städte, markiert durch Tausendjahrfeiern und Fünfzehnhundertjahrfeiern. Es sind natürlich nicht mehr die gleichen Häuser und Straßen und schon gar nicht die gleichen Bewohner, die derart lange überleben, aber es ist die Siedlung in ihrer geographischen Lage und Organisationsform als Einheit, die ununterbrochen bewohnt ist. In diesem Sinne ist eine Bienenkolonie eine kontinuierliche Einheit.

Die „ewige Kolonie" wird durch einen fortwährenden Ersatz ihrer Mitglieder möglich. Alle vier Wochen bis zwölf Monate werden die Arbeiterinnen und alle drei bis fünf Jahre die Königinnen ausgetauscht. Die Drohnen sind mit etwa zwei bis vier Wochen so kurzlebig wie die meisten Arbeiterinnen. Ausgehend von einer Volkstärke von 50.000 Bienen und einer täglichen Todestrecke von 500 Tieren wäre bei diesem täglichen Bienenaustausch von einem Prozent die gesamte Kolonie, abgesehen von der Königin, innerhalb von etwa vier Monaten ausgetauscht. Dieser Wechsel zerstört die genetische Identität der Kolonie nicht.

Völlig verändert wird die genetische Ausstattung der Kolonie allerdings, wenn eine neue Königin für die Nachkommen dieser Kolonie zuständig wird. Dieser Schritt ist der Einstieg in den schleichenden „genetische Tod" der zu diesem Zeitpunkt existierenden Kolonie. Neue Königinnen sind in ihren Eiern und den Samen der Drohnen, die sie begattet haben, genetisch neu ausgestattet und das gilt auch für alle ihre Nachkommen, die im Laufe der Zeit die Kolonie bevölkern und sämtliche alten Bienen ersetzen. Diese Umstellung geschieht regelmäßig, wenn vor der Vermehrung der Kolonie durch Schwarmbildung neue Jungköniginnen erzeugt werden. Die gleiche Neuausrichtung der genetischen Basis und Zusammensetzung einer Kolonie tritt aber auch dann ein, wenn in einer Notlage des Superorganismus aus einer beliebigen Larve eine neue Königin nachgezogen werden muss. Durch eine solche Nachbeschaffung ersetzt eine Kolonie eine nicht mehr einsatzfähige Altkönigin durch eine Jungkönigin, die auf ihrem Hochzeitsflug eine neue „Samenmischung“ zur Erzeugung von Arbeiterinnen mit auf den Weg bekommt. Eine ortsfeste Bienenkolonie, die im natürlichen Schwarmverhalten jährlich ihre Königin austauscht, ändert ihre genetische „Farbe“ im Jahresrhythmus.

Da die Kolonien ortsfest und potentiell unsterblich sind, entsteht das Problem, dass in überschaubarer Zeit für neu hinzukommende Kolonien auf der Erde kein Raum mehr wäre. Dazu kommt es nicht. Regulierend greifen Krankheiten, Parasiten, Räuber und Nahrungs- bzw. Wassermangel oder echte Katastrophen, wie Waldbrände, in das Geschehen ein, bedrohen massiv die Kolonien und führen häufig genug zum Ende der potentiell endlosen Kette. So bekommen neue Kolonien ihre Chance. Auch die Überlebenswahrscheinlichkeit ausgeschwärmter Kolonien ist nicht allzu hoch. Etwa jeder zweite Schwarm übersteht das Auszugsabenteuer nicht, besonders wenn es sich um schwache Nachschwärme handelt und vor allem dann nicht, wenn diese kleinen Schwärme von Unwettern überrascht werden. Aber diejenigen Schwärme, die die erste neue Saison überstehen, haben sehr gute Zukunftsaussichten.

Materie- und Energiestrom organisieren

Die potentielle Unsterblichkeit der Kolonien mit einem langsamen, aber ständigen Abspaltungsstrom von voll funktionsfähigen individuenstarken Tochterkolonien kostet ihren Preis.

Die Erschaffung der Tochterkolonien ist nicht nebenbei zu erledigen. Die gesamte Biologie der Honigbienen mit all ihren erstaunlichen Leistungen ist vielmehr darauf ausgelegt, Materie und Energie aus der Umwelt zu entnehmen und so zu organisieren, dass daraus Tochterkolonien von höchster Qualität entstehen können. Diese zentrale Einsicht ist der Schlüssel zum Verständnis der erstaunlichen Errungenschaften und Leistungen der Honigbienen.

Wenn man so will, verlassen die Honigbienen die autarke „Welt" ihres Nestes in erster Linie um Materie und Energie einzutragen, damit sie sich am Leben erhalten und einmal jährlich die Koloniesvermehrung vorbereiten und durchführen können. Welchen Weg nehmen Materie und Energie durch ein Bienenvolk? Was heißt „Organisieren" der Wege?

Alles irdische Leben hängt von der Sonne ab. Diese versorgt zunächst die Pflanzen mit Energie, die Sonnenenergie fixieren und organische Stoffe aufbauen können. Die so entstandene Pflanzenmaterie und die darin gespeicherte Energie wird dann von Tieren genutzt. Das gilt in ganz besonderem Maße für die Aufrechterhaltung einer Bienenkolonie und für die Produktion von Ablegerkolonien. Die Honigbienen sind daher vollständig von den Blütenpflanzen abhängig. Dabei werden die Blütenpflanzen von den Bienen aber nicht einseitig ausgebeutet, sondern Blütenpflanzen und Honigbienen unterstützen sich gegenseitig in der wichtigsten Aufgabe aller Lebewesen, der Fortpflanzung. Bienen übertragen beim Blütenbesuch den Pollen von Blüte zu Blüte und erledigen so den Sex für die Blumen als Voraussetzung zur Bildung von Samen, die in Früchte eingebettet werden. Die „Früchte" der Bienenkolonien, sind in Analogie die kompletten neuen Ablegervölker, deren Herstellung auf den pflanzlichen Rohstoffen Nektar und Pollen beruht. Folgt man dieser anschaulichen, aber allzu stark vereinfachten Pflanzenanalogie, sind die in die Ablegervölker eingebetteten Geschlechtstiere die „Samen" der Bienen.

Was Bienen über Blüten wissen

Pollen und Nektar sind für die Bienen natürliche nachwachsende Rohstoffe als ausschließliche Basis für den Aufbau und das Funktionieren der Kolonien. Blüten stehen nicht immer und überall und schon gar nicht unbegrenzt zur Verfügung. Sie sind somit für die Bienen unersetzliche Ressourcen, um deren Ausbeutung die Bienenkolonien untereinander und mit anderen Insekten konkurrieren. Um die Nase als Erste in die Blüten stecken zu können, haben die Bienen höchst erstaunliche Fähigkeiten entwickelt.

Wissen ist Macht. Das gilt auch für die Bienen. Aber was müssen Bienen über Blüten wissen? Und woher haben sie ihre Kenntnisse?

Im Prinzip kann die Natur drei Wege beschreiten, um Tiere etwas wissen zu lassen:

- Angeborene Kenntnisse sind im Erbgut verankert (Vorwissen),
- aus eigenen Erfahrungen kann Wissen erworben werden (Lernen) und,
- als höchste Stufe, kann Information auf dem Wege der Mitteilung durch Artgenossen erhalten werden (Kommunikation).

Für das Lernen und die Kommunikation stellen die Sinnesorgane die Verbindung zur Umwelt her. Sinnesorgane sind keine passiven Fenster in die Umwelt, sondern sie können in Verbindung mit den auf die Sinnesorgane folgenden Verarbeitungsstationen im Zentralnervensystem Kategorien schaffen, die biologisch wichtig sind und die in der physikalischen Realität nicht existieren müssen. Ein Beispiel für diese Merkwürdigkeit, Dinge erleben zu können, die objektiv so gar nicht existieren, sind die Farben. Farben gibt es außerhalb der Wahrnehmungswelt von Lebewesen nicht. Elektromagnetische Wellen, zu denen auch das Licht gehört, bilden ein kontinuierliches Spektrum. Nur der Teil dieses Kontinuums, der Sinneszellen erregen kann, wird von einem Tier als Lichtreiz empfunden. Die Farben werden in der Wahrnehmungswelt geschaffen, indem unterschiedliche Sinneszellen auf unterschiedliche Teilbereiche des Lichtwellenspektrums ansprechen. Welche Farbkategorien sich dabei im Laufe der Evolution herausgebildet haben, hängt von den Möglichkeiten der Sinnesmaschinerie und von der Bedeutung der erzeugten Kategorien für das Überleben und die Fortpflanzung der Lebewesen ab.

Die Sinneswelt der Honigbienen ist hervorragend an die Reize, die Blüten bieten, angepasst. Blüten heben sich optisch durch ihre Farbe vor einem grünen Blätterwald ab. Bienen können Farben sehen. Blüten duften. Bienen haben einen höchst empfindlichen Geruchsinn entwickelt.

Farben haben für Bienen eine angeborene Bedeutung. So fliegen naive Bienen, wenn sie die Wahl zwischen unterschiedlichen Farben haben, bevorzugt die Farben blau und gelb an. Blaue und gelbe Farben treten bei Blüten extrem häufig auf und viele andere Blütenfarben besitzen starke Anteile in den Wellenlängenbereichen blau und gelb.

Sehr wichtig ist für Honigbienen die Fähigkeit, Farben durch Lernvorgänge unterschiedliche Bedeutungen zuweisen zu können. Dieser Wissenserwerb durch eigene Erfahrung spielt für die Bienen eine derart überragende Rolle, dass sie mit ihren Lernfähigkeiten unter den Insekten eine herausgehobene Sonderrolle spielen. Die „hohe Schule" des Informationsflusses, die Kommunikation zwischen Artgenossen, ist bei den Honigbienen ebenfalls zu einsamen Höhen entwickelt.

Angeborene Kenntnisse, erlerntes Wissen und kommunizierte Information bilden einen verwobenen Dreiklang als Grundlage der „Weisheit" des Bienenvolkes. Besonders detailliert sind dazu unsere Kenntnisse zum „Wissen der Bienen über Blüten".

Um die komplexe Gesamtleistung der Bienen beim Aufsuchen und Ausbeuten der Blüten untersuchen und würdigen zu können, ist eine Aufteilung des Bienenverhaltens rund um die Blütenbesuche in funktionelle Teilschritte sehr hilfreich.

Die Leistungen, die von den Sammelbienen zum effektiven Ausnutzen des Blütenangebotes erbracht werden müssen, sind:

- Blüten als solche erkennen,
- verschiedene Blüten unterscheiden,
- den Zustand der Blüten erfassen,
- wissen, wie man die Blüten effektiv mit Beinen und Mundwerkzeugen bearbeitet

- die geographische Lage der Blüten in der Landschaft bestimmen,
- die tageszeitlichen Fenster bestimmen, in denen unterschiedliche Blüten in ihrer Nektarproduktion ergiebig sind,
- als Sender in einer Kommunikation über ihre Erfahrungen ihren Nestgenossinnen Mitteilung machen und
- als Empfänger in einer solchen Kommunikation selbst solche Mitteilungen verstehen und die Blüten finden können.

Vor dem Ausbeuten von Blüten steht das Entdecken solcher Schätze. Ein kleiner Prozentsatz der älteren Bienen sucht als „Scout"-Bienen die Gegend nach neuen Blütenschätzen ab. Behalten wir die Umgebung solcher Blüten, die die Aufmerksamkeit solcher „Pfadfinderbienen" auf sich gezogen haben, im Blick, stellen wir fest, dass nach wenigen Minuten bis zu einer halben Stunde nach deren Entdeckung mehr und mehr Bienen dort eintreffen. Dieses Anwachsen der Besucherzahl erfolgt viel zu rasch, als dass jede der dort eintreffenden Bienen die Blüten ganz alleine für sich und ganz zufällig entdeckt haben könnte. Tatsächlich wurden die neu eintreffenden Bienen über die Entdeckung im Bienennest informiert und indem sie dieser Information folgen, als Sammelhelfer rekrutiert.

Die Kommunikation, die sich dabei zwischen den „wissenden" und „unwissenden" Bienen abspielt, ist höchst komplex und noch immer nicht befriedigend verstanden. Sie besteht aus einer Kette von Verhaltensweisen, die sich im Stock und im Feld abspielen. Ein Glied in dieser Kette ist die so genannte „Tanzsprache", die durch Karl von Frisch entdeckt wurde und die zu den am intensivsten studierten und am besten bekannten Kommunikationsformen von Tieren gehört.

Hat eine Biene einen blühenden Kirschbaum entdeckt, kehrt sie mit etwas Nektar zum Stock zurück. Nach dem Abladen des Nektars an Abnehmerbienen verlässt sie den Stock wieder, um zum gleichen Kirschbaum zurückzufliegen. Dies spielt sich mehrmals hintereinander ab, wobei sie den Weg vom Stock zum Futterplatz und den Rükkweg zum Stock immer rascher zurücklegt. Man kann vermuten, dass dieser Zeitgewinn aus einer immer kürzeren Flugstrecke resultiert, die wiederum aus einer sukzessiven Begradigung der Flugstrecke zustande kommt. Hat sie die schnellste Strecke gefunden, was nach bis zu 10 Ausflügen der Fall sein kann, beginnt die Biene im Stock zu tanzen.

Karl von Frisch hat entdeckt, dass bei Futterstellen, die weniger als etwa 50–70 Meter vom Stock entfernt liegen, die Bienen einen Rundtanz aufführen. Ein Rundtanz enthält nur wenig Information über die Futterstelle. Es wird lediglich ein Hinweis gegeben, wonach gesucht werden muss und es ist klar, dass sich diese Tracht ganz in der Nähe des Nestes befindet. Eine Biene, die vom Kirschblütenbesuch zurückkehrt, duftet nach Kirsche. Ein Kirschbaum lässt sich nach ein paar Flugrunden um den Stock leicht finden.

Liegen die Futterstellen in größerer Distanz, ist ein Hinweis auf die Lage der Nahrungsquelle sehr hilfreich und spart langwierige Suchflüge, wie sie im Nahbereich ohne großen Aufwand möglich sind. Diesen Hinweis gibt die Biene, die Helferinnen engagieren will, mit dem Schwänzeltanz. Bestimmte Aspekte der Tanzfigur korrelieren dabei mit der Lage der besuchten Futterstelle in der Landschaft, so dass ein Beobachter ablesen kann, wo etwa diese Futterstelle lokalisiert ist.

Der Bewegungsablauf einer schwänzeltanzenden Biene ist derart intensiv und regulär, dass ihm in der Verhaltensforschung viel Aufmerksamkeit zuteil wurde. Moderne technische Möglichkeiten, wie Zeitlupenmakrovideoaufzeichnungen, bringen erstaunliche Details ans Licht: Der Schwänzeltanz bezieht seine Bezeichnung aus dem Teil des Tanzverhaltens, in dem die Biene ihren Körper etwa 15 Mal pro Sekunde abwechselnd nach beiden Seiten wirft. Im Anschluss daran läuft die Biene in einem Bogen an den Ausgangspunkt der Schwänzelbewegung, wiederholt das Schwänzeln und läuft auf der anderen Seite wieder zum Ausgangspunkt.

Ein kompletter Tanzzyklus dauert nur wenige Sekunden und spielt sich auf einer Fläche mit etwa 2–4 Zentimetern Durchmesser ab. Es darf also nicht erstaunen, dass bei einer derart raschen und kleinräumigen Bewegung erst die Zeitlupenfilmaufzeichnung Einzelheiten aufgedeckt hat, die dem unbewaffneten Auge verborgen waren. So ließ sich erkennen, dass der „Schwänzellauf" eine optische Illusion ist, bedingt durch die rasche Körperschwingung und das gut sichtbare Vorwärtsschieben des Körpers. Tatsächlich zeigt die Biene eher einen „Schwänzelstand" als einen „Schwänzellauf". In dieser Schwänzelphase bleibt sie mit ihren sechs Füssen so lange es ihr möglich ist fest am Untergrund verankert und schiebt ihren Körper über den stehenden Füssen vorwärts. Einzelne Beine können dabei kurz angehoben werden, wenn ein neuer stabiler Halt gesucht wird oder aufgrund einer nicht mehr zu steigernden maximalen Beinstreckung bei andauernder Vorwärtsbewegung des Rumpfes der eine oder der andere Fuß vorgesetzt werden muss.

Bienentänze finden nahezu ausschließlich in einem kleinen Areal in der Nähe des Flugloches statt. Auf diesem Tanzboden treffen sich die Tänzerinnen mit Sammelbienen, die an den Botschaften interessiert sind. Dieser „Marktplatz" für Nachrichten wird offenbar von den Bienen chemisch erkannt. Schneidet man ihn aus und verlagert ihn im Stock, dann suchen die tanzwilligen Bienen so lange, bis sie ihn gefunden haben, bevor sie dann am neuen Ort auf dem umgesetzten Tanzplatz ihre Tänze fortsetzen. Tänzerin und Nachtänzerinnen, es finden bis zu zehn Nachtänzerinnen um eine Tänzerin Platz, führen ein Ballett auf, bei dem alle Bewegungen der beteiligten Partner genau abgestimmt sind.

Wie die Bewegungen der Tänzerin folgt auch die Choreographie der Nachtänzerinnen einem exakten Programm. Das Setzen der Fußfolge, die Körperbiegungen und die gesamte Körperdrehung erfolgen stereotyp. Diese Stereotypie auch der Nachtänzerchoreographie hat auch erst die Zeitlupenanalyse aufgedeckt. Nur solche Tänzerinnen, die alle Details der Bewegungsfolge richtig machen, so auch jedes Mal um den Kopf der Tänzerin herum auf die Innenseite des nächsten Halbkreislaufes wechseln, können für mehrere aufeinander folgende Tanzrunden eingeklinkt bleiben.

Die Schwänzeltanzfigur enthält Bewegungsteile, die mit der Lage und weiteren Gegebenheiten der Futterstelle zusammenhängen. Wie lässt sich ein Weg zu einem Zielort beschreiben? Die Schilderung des Weges kann aus einer Summe von detaillierten Teilabschnittsschilderungen aufgebaut werden: gehen Sie einhundert Meter die Bahnhofstraße entlang bis zur ersten Ampel, dort nach links bis zur zweiten Querstraße, dieser nach rechts folgen bis zur Gaststätte „Zur Honigbiene". Dann die erste Straße nach der Gaststätte wiederum nach rechts. Nach ca. 200 Metern kommt dann die Post auf der rechten Straßenseite.

Eine derart komplexe Wegschilderung, kein Problem für uns Menschen, übersteigt deutlich die Möglichkeiten eines kleinen Bienengehirns. Eine komplizierte Wegstrecke zum Ziel ist aber auch nicht mal notwendig, da sich eine Biene fliegend und somit geradlinig auf ein Ziel zu bewegen kann. Dieser kürzeste aller möglichen Wege, die geradlinige Verbindung, lässt sich durch einen einzigen Vektor angeben, einen Pfeil, der die direkte Richtung zum Ziel und die Weglänge dorthin enthält. Wenn man wie die Bienen fliegen kann, lässt sich diese Vektorbotschaft ganz direkt umsetzen.

Beim geduldigen und stundenlangen Betrachten von Schwänzeltänzen war Karl von Frisch aufgefallen, dass sich die Ausrichtung der Schwänzelphase auf der Wabe im Tagesverlauf kontinuierlich verschob, obwohl die ganze Zeit über immer die gleichen Bienen los fliegend vom selben Stock stets den gleichen Futterplatz aufsuchten. Das einzige, was sich stetig veränderte wie die Ausrichtung der Tänze, war die Wanderung der Sonne am Firmament. Von Frisch erkannte, dass die systematische Veränderung im Tanzbild mit der Veränderung des Sonnestandes im Tagesverlauf zusammenhing. So kam die Beobachtung einer Richtungsangabe durch die Tänzerin zustande.

Absolute Richtungen gibt es nicht. Es muss in jedem Falle eine Bezugsrichtung angegeben werden. Draußen im offenen Gelände ist die Position der Sonne oder Aspekte des Polarisationsmusters des

Himmels diese Bezugsgröße. Im dunklen Stock finden die Tänze auf den senkrecht hängenden Waben statt. So lässt sich die nach unten weisende Richtung der Schwerkraft als Bezuggröße nutzen.

Die Bienen sehen beim Flug die aktuelle Position der Sonne, oder aber, bei bedeckter Sonne, das Polarisationsmuster am Himmel als Hinweis auf die Sonnenposition und übersetzen den Winkel, der sich zwischen der Linie Nestposition-Sonnenposition und der Linie Nestposition-Kirschbaumposition ergibt, in der Tanzfigur in den geschilderten Winkel.

Diese Art der Richtungskodierung im Schwänzeltanz konnte nur unter der Bedingung entstehen, dass im dunklen Nest eine zuverlässige Größe vorhanden ist, auf die sich die Richtungsmeldung beziehen kann. Die präzise Kodierung der Richtung des Zieles ist im dunklen Nest nur möglich, weil die Waben exakt senkrecht hängen und Bezugsflächen bilden, deren Ausrichtung der Schwerkraft folgen und somit als zuverlässige Bezugsgröße für die Richtungsangabe genutzt werden können. Ohne senkrecht hängende Waben wäre diese Kommunikationsform nicht entstanden. Und es gilt das umgekehrte: Staatenbildende Insekten ohne senkrechte Flächen in ihren Nestern können keine Tanzsprache entwickeln, die einen im Flug gesehenen Winkel in einen im dunklen Stock darstellbaren Winkel übersetzt. So gibt es keine entsprechende Kommunikationsform bei Hummeln, Wespen oder für die tropischen stachellosen Bienen. Für einige ganz wenige stachellose Honigbienen ist beschrieben, dass sie senkrecht hängende Waben bauen. Er wäre sehr lohnenswert, bei diesen Arten nachzuschauen, ob sie eine Tanzsprache ähnlich den Honigbienen entwickeln konnten. Das wäre aus rein nestarchitektonischen Gründen keine echte Überraschung.

Der Schwänzeltanz der Honigbienen enthält zusätzlich einen Hinweis auf die Distanz zwischen Stock und Futterplatz. Dies ist fast ein Luxus für das Aufsuchen einer Futterstelle. Folgt eine Nachtänzerin der Richtungsangabe und sucht in die passende Richtung ausfliegend nach einer Quelle, die so duftet wie die Tänzerin, käme sie durchaus ans Ziel. Und in der Tat ist die Entfernungsangabe im Tanz, anders als die sehr viel wichtigere Richtungsangabe, mit einer Reihe von Problemen behaftet, die noch besprochen werden.

Die Korrelation, die sich beobachten lässt, ist eindeutig: Bei grundsätzlich gleich bleibender Geschwindigkeit der Schwänzelbewegung ist die Zeitspanne für die Schwänzelphase umso länger, je weiter die Biene zum Kirschbaum fliegen musste. Allerdings nimmt die Zeitspanne der Schwänzelphase nur über die ersten wenigen hundert Flugmeter gleichmäßig zu, danach steigt sie nur noch sehr langsam an, so dass zu weiten Zielen, wo eine genaue Entfernungsangabe um so hilfreicher sein sollte, keine genauen Entfernungshilfen im Tanz mehr gegeben werden können. Zwischen einem Kilometer und drei Kilometern wird im Schwänzeltanz kaum noch unterschieden.

Und es wird um die Entfernungsangabe noch problematischer: Zur Bestimmung der Flugdistanz, die dann im Tanz vermittelt werden soll, nutzen die Bienen einen optischen Kilometerzähler, der nur relative Entfernungsdaten liefert.

Beim Fliegen durch eine strukturierte Umgebung wandert das Bild von Farbgrenzen und Kanten von Objekten auf dem Auge der Bienen von Einzelfazette zu Einzelfazette der Komplexaugen. Durch dieses Wandern des Bildes der Umgebung über das Auge entsteht ein „optischen Fluss" im Sehfeld der Biene. Dieser optische Fluss, das über die Augen ziehenden Bild der Umgebung, hilft der Biene ihre Fluggeschwindigkeit zu bestimmen. Das können wir Menschen anhand vorbeiziehender Bilder bei dem Blick aus einem fahrenden Zug auch recht gut. Die Bienen können am optischen Fluss aber auch die Distanz, die sie durchflogen haben, feststellen. Das können wir Menschen nur sehr schlecht oder überhaupt nicht.

Dieses optische Prinzip eines Kilometerzählers erlaubt an den Bienen einfache Experimente durchzuführen, mit denen sich eine Vielzahl von Einsichten in die Wahrnehmungswelt der Honigbienen gewinnen lassen. Lässt man Bienen durch schmale Tunnel, deren Wände gemustert sind, zu einer Futterstelle fliegen, erfahren sie durch den kurzen Abstand zu den Wänden, an denen sie entlang fliegen müssen, einen künstlich erhöhten optischen Fluss. Folgerichtig übersetzen diese getäuschten Bienen den optischen Fluss dann in eine entsprechend lange Schwänzelphase.

Der Zustrom an Energie in Form von Nektar in den Stock dient quantitativ in erster Linie der Schaffung einer hohen Brutnesttemperatur. Die Brutnesttemperatur ist eine Regelgröße in der bienengeschaffenen Umwelt, mit der die Bienen Eigenschaften ihrer kommenden Schwestern beeinflussen. Diese Option ist eine weitere enorme Errungenschaft des Superorganismus Bienenkolonie.

Organismen sind den zufälligen Einflüssen ihrer Umwelt ausgesetzt. Amphibien leiden unter Trockenheit, Vögel unter Nahrungsmangel, Schmetterlinge unter Kälte. Die freie Beweglichkeit gibt den meisten Tieren die Möglichkeit, ungünstigen Bedingungen auszuweichen und günstigere Umstände aufzusuchen: Amphibien vergraben sich in den Erdboden, Vögel wechseln ihren Aufenthaltsort, im Extremfall als Zugvögel den Kontinent, Schmetterlinge suchen sonnige Plätze auf. Die Umwelt liefert Angebote, aus denen sich die Tiere die günstigsten Lösungen aussuchen. Wenn das Aussuchen nicht funktioniert oder nicht funktionieren kann, sorgt die Selektion dafür, dass Typen entstehen, die sich in diesem Sinne richtig verhalten, oder aber komplett verschwinden.

Die Umwelt ist aber nicht wirklich nur eine Palette, aus der sich Organismen bedienen oder auch unerfreulich „bedient" werden. Die Umwelt wird auch gestaltet. Regenwürmer schaffen sich durch ihre Fress- und Wühltätigkeit im Boden das Substrat in dem sie leben. Die Blätter von Bäumen schaffen durch ihren Schattenwurf das Lichtklima für unter ihnen sprießende Blätter. Wassertiere beeinflussen durch ihre Ausscheidungen den Säuregehalt kleinvolumiger Tümpel. Aus derartigen Wirkungen auf die Umwelt werden Rükkwirkungen, wenn die beeinflussten Umweltfaktoren nicht neutral sind, sondern sich wiederum auf die Akteure auswirken. Solche Rückwirkungen sind oft negativ, leicht zu sehen, wenn ein Kleinstgewässer von den in ihm lebenden Tieren zu stark angesäuert wird und dann die Verschmutzer töten kann.

Was aber, wenn Lebewesen ihre Umwelt ganz gezielt zu ihrem Vorteil gestalten könnten, wenn sich also gezielt manipulierbare positive Effekte auf die Umweltgestalter einstellen würden? Würde das nicht eine vollkommen neue Qualität in das Spiel „Umwelt, Organismen und Anpassung" bringen?

Und was wäre, wenn sogar die von Organismen gestaltete Umwelt wiederum die Eigenschaften der Organismen bestimmen oder mitbestimmen würde? Ergäbe sich dann nicht ein System, in dem Ursache und Wirkung und überhaupt die Grenzen im klassischen Umwelt-Organismus-Modell verschwimmen?

In evolutionären Zeiträumen gedacht, würde eine aktiv gestaltete Umwelt, die zudem Eigenschaften der in ihr lebenden Organismen beeinflusst, mit den Genen der Umweltgestalter zu einer Einheit verschmelzen, die sich gemeinsam entwickeln würde.

Auf jeden Fall hätten sich solche Organismen davon befreit, einfach nur Sklaven einer Umwelt zu sein, an die man sich anpassen muss, wenn man überleben und sich fortpflanzen möchte.

Schritte in die Unabhängigkeit von einer vorgefundenen Umwelt haben die Menschen vollzogen und vielleicht noch gründlicher die Honigbienen. Bei uns ist die immer ausgefeiltere Raumklimatisierung ein Ausdruck dieser durch Gestaltungsmöglichkeit ausgedrükkten Unabhängigkeit von einer vorgefundenen natürlichen Umwelt. Es ist allerdings unklar, ob wir uns mit der Klimatisierung unserer Wohn- und Arbeitsräume eine „Wohlfühlsituation" schaffen, die einfach nur bereits vorhandenen Bedürfnissen entgegenkommt, oder ob wir durch die geregelte Umwelt sogar kurz- oder langfristig an uns selbst Eigenschaften verändern.

Die staatenbildenden Bienen haben in den 30 Millionen Jahren ihrer Evolution den für uns Menschen noch ausstehenden Nachweis geführt, dass sie ihre Umwelt zu ihrem Vorteil gestalten.

Wir beginnen erst so allmählich die hochkomplexen und vielfach rückgekoppelten Verhältnisse zwischen den Bienen und ihrer selbst geschaffenen Umwelt zu durchdringen. Dabei ist es nach neuesten Erkenntnissen vor allem die Temperatur im Brutnest, der für die gesamte Biologie der Honigbiene große Bedeutung zukommt.

Tiere können Wärme erzeugen indem energiehaltige Substanzen, in erster Linie Fette und Kohlehydrate, verbrannt werden oder durch Zittern von Muskeln Wärme entsteht, wie wir es vom „Zähneklappern" kennen. Die Honigbienen heizen sich durch Flugmuskelzittern auf. Die Bienen drehen den Energieumsatz dieser Muskeln auf, indem sie durch einen raffinierten Einsatz kleinster Steuermuskeln bei ausgekuppelten Flügeln mit den starken Flugmuskeln Vollgas geben. Diese Muskeln arbeiten dabei zeitlich sehr exakt abgestimmt genau gegeneinander, so dass ein Muskelzittern entsteht, das die Biene deutlich schwächer in Vibrationen versetzt, als die starken Signalvibrationen, die eine Tänzerin mit den Flugmuskeln erzeugt.

Eine ganze Reihe von Insekten, auch die Honigbienen, haben die Fähigkeit entwickelt, ihre Flugmuskulatur durch solches Muskelzittern im Leerlauf aufzuheizen, um sie für den bevorstehenden Flug in einen einsatzfähigen physiologischen Zustand zu bringen. Diese Fähigkeit haben wohl bereits die nicht-staatenbildenden Vorfahren der Honigbienen besessen und somit als so genannte Voranpassung, oder Präadaptation, den Honigbienen auf dem Weg zur Staatenbildung mitgeben können. Diese Erbschaft war eine der wichtigsten physiologischen Voraussetzungen zur Ausbildung der heutigen Lebensform der Honigbienen.

Diese Bienen geben ihre Wärme an die unter den Deckeln abgeschlossenen Puppen ab. Um dies effektiv leisten zu können, pressen sie den Brustabschnitt auf den unter der Brust liegenden Zelldeckel. So sitzen sie gut erkennbar eine halbe Körperhöhe niedriger als alle nichtheizenden Bienen auf der Wabe. In dieser Lage verharren sie vollkommen bewegungslos bis zu 30 Minuten. Man könnte diese Bienen für tot halten. Nicht mal eine Fühlerspitze wird bewegt, sondern in stetigem Kontakt an den Brutdeckel vor der Biene gehalten. Da die Fühlerspitze die größte Ansammlung von Sinneszellen in Bienen trägt, die sehr empfindlich auf Wärme reagieren, messen diese Heizerbienen vermutlich ununterbrochen die Temperatur der Wachsdeckel auf den Puppenzellen.

Hält man nach dem ersten Augenschein solche Bienen für ruhend, schlafend oder gar tot, tut man ihnen sehr unrecht. Sie sind so aktiv, wie eine Honigbiene überhaupt nur sein kann. Nur noch das anstrengende Fliegen kommt der aufwändigen Tätigkeit einer Heizerbiene noch nahe.

In dieser Haltung und mit einer entsprechenden Heizleistung für eine Körpertemperatur von bis über 43° Celsius sind die Tiere nach maximal 30 Minuten erschöpft und unterbrechen diese Tätigkeit. Hat eine Heizbiene ihre Tätigkeit beendet und ihre Position aufgegeben, „glüht" der Deckel der wärmebedienten Puppenzelle noch eine Zeitlang nach. Mit dieser Heizstrategie kann eine Heizbiene gerade mal einen einzigen Puppenzelldeckel, der exakt die Größe der Bienenbrust hat, mit Wärme aufladen.

Betrachtet sich ein Heizungsingenieur dieses System der Wärmeübertragung von einer heißen Bienenbrust auf einzelne Zelldeckel, kommen ihm Bedenken zu dessen Wirkungsgrad. Die heiße Biene strahlt Wärme nach allen Seiten ab, nicht nur nach unten zur Puppe, wo die Wärme hin soll. Sie verliert mehr davon an die Umgebung, als sie auf die unter ihr liegende Zielzelle bringen kann. Diese Heizmethode erscheint eher wie die Heizung eines Hotelzimmers bei defektem Fenster zu Zeiten des real verflossenen Sozialismus: nicht die defekten Fenster wurden repariert, sondern die Heizung wurde stärker aufgedreht.

Eine genaue Betrachtung aller Bienen in Bereich der verdeckelten Brut erhellt das Bemühen der Bienen, diese Wärmeverluste so klein wie möglich zu halten. Auch die nichtheizenden aber dicht gepakkten Bienen spielen eine wichtige Rolle zur Wärmeisolierung indem sie die Wärmeabstrahlung nach außen klein halten. Damit ist die „Wärmetrickkiste" der Bienen aber noch längst nicht ausgeschöpft. Sucht man nach weiteren Strategien der Bienen, ihre Puppen zu beheizen, findet man in der Tat eine noch viel effektivere Brutwärmmethode, deren Raffinesse erstaunt.

Die Anlage des Brutbereiches wird von den Honigbienen immer in der Mitte der Waben begonnen. In Laufe der Zeit dehnt er sich entsprechend der Legeaktivität der Königin nach allen Seiten hin aus. Um sich zur passenden Zeit ungestört verpuppen zu können, werden die Zellen im letzten Larvenstadium mit einem Deckel verschlossen. Die gedeckelten Brutbereiche von Bienenwaben sind aber nie über größere Flächen hinweg vollkommen geschlossen. Man findet selbst in den am komplettesten versiegelten Brutbereichen gesunder Bienenvölker einzelne leere Zellen eingestreut, die im Brutbereich gesunder Kolonien in der Regel zwischen 5% und 10% der Zellen ausmachen. Dieser Bereich kann aber auch selbst in gesunden Bienenvölkern unter- oder überschritten werden, abhängig von der außenklimatischen Situation. Wirklich leer sind diese leeren Zellen allerdings selten. Oft sind sie von Bienen besetzt. Die stecken, Kopf voran, in diesen Zellen. Da von außen und ohne technische Hilfsmittel nicht zu erkennen ist, was diese Bienen in den Zellen unternehmen, wurde diese Verhaltensweise unter „Zelle putzen" oder „Ruhen in Zelle" eingeordnet. Von außen sieht man an diesen Bienen auch lediglich die Hinterleibsspitze. Nimmt man sich die Zeit und beobachtet das Hinterende dieser Bienen, lassen sich leicht zwei Zustände unterscheiden: entweder wird das Hinterende kontinuierlich rasch teleskopartig vor und zurück bewegt oder kurze Serien solcher Bewegungen sind von langen Pausen totaler Bewegungslosigkeit unterbrochen. Sucht man den gesamten ungestörten Brutbereich daraufhin ab, findet man die erste Variante häufig, die zweite selten. Um der Frage auf den Grund zugehen, was diese Bienen in den Zellen tun und ob es unterschiedliche Unternehmungen sind, ist es notwendig, solche Zellen vorsichtig seitlich zu öffnen. Man sieht die Bienen fest in die Zellen gepackt mit ihren Beinen nach hinten ausgerichtet. So haben sie bereits einmal als Puppen in den Zellen gesteckt, nur damals mit dem Kopf nach außen, nun weist der Kopf nach innen. Abgesehen von den Pumpbewegungen des Hinterleibes sind die Bienen äußerlich betrachtet vollkommen in Ruhe. Richtet man aber die Thermokamera auf diese Bienen, springt ein extremer Temperaturunterschied zwischen Tieren, die in leeren Zellen stecken, ins Auge. Die heftig pumpenden Bienen zeigen eine Temperatur ihres Brustabschnitts bis zu 43° Celsius, die Körper der nur selten pumpenden Bienen haben dagegen nur Umgebungstemperatur. Die alte Deutung „ruhende Bienen“ trifft tatsächlich für den kleinen Teil der kühlen Zellbesetzer zu. Alle übrigen Bienen heizen. Bereits die einfache Betrachtung dieser Verhaltensweise weckt den Verdacht, dass diese zweite Heizstrategie eine sehr viel effektivere Energielenkung darstellt, als das Andrücken an die Deckeloberfläche.

Verfolgt man die Körpertemperatur der zellheizenden Bienen bevor sie in eine der leeren Zellen kriechen, zeigt sich, dass nicht einfach nur Bienen mit hoher Körpertemperatur in leere Zellen schlüpfen, sondern dass sich diese Bienen körpertemperaturmäßig auf die Zellbegehung vorbereiten. Zunächst haben ihre Körper wie die aller anderen Bienen auch die Temperatur der Luft im Stock. Während sie auf den Waben herumlaufen, erhöhen sie ihre Brusttemperatur und begeben sich erst mit ausreichend hoher Temperatur in die Zelle. Nach einer Zeitspanne von drei Minuten bis maximal 30 Minuten verlässt eine solche Biene abgekühlt die Zelle. Diese Zeitbegrenzung des Zellaufenthaltes ist gut nachzuvollziehen. Die Körpertemperatur als Dauerleistung derart hoch zu halten, kosten die Bienen enorm viel Energie. Nach maximal einer halben Stunde sind alle Reserven der Bienen aufgezehrt.

Eine Heizbiene produziert aber nicht während der gesamten Aufenthaltsdauer in der leeren Zelle maximale Heizleistung. Immer wieder können Phasen von bis zu fünf Minuten in die volle Heizleistung zwischengeschaltet sein, in denen die Bienen ihre Körpertemperatur bis zu 5° Celsius absacken lassen und anschließend wieder die volle Heizleistung bringen. Diese Temperaturdurchsacker erwartet man in einem geregelten System, das eine bestimmte Sollwerttemperatur halten muss. Die Heizung wird gedrosselt, wenn die gewünschte Temperatur überschritten wird und wieder hochgefahren, wenn die Temperatur zu tief angefallen ist. Dieses Verhalten finden wir eingebunden in den Soziophysiologie-Regelkreis „Brutnestklimatisierung".

Bestimmt man das Alter der Bienen, die als Heizerinnen tätig sind, tritt, anders als für viele andere Tätigkeiten im Leben einer Honigbiene, keine Altersklasse besonders in Erscheinung. Die jüngsten Bienen, die sich um das Heizgeschäft bemühen, sind drei Tage alt, die ältesten haben 27 Tage auf ihrem Bienenbuckel.

Die Energie für die hohe Heizleistung beziehen die Bienen aus dem Honig. Ein starkes Volk kann im Laufe eines Sommers bis zu 300 kg Honig produzieren. Den geringsten Anteil davon kann man zu einer Zeit im Nest finden, da der Honigumsatz enorm hoch ist. Der Honig dient in erster Linie nicht als Nahrung im klassischen Sinne zur Aufrechterhaltung der Lebensfunktionen der Biene, vielmehr wird der Energiegehalt des Honig zum allergrößten Teil in Wärme für das Brutnest im Sommer und das Warmhalten der Wintertraube in der kalten Jahreszeit eingesetzt. Die großen Honigreserven des Bienenvolkes sind demnach kein Futter im üblichen Sinne, sondern Brennstoff zur Heizung des Brutnestes im Sommer und zur Temperierung der Wintertraube während der kalten Jahreszeit.

Wozu dieser gigantische Aufwand, auf den so viele Bereiche der Biologie der Honigbienen zugeschnitten sind?

Die Arbeiterinnenpuppen der Honigbienen erhalten individuell unterschiedliche „persönliche" Wärmebehandlungen durch die Heizerbienen. Hat diese unterschiedliche Wärmebehandlung Folgen für die entstehenden Honigbienen? Die Puppenphase der Honigbienen dauert für die Arbeitsbienen etwa neun Tage, für die Drohnen etwa zehn Tage und für die Königin etwa sechs Tage. In dieser Zeit verwandelt sich die Biene von der Larve in die erwachsene Honigbiene. In der als Metamorphose bezeichneten Verwandlung werden wesentliche Eigenschaften der erwachsenen Biene festgelegt. Die Eigenschaften einer einzelnen Honigbiene unterscheiden sie zunächst in nichts auffallend von denen anderer Insekten. Ihr Aufbau und ihre Funktion sind insektentypisch und von einem idealisierten Grundbauplan kaum weiter abweichend als andere Insekten, die an spezielle ökologische Nischen angepasst sind.

Sucht man nach einer Charakterisierung, die die einzelne Biene des Superorganismus kennzeichnet, könnte es die Plastizität sein, die man an erste Stelle setzt. Im Laufe ihres Lebens führen die Arbeiterinnen nacheinander altersabhängig unterschiedliche Tätigkeiten durch. Die seit langem bekannten „klassischen Berufe“ sind in der Reihenfolge ihres Auftretens in einem ungestörten Bienenvolk: Zellreinigung, Verdeckeln der Brut, Brutpflege, Hofstaat der Königin, Nektar abnehmen, Honig erzeugen, groben Schmutz entfernen, Pollen einstampfen, Waben bauen, Luftstrom erzeugen, Wächterbiene, Sammelbiene. Eine sorgfältige Mikroverhaltensforschung, die sich mit aufwändiger Technologie auf einzelne Bienen konzentriert lässt diese Liste ständig weiter wachsen, so zuletzt um Heizerbiene und „Tankstellenbiene“, die für den Energienachschub der Heizerbienen zuständig ist.

Unterschiedliche Tätigkeiten bedeuten unterschiedliches Verhalten, Verhalten wird vom Nervensystem bestimmt. Das Nervensystem der Honigbienen muss demnach eine ausgeprägte Fähigkeit zur Veränderung besitzen. Auffallend und sehr ungewöhnlich ist die Tatsache, dass die Menge an einem bestimmten Hormon, dem Juvenilhormon, mit dem Alter der Bienen zunimmt. Wie es seine Bezeichnung richtig wiedergibt, ist die Menge an Juvenilhormon normalerweise bei jungen Insekten am höchsten und sinkt dann während des Erwachsenenlebens ab. Das bei den Bienen im Lebenslauf ansteigende Juvenilhormon ist höchstwahrscheinlich auch dafür verantwortlich, dass

Bienen „altersklug" werden und als alte Flugbienen lernfähiger als die jungen Stockbienen sind. Biologisch macht das großen Sinn, da die Bienen ihre Senioren in die feindliche Welt schicken und die Aufgaben außerhalb des Nestes nicht nur gefährlicher, sondern auch anspruchsvoller sind als das Leben im Innendienst. Eine einzelne Biene wird nicht in jedem Fall alle der aufgeführten Tätigkeiten ausüben können. So werden nur wenige Bienen für den Hofstaat gebraucht, oder dazu, den engen Eingang zum Nest zu bewachen. Auf die einzelne Tätigkeit bezogen kann eine Biene eine Arbeit oft ausüben oder eher selten. Entscheidend für die Häufigkeit einer Tätigkeit ist die Empfindlichkeit der Bienen für die Reize, die bei der Biene eine entsprechende Handlung auslöst. Ist sie sehr empfindlich, wird sie bei schwachen und bei allen stärkeren Reizen aktiv, ist sie sehr unempfindlich, wird sie nur bei starken Reizen, also entsprechend seltener, tätig.

Für jede einzelne Biene lässt sich eine Liste der Auftretenshäufigkeiten der unterschiedlichen Tätigkeiten erstellen. Dabei kommt dem Alter der Biene und dem sozialen Umfeld im Superorganismus die überragende Rolle bei der Festlegung der aktuellen Berufsausübung zu. Wie bei allem in der belebten Welt spielt aber hier auch eine genetische Komponente eine Rolle. Aber einflussreicher als der direkte genetische Beitrag auf das lebenslange Berufsbild einer Honigbiene ist die Temperatur, bei der eine Puppe sich zur fertigen Biene entwickelt. Und da die Nestklimatisierung durch Heizerbienen ausgeübt wird, deren Verhalten wiederum durch deren Entwicklungsbedingungen und genetische Veranlagung bestimmt war, haben wir ein hochkomplexes ineinander verwobenes Spiel von Umwelt und Erbgut, das dem Superorganismus eine hohe Anpassungsfähigkeit an konkrete Notwendigkeiten erlaubt.

Werden Bienenpuppen künstlich bei den unterschiedlichen Temperaturen aufgezogen, wie wir sie genau so in einem ungestörten Bienennest finden, zeigt es sich, dass die Auftretenshäufigkeiten der Verhaltensweisen durch diese Temperatur beeinflusst wird. Bestimmte Innendiensttätigkeiten nehmen bei kühleren Puppenzellen zu, andere bei wärmeren Puppenzellen. Untersuchen wir das Kommunikationsverhalten als eine wichtige Stütze des Sammelerfolges eines Bienenvolkes, so finden wir Bienen, die sich im Tanz ausdauernd und exakt mitteilen vor allem bei den Bienen, die sich nahe bei 36° Celsius, der Höchstgrenze die wir im Brutnest finden, entwickeln konnten. Diese Bienengruppe besitzt auch bessere Lernfähigkeiten und ein besseres Gedächtnis als ihre kühleren Schwestern.

Die Aufzuchtstemperatur der Bienenpuppen beeinflusst sogar die Lebensspanne der Bienen. Sammelbienen leben in der Regel als erwachsene Tiere etwa vier Wochen lang und werden vom Imker als Sommerbienen bezeichnet. Tiere, die den Winter überleben und in der folgenden Saison noch einmal als Sammelbienen aktiv sind, die Winterbienen, können bis zu 12 Monate lang leben. Es hat sich gezeigt, dass die Wahrscheinlichkeit dafür, eine langlebige Winterbiene zu werden, für die Puppen mit der niedrigsten Brutnesttemperatur am größten ist.

Die Tatsache an sich, dass die Temperatur, unter der die Verwandlung von der Larve über die Puppe zum erwachsenen Insekt stattfindet, das Resultat dieser Verwandlung beeinflusst, ist nicht überraschend und von zahlreichen Experimenten an anderen Insekten bekannt. Großartig ist aber bei den Honigbienen die Tatsache, dass die Honigbienen selbst bestimmen können, unter welchen Temperaturen die Geschwister entstehen.

Die uralte Biologenweisheit, dass Umwelt und Erbgut gemeinsam die Eigenschaften von Organismen bestimmen, wird hier nicht nur bestätigt, sondern erweitert um die erstaunliche Erkenntnis, dass eine direkte Rückkopplungsmöglichkeit zwischen diesen beiden gestaltenden Größen von den Honigbienen gefunden worden ist.

(eine ausführliche Darstellung einzelner Aspekte ist zu finden in „Phänomen Honigbiene, J.Tautz und H.R.Heilmann, Spektrum 2007)

Informationen aus der Pflanzenwelt: die biologische Vielfalt

Christoph Neinhuis

Zunächst möchte ich mich dafür bedanken, zu diesem Forum eingeladen worden zu sein und hoffe, dass am Ende nicht nur die pessimistischen Eindrücke zurückbleiben. Ich versuche im Folgenden das, was im Titel anklingt, an wenigen ausgewählten Beispielen zu beleuchten.

Was können wir an Informationen aus der Natur allgemein gewinnen, wobei mir als Botaniker natürlich die Pflanzen am nächsten liegen, oder, um das Thema zu der generellen Frage zu erweitern: „Was nützt uns der Erhalt der Biodiversität?“ Ich werde ganz am Ende meines Vortrages versuchen, diese Frage zu beantworten. Ich hoffe aber, dass bis dahin den meisten von Ihnen klar geworden sein wird, wo der Nutzen liegt, möglichst viel dessen zu erhalten, was die Evolution im Verlaufe von ungefähr 3,5 Milliarden Jahren hervorgebracht hat.

Das erste Problem dem wir gegenüber stehen, ist, das Ergebnis der Evolution, diese enorme Vielfalt, nicht nur zu bewahren, sondern sie überhaupt erst einmal zu erfassen und zu beschreiben. Das umfasst nicht nur die uns vertraute Fülle von Pflanzen und Tieren, sondern vor allem auch das, was uns in Form von Mikroorganismen auf dieser Welt weitgehend verborgen bleibt – die wahrscheinlich größte Unbekannte überhaupt.

Worum geht's:
Die Natur wird vom Menschen genutzt. Das ist so selbstverständlich, dass wir darüber nicht mehr nachdenken und betrifft vor allem die

Nutzpflanzen in ihrer gesamten Vielfalt. Die gesamte Ernährung der Weltbevölkerung hängt vollständig von Pflanzen ab. Auch wenn wir gerne ein Steak oder Hühnchen essen, indirekt essen wir natürlich Pflanzen. Wir sind zu 100 Prozent von der Photosynthese als primärem Prozess zur Fixierung von Sonnenenergie in Form organischer Substanz abhängig. Das ist uns allen klar, und ich werde das nicht weiter erläutern.

Zudem ist die Vielfalt der Organismen auf der Welt ungleich verteilt. Es ist natürlich so, dass Mitteleuropa nicht das Zentrum der Biodiversität darstellt, sondern dass es die tropischen Lebensräume sind, wenngleich es auch da erhebliche Unterschiede gibt. Eine Karte der Verteilung der globalen Biodiversität (einsehbar unter http://www.nees.uni-bonn.de/biomaps/worldmaps.html), die von Prof. Wilhelm Barthlott in Bonn stammt, zeigt etwas Überraschendes. Wir sind sehr geneigt zu sagen: „Amazonien, die riesigen Tieflandregenwälder, repräsentieren die höchste Biodiversität". Aber wenn man genau hinschaut, dann stellt man fest, dass es nicht Amazonien, der Tieflandregenwald ist, sondern dass es die Bergwälder, die nördlichen Andenabhänge, die südwestbrasilianischen Bergketten sind, welche die artenreichen Gebiete darstellen. Ganz erstaunlich auch, dass Südafrika zu einem der, wie wir sagen, Biodiversitäts-Hotspots gehört und auch die Südostabhänge des Himalaja repräsentieren einige der artenreichsten Lebensräume überhaupt – nicht Mitteleuropa. Ich werde am Ende noch darauf eingehen, welche Konsequenzen diese Ungleichverteilung auch für uns in Mitteleuropa hat.

Vieles von dem jetzt folgendem, fassen wir heute unter dem populären Begriff „Bionik“ zusammen. Auch wenn etliches davon falsch benannt ist. Nicht wenige Beispiele, die im Zusammenhang mit Bionik genannt werden, sind Analogien, oft zudem noch nachträglich hergestellt. Es ist ein bisschen bedauerlich, dass auch durch die Szene selber solche Analogien in die Welt gesetzt werden, wie z. B. der Vergleich einer Krebsschere mit einer Kneifzange. Dennoch, was im Verlauf von geschätzten 3,5 Milliarden Jahren Evolution entstanden ist, hat ein kaum abschätzbar großes Potenzial, von uns genutzt zu werden.

Es folgen drei Beispiele, die recht gut bekannt sind, sehr vordergründige, einfach zu durchschauende Übertragungen. Anschließend werden dann aber subtilere Möglichkeiten gezeigt, wie man von der Natur lernen kann und wie man von scheinbar merkwürdig abgehobener, weltfremder Grundlagenforschung in der Biologie, in meinem Fall Botanik, sehr schnell bei Hightechanwendungen landen kann.

Zunächst ein ganz einfaches Beispiel, die Riesenseerose *Victoria amazonica*. Wenn man das Blatt aus dem Wasser holt und umgedreht, erkennt man die wunderschöne Geometrie der Blattäderung auf Unterseite der Blätter. Diese Abfolge von Verstrebungen, die zum Rand hin niedriger und schmaler werden und das Blatt stabilisieren, das bis zu 2 Meter im Durchmesser misst. Diese Konstruktion ist so auffällig, dass man sich schon sehr früh damit beschäftigt hat. Darunter gehören auch publikumswirksame Aufnahmen von Personen, die auf den Blättern stehen oder sitzen. Solche Bilder sind weit verbreitet, denn die Blätter tragen bis zu 80 Kilogramm, wenn man das Gewicht vernünftig verteilt. Was aber nicht gezeigt oder gesagt wird, ist, dass es sehr aufwendiger Vorbereitungen bedarf, um ein solches Foto zumachen. Warum ist das so, warum kann man sich nicht einfach auf das Blatt stellen? Der Hintergrund ist der unglaublich sparsame Materialeinsatz. Die Blattoberfläche, die ein kleines Kind mühelos mit dem kleinen Finger durchbohren kann, ist weniger als 1 mm dick und trägt doch diese Last. Die Blattrippen bestehen nicht aus festem Material sondern eher aus einer Art Schaum. Man könnte es als lebenden Schaumstoff bezeichnen. Im Prinzip besteht die ganze Struktur nur aus Wasser und Luft. Die Trockenmasse des gesamten Blattes beträgt etwa 400 Gramm. Mit minimalem Materialaufwand wird hier maximale Steifigkeit und Tragfähigkeit erreicht. Und das wurde früh erkannt.

Schon Mitte des 19. Jahrhunderts untersuchte man diese Anordnung von Verstrebungen, das Abnehmen der Höhe und der Breite der Rippen und folgerte, dass es offensichtlich eine effektive Konstruktion darstellt. Wir wissen heute, dass das tatsächlich so ist. Und man hat sehr früh begonnen, nach diesem Muster Gebäude zu errichten. Eines der schönsten, welches heute noch steht, ist das wunderbare Temperate House in den Royal Botanic Gardens in Kew. Ein wunderschönes Gewächshaus aus der 2. Hälfte des 19. Jahrhunderts. Der berühmteste Bau, der Crystal Palace, der 1851 zur Weltausstellung in London errichtet wurde, ist leider nach einem Brand 1936 abgerissen worden. Das sind natürlich keine Leichtbaukonstruktionen – aber für die damalige Zeit ein Wunderwerk der Technik. Sir Josef Paxton, der Konstrukteur des Crystal Palace, sagte dazu: „ Nature was the engineer – nature has provided the leaf with horizontal and transverse girders and supports that I, borrowing from it, have adopted in this building“[1] – also die Natur war der Ingenieur, von ihr wurde lediglich das Prinzip geborgt und an diesem Gebäude angewendet. Und das ist es, was wir unter Bionik verstehen. Wir nehmen die Anregung auf, wir extrahieren das Prinzip – das Wirkprinzip – und wir setzen es in einer völlig anderen Umgebung mit anderen Möglichkeiten um. Da kommt keine Kneifzange herraus, die nach einer Krebsschere gebaut ist. Es ist subtiler, es ist schwieriger, es ist zum Teil unmöglich.

Ein zweites bekanntes Beispiel ist der Bambus. Was ist das? Bambus ist ein verholztes Gras und eine Hohlrohrkonstruktion. Auch das ist ein beliebtes Beispielpaar für Bionik: Grashalm und Fernsehturm und genau so unsinnig, denn Ingenieure wissen natürlich, dass ein Hohlrohr stabil ist. Das wussten sie auch schon, bevor ein Grashalm im Detail analysiert wurde. Ingenieure wissen, was eine neutrale Faser ist, und dass da keine Festigungsstrukturen hineingelegt werden müssen, da sie nicht zur Biegesteifigkeit beitragen. Nimmt man einen Strohhalm, ein Hohlrohr, und drückt die beiden Enden mit den Fingern zusammen wird der Querschnitt in der Mitte, wo sich der Halm am stärksten durchbiegt, zunächst oval und wenn man

[1] Zitiert nach: Anthony Julian Huxley: Plant and Planet. 3. Auflage. Penguin Books, New York, 1987

weiter drückt, dann bricht oder knickt der Strohhalm. Man kann ihn dann zwar wieder gerade ausrichten, aber er wird dann bei leichtester Beanspruchung sofort wieder knicken. Er bekommt seine alte Stabilität nicht wieder.

Wie verhindert der Bambus aber diese Gefahr des Knickens? Die Lösung ist die Unterteilung eines langen dünnen Rohres in viele kleine kurze Stücke durch das Einziehen von Querwänden. Versucht man z. B. eine Konservendose der gleichen Länge eines Strohhalm seitlich zusammenzudrücken und zu knicken, dann stellt man schnell fest, dass es nicht gelingt. So weit so leicht nachvollziehbar.

Die wirklich wertvolle Information des Bambushalms kennt man jedoch erst seit wenigen Jahren. Und diese steckt im Material des Halms, das von Prof. Dr. Thomas Speck in Freiburg untersucht wurde (Informationen unter: www.kompetenznetz-biomimetik.de). Betrachtet man einen Längsschnitt oder einen Querschnitt durch den Halm des Pfahlrohrs, das ist ein bambusähnliches Gras aus dem Mittelmeergebiet, erkennt man dickwandiges, verholztes Festigungsgewebe umgeben von einem dünnwandigen, unverholzten Gewebe, dem Parenchym. Das heißt, sehr feste verholzte Fasern sind in ein sehr weiches schaumartiges Material eingebettet. Technisch ausgedrückt ist das ein Faserverbundmaterial. Was die pflanzlichen Gewebe gegenüber einem technischen Verbundmaterial allerdings überlegen macht, ist die Tatsache, dass die Steifigkeit nicht abrupt von sehr fest zu sehr weich übergeht. Im Gegenteil: an der kontinuierlich schwächer werdenden Färbung (und damit geringeren Verholzung) ist erkennbar, dass die Steifigkeit graduell abnimmt. Diese weichen, graduellen Steifigkeitsübergänge sind Eigenschaften, die in den letzten 5 bis 10 Jahren enorme Aufmerksamkeit erfahren hat, weil sie deutlich verbesserte Materialeigenschaften gegenüber technischen Faserverbundmaterialien aufweisen.

Die Arbeitsgruppe in Freiburg hat konsequenterweise nichts anderes gemacht, als diesen Steifigkeitsübergang genau zu analysieren und technisch umzusetzen, in diesem Fall durch 3D-Flechttechnik. Dabei ist im Prinzip ein technischer Pflanzenhalm entstanden – so wie er auch genannt wird. Es lassen sich auch andere Profile flechten, die anschließend dann mit einem Polyurethanschaum umgeben werden, um schließlich daraus ein technisches Bauteil zu fertigen. Das Ergebnis sind völlig neuartige Materialien, extrem leicht, hochfest, mit hohem Anwendungspotenzial. Der technische Pflanzenhalm ist getestet worden, u. a. auch von der Flugzeug- und Autoindustrie, mit dem Ergebnis eines deutlichen Steifigkeitsgewinns bei gleichem Gewicht bzw. deutlich geringerem Gewicht bei gleicher Steifigkeit. Und das ‚nur', weil man genauer in einen Grashalm hineingeschaut hat.

Weitere interessante Hohlrohrkonstruktionen sind normale Gräser oder Schachtelhalme. Dabei handelt es sich nicht um verholzte Strukturen. Stattdessen findet man außen eine feste Manschette aus zwar verholzten Zellen, aber kein echtes Holz wie beim Bambus. Beim Schachtelhalm ist der verholzte Teil mit dem Parenchym verzahnt, so dass wieder ein gradueller Steifigkeitsübergang entsteht. Die Zähne laufen nach innen aus, das Parenchym wird breiter. Ein Schachtelhalm kann unter günstigen Bedingungen sehr groß werden, in den Tropen mehrere Meter, bei einem Stammdurchmesser entsprechend etwa einer Fingerbreite. Der Halm entspricht einer festen äußeren Hülle mit einem Schaum (Parenchym) in der Mitte, nur dass der Schaum in diesem Falle wiederum lebt. Die Zellen stehen im Inneren unter Druck, bei Pflanzen nennt man das „Turgordruck" der typischerweise zwischen 6 bar und 8 bar beträgt. Damit entspricht der Spross im Prinzip einem pflanzlichen Autoreifen – eine feste äußere Hülle (der Mantel) und innen ein Schlauch, der unter Druck steht und dem ganzen Stabilität verleiht. Dadurch wird den Pflanzen möglich, was auch mit einem Autoreifen machbar ist – nämlich Druck ablassen oder aufpumpen und damit eine variable Anpassung an äußere Umgebungsbedingungen. Belegt wurde das durch Messungen von Thomas Speck und seinen Mitarbeitern. Dieses Prinzip kann man jetzt wieder technisch umsetzen, in dem man Luftkammersysteme verwendet, die mit variablem Innendruck in der Lage sind, sich adaptiv an verschiedene Gegebenheiten anzupassen. Dadurch sind sehr leichte, flexible, gegebenenfalls auch modular aufgebaute Bauelemente möglich, die völlig neue Einsatzgebiete ermöglichen – von Gebäuden mit flexiblen Hüllen bis zu Spoilern oder Flügeln, die je nach Strömungsgeschwindigkeit ihr Profil ändern. Was es bereits gibt, ist ein Flugzeug mit Luftkammersystemen, der Firma prospective concepts in der Schweiz, die mit den Kollegen in Freiburg an diesen Projekten arbeitet (www.prospective-concepts.ch). Ein weiteres Beispiel sind tensairity®-Strukturen. Es handelt sich dabei um mit Luft gefullte Schläuche, die durch eine geschickte Verwendung von Druck und Zugelementen so stabilisiert werden, dass sie bei 8 Metern Spannweite 3,5 Tonnen Gewicht tragen (www.prospective-concepts.ch). Damit sind mobile Brücken möglich, die zurzeit in der Erprobung sind. Zerlegt wiegt diese nur etwa 90 Kilogramm und kann praktisch in einem Rucksack mitgenommen werden. Damit eignet sie sich für den Einsatz in Katastrophenfällen oder in Kriegsgebieten, wo Brücken zerstört werden. Eine derartige Brücke ist in wenigen Stunden aufgebaut und einsatzbereit.

Da die Struktur durch Luft gefüllte Schläuche getragen wird, bleibt die Frage, was passiert, wenn der Schlauch ein Loch bekommt. Zunächst ist die Lage nicht so dramatisch, denn der Druckabfall ist sehr langsam und es reicht eine kleine, solarbetriebene Pumpe, um diesen Druckausgleich aufzufangen. Trotzdem wurde nach Lösungen gesucht, um zu verhindern, dass kleinere Schäden die Funktion beeinträchtigen.

Dabei wurde wieder auf Pflanzen zurückgegriffen. In diesem Fall auf die Gattung Aristolochia (Pfeifenwinden), tropischen Lianen aus der Familie der Aristolochiaceen. Die Sprossachse hat außen einen Ring aus Festigungsgewebe, der, wenn die Pflanzen bewegt werden, reißen kann. Das haben die Freiburger Kollegen nun genauer untersucht und dokumentiert, wie die Pflanze auf einen solchen Schaden reagiert. Erstaunlich ist, dass solche Schäden sehr schnell repariert werden. Das Parenchym, also wieder der lebende Schaum, dringt in einem ersten Schritt durch den Innendruck der Zellen in den Riss hinein und verschließt ihn. Später kommt es zu Zellteilungen, der Riss wird aufgefüllt und anschließend verholzen die Wände, so dass der Unterschied in der Steifigkeit ausgeglichen wird. Der Riss wurde repariert. Dieser Vorgang ist nun wieder durch die Entwicklung eines technischen Schaums nachgeahmt worden, der ungefähr 1 cm dick auf der Innenseite der luftgefüllten Schläuche aufgetragen wird. Wenn es zu einer Verletzung kommt, quillt der Schaum nach außen, in Kontakt mit Luft härtet er aus und innerhalb von etwa einer Stunde ist der Druckabfall gestoppt. Das erlaubt die Reparatur von Rissen bis zu einer Länge von 10 bis 15 cm. An diesem Beispiel wird deutlich, dass man sich oft auf eine sehr subtile und akribische Art und Weise der Natur nähern muss, aber es ist erstaunlich, zu welche Erkenntnissen es führen kann, wenn man in tropischen Wäldern Lianen untersucht.

Zwei weitere Beispiele betreffen unsere eigenen Arbeiten. Uns interessiert die Haut von Pflanzen, die „Cuticula". Man kann sie leicht gewinnen, wenn man Tomaten häutet. Die Cuticula ist nicht nur die multifunktionale Grenzschicht aller Pflanzen, sondern auch ein Material mit hochinteressanten Eigenschaften. Die Oberflächeneigenschaften beeinflussen die Benetzung und Adhäsion; Der gesamte Stoffaustausch wird kontrolliert, die Lichtreflexion wird verändert und die Haut muss auch mechanischen Belastungen standhalten können. Letzteres war der Ausgangspunkt für unsere Überlegungen, unter anderem die Frage, warum Früchte wie Weintrauben oder Tomaten eigentlich nicht so ohne weiteres platzen. Das passiert zwar, aber relativ selten.

Daneben stellte sich die Frage, wie die Früchte überhaupt so groß werden können? Zunächst interessierte uns, wie eine Tomate wächst. Am Anfang besteht die Tomate aus einem kleinen Fruchtknoten von ungefähr 2 mm Größe und am Ende erreicht sie eine Größe von bis zu 15 cm Durchmesser, was einer enormen Oberflächenvergrößerung entspricht. Schaut man sich das Material an, aus dem die Cuticula besteht, dann entspricht das wiederum einem faserverstärkten Kunststoff, in diesem Fall ein Fettsäurepolyester mit eingebetteten Zellulosefasern. An einen Polymerchemiker müsste man, daraus abgeleitet, die Aufgabenstellung formulieren, einen faserverstärkten Kunststoff zu synthetisieren, der bedarfsgerecht wächst. Dieser wird dann sicher antworten, dass so etwas nicht machbar sei. Formal betrachtet, kann eine Tomate als ein Polyäthylen-Gefrierbeutel gefüllt mit Ketchup angesehen werden. Intern zwar ein wenig anders organisiert aber im Prinzip vergleichbar. Was einer Tomate möglich ist, bedeutet auf den Alltag übertragen, dass eine Einkaufstüte während des Einkaufs wächst und zwar ohne, dass die Funktion darunter leidet. Sie wird weder undicht, noch reißt sie, noch wird das Material dünner, sondern es wird beim Wachstum kontinuierlich dicker. Stellt sich die Frage: Wie gelingt es der Pflanze ein faserverstärktes Polymer wachsen zu lassen? Wir wissen es bislang nicht, aber es ist Teil unserer Forschungsarbeiten.

Unser bisheriger Ansatz bestand darin, die Änderung der mechanischen Eigenschaften der Cuticula im Verlauf des Wachstums zu messen. Dazu haben wir die Fruchtreife in drei verschiedene Phasen eingeteilt:

1. grün und größer werdend,
2. ausgewachsen und von grün nach rot umfärbend,
3. reif und rot.

Man stellt fest, dass die Cuticula im Verlaufe der Reife dicker wird. Die Zellwand, zu Beginn des Fruchtwachstums relativ dick, wird am Ende der Reifezeit enzymatisch aufgelöst und zunehmend durch die Cuticula ersetzt. Am Ende besteht die Fruchtwand fast vollständig aus diesem faserverstärkten Kunststoff. Anschließend haben wir die mechanischen Eigenschaften bestimmt und festgestellt, dass das Material in Abhängigkeit von unterschiedlichen Reifestadien völlig unterschiedliche mechanische Eigenschaften zeigt. Bei der Sorte „Harzfeuer“, hat die Cuticula während des Wachstums eine vergleichsweise geringe Steifigkeit während die der Zellwand hoch ist. Mit dem Farbumschlag, also mit Eintritt in die Reife, wird die Cuticula in kurzer Zeit steifer. Das ist von Sorte zu Sorte unterschiedlich, mal mehr mal weniger ausgeprägt. Aber – und das ist die entscheidende Information – die Pflanzen sind in der Lage, die mechanischen Eigenschaften des Polymeres entsprechend den Anforderungen anzupassen. Diese Eigenschaft nennt man adaptives Wachstum, etwas wovon die Technik in fast allen Bereichen noch weit entfernt ist. Wir beginnen allmählich solche Dinge zu verstehen, z. B. im Zusammenhang mit Hydrogelen, aber es handelt sich um sehr komplizierte Vorgänge, die in die Technik übertragen werden müssen.

Eine sehr interessante Beobachtung haben wir bei Säulenkakteen gemacht. Kakteen besitzen eine sehr feste und dicke Cuticula, die wir näher untersucht haben. Wenn die Cuticula relativ steif ist, mag sie in der Lage sein, einen Säulenkaktus zu stabilisieren. Im Inneren besitzen sie, außer einem Gewebe zur Wasserspeicherung, nur einen relativ schwach entwickelten Leitgewebezylinder, kein echtes Holz. Nach der Isolation haben wir die Cuticula mechanisch vermessen und festgestellt, dass sie einen Steifigkeitsgradienten von oben nach unten aufweist. Zur Basis hin wird das Material steifer, genauso wie man es von der Mechanik her fordert. Eine vergleichbar dicke Cuticula findet sich aber auch bei kleinen Kugelkakteen. Die stecken oft zur Hälfte im Boden und brauchen keine besonderen äußeren Festigungsstrukturen. Warum also eine massive Cuticula? Die Überraschung ergab sich bei den mechanischen Messungen, insbesondere beim Vergleich zwischen trockenen und nassen Cuticeln. Diesen Vergleich führen wir standardmäßig durch, da der genaue Wassergehalt der Cuticula bei lebenden Pflanzen nicht messbar ist. Die Ergebnisse waren sehr überraschend. Zum einen liegt die Steifigkeit, der so genannte Elastizitätsmodul, im trockenen Zustand bei ungefähr 6 $^{1}/_{2}$ Gigapascal, was in etwa der Steifigkeit von Fichtenholz entspricht. Im nassen Zustand fällt der E-Modul auf etwa 450 Megapascal, das ist etwa der Wert eines halbwegs steifen Kaugummis. Wir messen eine Verringerung des Elastizitätsmoduls um den Faktor 13 und eine Erhöhung der Elastizität um den Faktor 20 bis 28, denn ähnlich verhält es sich mit der Dehnbarkeit. Wenn die Cuticula trokken ist, ist sie fast nicht dehnbar, die Bruchdehnung liegt bei etwa 1 bis 2 Prozent. Sobald sie nass ist, steigt Dehnbarkeit auf ungefähr 25 bis 35 Prozent. Also eine Umkehrung der Materialeigenschaften nur durch die Hydratisierung. Damit ließ sich die Hypothese nicht aufrecht erhalten, dass die Cuticula eine Stabilisierungsfunktion hat, da sie bei Regen plötzlich elastisch wie Kaugummi wird. Blieb die Frage nach der Funktion eines derartigen Materials.

Ich erinnerte mich an eine Reise nach Afrika, wo ich mich in der Namib aufhielt und das Glück hatte, an der Grenze zwischen einem Trockengebiet und einem Regengebiet zu sein. Ich fand eine kleine Euphorbia, sowohl in dem Gebiet mit Trockenheit als auch in dem Gebiet in dem es geregnet hatte. Im Trockengebiet zieht sich die Pflanze in den Boden zurück und schützt sich vor Sonne und zu großer Verdunstung. Sobald es jedoch regnet, schwillt sie an und steht plötzlich mehrere Zentimeter hoch über dem Boden. Und das enthielt die Erklärung der Materialeigenschaften der Cuticula. Bei den Pflanzen handelt es sich um Vertreter, die in Trockengebieten vorkommen und die Monate, teilweise Jahre, ohne Regen überleben müssen. Und dann regnet es. Sie können nicht viel Zeit damit verbringen, Speichergewebe zu bilden. Sie müssen auf dieses Ereignis vorbereitet sein und die Pflanzen sind vorbereitet, durch ihr Material. Die Wurzeln werden in wenigen Stunden gebildet und nehmen alles verfügbare Wasser auf. Aber das Wasser muss irgendwo untergebracht werden. Jetzt kommen die Materialeigenschaften der Haut zum tragen. Es regnet und die Cuticula wird elastisch, wie Kaugummi. Gleichzeitig nehmen die Pflanzen Wasser auf, indem sie praktisch einen Ballon füllen. Wenn es trocknet, ist die Cuticula wieder steif und schützt die Pflanze. Wir haben derzeit keine Erklärung, wie das Material beschaffen ist, aber es bietet faszinierende Perspektiven.

Letztes Beispiel und da stehen wir gerade erst im Anfang, denn es hat sich aus den Arbeiten an Kakteencuticeln ergeben. Wenn sich ein Baum verzweigt, dann ist die Ansatzstelle typischerweise stark verdickt und der Ast wird zur Spitze hin dünner. Der Ast wird zur Basis breiter, um die Kräfte aufzufangen, die durch das Eigengewicht und äußere Einflüsse (z. B. Wind) auftreten. Der Übergang von Stamm zum Ast ist hinsichtlich des Kraftverlaufs optimiert, um Kerbspannungen zu vermeiden. Zu diesem Aspekt verweise ich auf die Arbeiten von Prof. Claus Mattheck aus Karlsruhe, der sich intensiv mit der Analyse des Wuchsverhaltens von Bäumen beschäftigt und daraus Algorithmen zur Optimierung von Bauteilen abgeleitet hat (Literatur auf www.mattheck.de). Der Übergang vom Stamm zum Ast ist einem natürlich vertraut und daher fällt bei Kakteen schnell auf, dass hier die Verhältnisse völlig anders sind. Nicht nur, dass die Seitenäste nahezu waagerecht in den Hauptstamm hineinlaufen, sie werden dabei auch noch dünner und haben an der Ansatzstelle den geringsten Durchmesser. Dennoch brechen sie an dieser Stelle nicht ab. Dabei wirken an der Ansatzstelle gleich mehrere Kräfte: sie werden unter ihrem eigenen Gewicht vom Stamm weggebogen und erfahren gleichzeitig auch eine Drehung also Torsionsbelastung. Wieder stellt sich die Frage, wie diese Verbindung stabilisiert wird. Man könnte vermuten, dass das Holz besonders massiv und fest ist und erlebt wieder eine Überraschung, denn Kakteen haben überhaupt kein echtes Holz. Sie besitzen ein ganz dünnes Leitgewebe, ein Flechtwerk aus einzelnen Leitgewebesträngen, das wiederum zum großen Teil aus Parenchym besteht. Es handelt sich um eine Struktur, die wir bis heute wiederum nur ansatzweise verstanden haben und dessen Erforschung sicher ein spannendes Thema bleiben wird.

Ich will Ihnen zum Abschluss noch 2 Beispiele zeigen, dass man auf vielfältige andere Weise von Pflanzen profitieren kann.

Zum einen möchte ich die Gattung *Dioscorea* erwähnen. Sie umfasst weltweit ungefähr 600 Arten, meist unscheinbare, kleine Kletterpflanzen, die auch nicht hübsch blühen. Die Blüten sind klein, meistens weiß oder gelblich und ungefähr 5 bis 10 mm groß. Pflanzen also, um die sich kaum einer kümmert, es sei denn man interessiert sich für Inhaltsstoffe. Die Pflanzen enthalten Steroidsapogenine, wie z. B. das Diosgenin. Das befindet sich auch in der Yamswurzel, was ihre Beliebtheit bei Bodybuildern als Nahrungsergänzungsmittel erklärt, denn sie haben anabole Wirkung. Die Knollen vieler *Dioscorea* Arten wurden schon immer gesammelt, da es sich um eine der wenigen tropischen Stärkequellen handelt. Die Steroidsapongenine aber haben eine ganz interessante neue Bedeutung bekommen. Hintergrund sind die Arbeiten Haberlands Anfang des 20. Jahrhunderts, der die Follikelhormone entdeckte, welche den weiblichen Zyklus steuern. Die Follikelhormone verhindern beim Beginn einer Schwangerschaft den Eisprung und damit eine erneute Schwangerschaft. Diese Steroide kann man nicht oder nur mit sehr großem Aufwand technisch synthetisieren. Mit Hilfe des Diosgenins aus *Dioscorea*-Arten gelingt es, in einer Partialsynthese, relativ leicht künstliche Östrogene/Gestagene zu gewinnen, wie die ersten künstlichen Testosterone durch Jasin. Diosgenine aus Yamswurzeln waren bis in die 60iger Jahre hinein die einzige Grundlage für Kontrazeptiva. Die gesamte moderne Schwangerschaftsverhütung ist von dieser Pflanzengruppe bis heute abhängig, denn die Grundsubstanzen werden nach wie vor aus *Dioscorea* isoliert. Dass ein großer Teil der weltweiten Empfängnisverhütung auf einigen wenigen Pflanzeninhaltstoffen beruht, dürfte kaum einem bekannt sein. Das Beispiel zeigt, dass wir in vielfältiger und sehr vertrackter Weise von Pflanzen abhängig sind.

Eine weitere Pflanze ist mittlerweile sehr berühmt, auch wenn sie meist nur als Zierpflanze bekannt und weit verbreitet ist. Es handelt sich um das Madagaskarimmergrün, eine sehr hübsche Pflanze und die auf der Insel Madagaskar endemisch war, d. h. nur dort vorkam. Zunächst hieß sie *Vinca rosea*, bis sie den heute gültigen eigenen Gattungsnamen *Catharanthus* bekommen hat. Wie *Dioscorea* besitzt sie spezifische Inhaltsstoffe, in diesem Fall die *Vinca*-Alkaloide. Diese greifen in den Zellzyklus ein, was eigentlich verheerend ist, da diese Pflanzen extrem giftig sind. In der traditionellen Volksmedizin werden sie jedoch bei bestimmten Krankheiten verwendet, obwohl sie hochgiftig sind. Bei der Untersuchungen von Personen, die diese Mittel genommen haben, stellte man fest, dass die Anzahl der weißen Blutkörperchen rapide sank. Da weiße Blutkörperchen zu den sich am schnellsten teilenden Zellen im menschlichen Körper gehören, erkannte man sehr schnell, dass hier ein potentes Krebsmittel verborgen liegt. Heute sind *Vinca*-Alkaloide eines der wichtigsten therapeutischen Mittel, die bei der Bekämpfung der Leukämie eingesetzt werden.

Und jetzt kommen wir zum etwas bitteren Ende des Vortrags. Schaut man sich die Insel Madagaskar heute an, dann erschrickt man über das Ausmaß der Naturzerstörung. Von den ursprünglichen Flächen der Regenwälder auf Madagaskar sind heute weniger als 10 Prozent übrig. Viele Flächen mit endemischen, d. h. nur auf Madagaskar vorkommenden Arten sind etwa so groß wie ein Hörsaal oder ein Fußballfeld also 100 oder 200 m≤, verfügen aber über 20 endemischen Arten und zwar traurigerweise die Letzten ihrer Art, weil sie nur noch auf diesen Restflächen vorkommen. Auf Madagaskar gibt es etwa 9.000 Pflanzenarten, mehr als 60 Prozent von ihnen endemisch. Wir haben Glück gehabt, dass wir Vinca gefunden haben, bevor die Wälder verschwanden, aber wer weiß, was schon jetzt unwiederbringlich verloren ist. Auf Madagaskar wurde in den letzten Jahren eine neue Unterart eines Lemuren gefunden und in den 80iger Jahren mit dem goldenen Bambusbär eine spektakuläre neue Lemurenart. Allgemein gilt es als äußerst unwahrscheinlich, heute noch neue Säugetiere zu finden. Diese Funde lassen den Schluss zu, dass bei anderen Tiergruppen und bei Pflanzen noch zahlreiche neue Arten und Unterarten vorhanden sind. Es werden praktisch wöchentlich neue Arten aus Madagaskar beschrieben – nur in den Resten, die noch vorhanden sind. Und diese Reste werden in wenigen Jahren wohl auch verschwunden sein, denn die Zerstörung der Wälder, im Wesentlichen durch Abbrennen, geht unvermindert weiter.

Das letzte Beispiel betrifft Brasiliens Regenwald, z. B. in Rondonia. GoogleEarth bietet heute die Möglichkeit sich jederzeit den ‚Fortschritt' anzuschauen, was sehr empfehlenswert ist. So werden etwa durch ‚nachhaltige Forstnutzung' erhebliche Flächen des Regenwaldes vernichtet. Wir sind sehr stolz auf die zertifizierte Holzgewinnung durch Einzelstammentnahme aus Regenwäldern. Aber die Voraussetzung für die Entnahme eines Stammes ist eine Straße, um ihn zu holen. Und die Straße ist das Verheerende, nicht die Entnahme, denn sie bereitet den Weg für jene die danach kommen, mit der Säge, mit Feuer und mit der Sojapflanze. Und da spielt auch das eigene Verhalten eine wichtige Rolle. Unser Tierfutter, heute zu einem großen Teil Soja, kommt im Wesentlichen aus solchen Flächen. Unser Zucker, aus Zuckerrohr, kommt ebenfalls im Wesentlichen aus derartigen Flächen und auch ‚Biodiesel'. Es ist weitgehend eine Illusion, dass ‚Biodiesel' ökologisch verträglich ist. Der größte Wachstumsmarkt des so genannten ‚Biofuel' betrifft ehemalige Regenwaldflächen. Das sind z. B. die Ölpalmenhaine in Malaysia, Borneo und Sumatra. Der größte Flächenverlust an tropischen Wäldern in Asien geht derzeit auf unseren Bedarf an ‚Ökosprit' zurück. Hier setzt das Verhalten eines jeden Einzelnen an.

Ich komme zurück zum Anfang, der Verteilung der globalen Diversität. Und jetzt wird hoffentlich verständlich, warum ich sage, die Ungleichverteilung von Biodiversität hat für uns unmittelbar Konsequenzen. Wenn wir diese Lebensräume erhalten wollen, müssen **wir** uns ändern und nicht der Thailänder, nicht der Vietnamese, bedingt der Brasilianer und schon gar nicht der Afrikaner. Sie können am allerwenigsten aus eigener Kraft eine grundlegende Änderung herbeiführen. Wir haben sie lange genug ausgebeutet und wir tun es heute noch. Wir müssen uns ändern. Jeder einzelne von uns muss sich ändern und das bedeutet in erster Linie Verzicht. Da von uns aber keiner wirklich ernsthaft auf den erreichten Luxus verzichten will, sehe ich nur geringe Chancen, dass kurzfristig ein Umdenken zu erwarten ist.

Die Erhaltung von Biodiversität ist ein aktuelles politisches Thema. Alle reden darüber, aber kaum jemand tut wirklich etwas. Auch in Deutschland ist es unglaublich schwer Natur- und Artenschutz gegen ökonomische Interessen durchzusetzen. Der Wissenschaft sind heute etwa 1,8 bis 2 Millionen Pflanzen- und Tierarten bekannt. Hochrechnungen vermuten zwischen 20 Millionen und 80 Millionen Arten, d. h. in letzter Konsequenz, dass uns zwischen 90 und 98 Prozent aller Organismen unbekannt sind. Und ich fürchte, dass ein großer Teil davon aussterben wird, bevor wir sie kennen lernen und erforschen können. Selbst wenn diese Zahlen zu hoch gegriffen sind, wenn wir die konservativste aller Schätzungen annehmen, die 12 Millionen Arten vorhersagt, dann sind es immer noch mehr als 80 Prozent, die wir nicht kennen und wahrscheinlich auch nicht kennen lernen werden.

Wir verlieren Biodiversität in einem bislang unbekannten Ausmaß. Selbst in Deutschland sind, regional verschieden, zwischen 25 und 40 Prozent aller Pflanzenarten gefährdet oder akut vom Aussterben bedroht. In Sachsen sind es 40 Prozent. Wie dramatisch der Verlust ist, wird deutlich wenn man Florenwerke und Bestimmungsbücher des 19. oder frühen 20. Jahrhunderts studiert. Es wird nun vorgeschlagen, wie z. B. im Umweltbericht der Bundesregierung des Jahres 2006, botanische Gärten im Sinne einer Arche Noah zu fördern. Ein faszinierender Gedanke. Das würde zumindest die Hoffnung zulassen, dass die botanischen Gärten zum ersten Mal in ihrer jüngeren Geschichte ausreichend Geld bekommen. Aber es ist natürlich keine ernsthafte Option. Denn das Problem ist schon viel weitreichender. Es wird nie gelingen, selbst nur für die akut vom Aussterben bedrohten Arten, ausreichend große Populationen in Botanischen Gärten zu kultivieren, da die Flächen und das Personal fehlen. Der Schutz der Lebensräume ist unabdingbar. Außerdem gibt es für viele Organismengruppen schon gar nicht mehr die Fachleute, die die Aufgabe übernehmen können. Der Verlust der Biodiversität wird begleitet von einem Verlust an Fachleuten. Die Schweiz hat jüngst einen Nationalfond aufgelegt, damit zumindest die bestehenden wissenschaftlichen Sammlungen weiter gepflegt werden können. Es gibt in naher Zukunft kaum noch Systematiker, um die Pflanzen bestimmen und beschreiben zu können. So wichtig Molekulargenetik ist, so viel versprechend z. B. die Aussichten für die Biotechnologie sind, was nützt der beste Genetiker, wenn er niemanden mehr hat, der ihm sagt, mit welcher Pflanze, welchem Tier, Pilz oder Mikroorganismus er arbeitet? Die Systematik, die Taxonomie und die Erforschung der schwindenden Lebensräume sind die Grundlage aller hochmodernen nachfolgenden Methoden und Technologien und die Grundlage für die Erhaltung der Biodiversität.

Mir wurde von einem Kollegen berichtet, der einen wunderschönen Vortrag über die Inhaltsstoffe einer Pflanze gehalten hat und dann am Ende, nachdem die Arbeit vorgestellt worden war, die Pflanze zeigte, mit der er gearbeitet habe. Applaus. Dann stand ein alter Botaniker-Kollege auf und sagte: „Werter Kollege, ein wunderschöner Vortrag, ich muss Ihnen aber bedauerlicherweise sagen, die Pflanze, die Sie gezeigt haben, ist nicht die, über die Sie gesprochen haben". Die Ergebnisse waren wertlos. Das ist der schleichende Verlust, dem wir entgegen gehen. Die Systematik ist auch in Deutschland kontinuierlich abgebaut worden. Viele Lehrstühle sind fachfremd besetzt, so dass heute nur noch wenige Professuren für systematische Botanik vorhanden sind und auch der Nachwuchs selten wird.

Zum Schluss zurück zur Eingangsbemerkung und noch ein Verweis auf eine Karte aus Bonn. Herr Barthlott und seine Mitarbeiter haben sich die mühevolle Arbeit gemacht, die botanischen Gärten und ihren Artenbestand weltweit zu erfassen. Was man deutlich erkennt, sind die schon genannten Zentren der Biodiversität, vorwiegend tropische Gebiete. Und da, wo die Biodiversität niedrig ist, da gibt es die botanischen Gärten, vorwiegend in Europa. Wir haben die Pflanzen längst geholt. Wir haben das Know-how und es gibt relativ wenig Interesse, das mit anderen Ländern zu teilen. Und es ist gut nachvollziehbar, wenn Länder wie Brasilien oder andere heute restriktiv mit ihren genetischen Ressourcen umgehen. Auch wenn das am Ende kontraproduktiv sein wird. Denn nur – und das ist meine feste Überzeugung – die freie Forschung an allen Ressourcen wird den größten Nutzen für alle bringen. Es führt nicht weiter, wenn die Hände auf etwas gelegt und gesagt wird, das ist nur für mich. Bedauerlicherweise waren wir auch in dieser Hinsicht leuchtendes Vorbild. Aber das ist die Herausforderung, der wir gegenüberstehen. Unser Wissen zu teilen mit diesen Ländern, um von dem was noch da ist so viel wie möglich und langfristig zu schützen.

Deutschland ist in der Beziehung in einer bemerkenswert guten Situation. Wir haben fast 100 botanische Gärten, d. h. 1/4 aller europäischen botanischen Gärten und jeder 18. weltweit sind in Deutschland vorhanden. Das ist die größte Dichte an botanischen Gärten überhaupt. Wir haben etwa $^1/_4$ aller höheren Pflanzen nach Deutschland importiert. Das ist ein großes Plus und auch eine große Herausforderung. Wie gehen wir damit in Zukunft um, denn in meinen Augen ist auch das ein nationales Erbe? Bedauerlicherweise ist es zurzeit so, dass wir damit sehr schlecht umgehen. Botanische Gärten sind in Deutschland selber eine bedrohte Art, durch chronische Unterfinanzierung und Personalabbau, denn sie sind eine beliebte Quelle für Stellenabbau in Universitäten. Wir alle sind da in der Verantwortung und ich würde mir wünschen, dass – zumindest ein kleiner Beitrag – geleistet würde, um diese Entwicklung vielleicht umzukehren.

Die unsichere Zukunft der menschlichen Ernährung

Klaus Hahlbrock

In Deutschland und vielen anderen Industrieländern hat der weitaus größte Teil der Bevölkerung ein höchst einseitiges und unvollständiges Bild von den Möglichkeiten und Grenzen einer gesicherten Versorgung mit Nahrungsmitteln. Mitteleuropa gehört seit dem Ende der letzten Eiszeit durch ein gemäßigtes Klima, gute Wasserversorgung und nährstoffreiche Böden zu den fruchtbarsten Regionen der Erde. Statt Nahrungsmangel bedrücken uns eher die immensen finanziellen und ökologischen Kosten einer hochsubventionierten Überproduktion.

Größer könnte der Kontrast zur Situation der überwiegenden Mehrzahl der Menschen kaum sein. Während wir mit Quotenregelungen, Exportsubventionen, Importschranken und Vernichtungsaktionen versuchen, mit dem Überschuss fertig zu werden, leidet weltweit fast eine Milliarde Menschen an Unterernährung. Viele von ihnen verhungern. Wie sehr sich dies nicht nur für die unmittelbar Betroffenen, sondern auch für uns, die bisher noch reichlich Gesättigten, zu einem bedrohlichen Problem entwickelt, wird allzu häufig übersehen. Denn längst stößt das noch immer dramatische Anwachsen der menschlichen Bevölkerung – und damit auch der Bedarf an Nahrungsmitteln – an die Kapazitätsgrenzen des uns alle tragenden Ökosystems Erde. Wir sitzen alle, ob satt oder hungernd, im selben Boot. Die weltweit schon jetzt extrem belastete Biosphäre verträgt keine weitere Ausdehnung des für Nahrungsproduktion und die vielen sonstigen Bedürfnisse und Ansprüche des Menschen genutzten Anteils, und auch die Hoffnung auf immer weitere Steigerungen der Ernteerträge pro Flächeneinheit erscheint wenig realistisch.

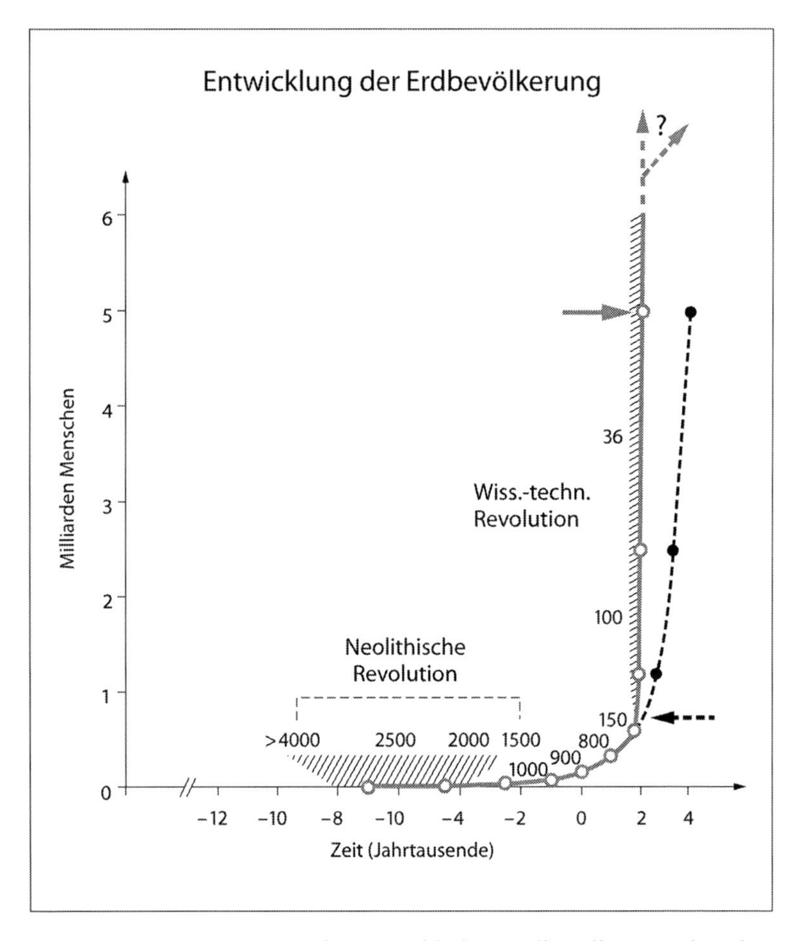

Abb. 1: Wachstumssprünge der menschlichen Erdbevölkerung als Folgen der Neolithischen und der Wissenschaftlich-Technischen Revolution (schraffierte Felder). Die Zahlen zwischen den offenen Kreisen geben die Zeiträume an, in denen die Bevölkerung sich jeweils verdoppelt hat. Der gestrichelte Pfeil weist auf den Beginn des zweiten, beschleunigten Anstiegs hin, der ausgezogene Pfeil auf das Ende der kürzesten Verdoppelungszeit. Die gestrichelte Kurve bezeichnet den hypothetischen Kurvenverlauf ohne Wissenschaftlich-Technische Revolution.

Um diese Situation und die sich ergebenden Schlussfolgerungen für die Zukunft richtig einschätzen zu können, bedarf es zunächst eines Rückblicks auf die bisherige Entwicklung. Abbildung 1 fasst einige entscheidende Fakten zusammen.

Erste und zweite Bevölkerungsexplosion

Der wichtigste Schritt in der jüngeren Menschheitsentwicklung war der Übergang vom Sammeln und Jagen zur systematischen Produktion von Nahrungsmitteln durch Ackerbau und Viehhaltung. Dieser zunächst sehr langsame, sporadisch einsetzende, dann aber immer rascher und unaufhaltsamer fortschreitende Prozess begann in der Jungsteinzeit (Neolithikum) vor rund zehntausend Jahren. Die damit beginnende Sesshaftigkeit mit all ihren grundlegend neuartigen sozialen, kulturellen, demographischen, politischen, wirtschaftlichen und ökologischen Folgen bezeichnen wir als „Neolithische Revolution“. Eine anfangs kaum ins Gewicht fallende, langfristig aber besonders gravierende Folge war die immer raschere Zunahme der menschlichen Bevölkerung. Während eine Verdoppelung der Bevölkerungszahl zur Zeit der Neolithischen Revolution – nach notwendigerweise groben Schätzungen – noch einige Jahrtausende in Anspruch nahm, erfolgte im vergangenen Jahrhundert der bisher steilste Anstieg von 2,5 auf 5 Milliarden innerhalb von nur 36 Jahren. Aus der Darstellung in Abbildung 1 geht deutlich hervor, wie sehr dieser letzte große Sprung in der Bevölkerungsentwicklung durch ein zweites revolutionäres Großereignis, die „Wissenschaftlich-Technische“ Revolution, befördert wurde. Diese zweite Revolution nahm ihren vergleichsweise moderaten Anfang mit der verstärkten Hinwendung zu Wissenschaft und Technik um die Mitte des letzten Jahrtausends und erfasst inzwischen mit atemberaubender Geschwindigkeit praktisch alle Bereiche unseres täglichen Lebens.

Das Fragezeichen oben rechts in Abbildung 1 weist auf die Unsicherheit der weiteren Entwicklung hin und betont damit gleichzeitig die Größe der vor uns liegenden Aufgabe. Die meisten derzeit gängigen Prognosen sagen einen weiteren, vorerst kaum verminderten

Anstieg auf mindestens 9, möglicherweise sogar 10 bis 12 Milliarden Menschen innerhalb der nächsten Jahrzehnte voraus. Allerdings werden dabei lediglich die jetzt bestehenden oder tendenziell absehbaren Rahmenbedingungen unterstellt. Gleichzeitig wird jedoch – neben anderen Unwägbarkeiten (etwa neue Infektionskrankheiten, Kriege, Vulkanausbrüche) – vor einer Klimakatastrophe gewarnt, deren möglicherweise dramatische Auswirkungen auf die Landwirtschaft völlig unvorhersehbar sind. Insofern muss offen bleiben, ob die vorausgesagte Zunahme auf 9 oder mehr Milliarden Menschen tatsächlich eintritt. Doch hier kann es nicht um das Für und Wider konkreter Zahlen gehen. Entscheidend ist die Frage, ob eine immer noch rapide zunehmende Milliardenbevölkerung nachhaltig und ohne ökologischen Kollaps ernährt werden kann – und wenn ja, unter welchen Bedingungen das geschehen kann.

Von der Nahrungssuche zur Nahrungsindustrie

Der allmähliche Übergang vom Aneignen der Nahrung durch Sammeln und Jagen zur gezielten Nahrungsproduktion muss besonders in seinen Anfängen ein sehr langsamer Prozess gewesen sein. Nur einige der fruchtbaren großen Flusstäler – Euphrat, Tigris, Nil, Indus und die großen chinesischen Flüsse – eigneten sich für Tierhaltung, den erfolgreichen Anbau und die züchterische Verbesserung von zunächst noch wenig ertragreichen Wildpflanzen. Über lange Zeiträume hinweg wurde bei jeder Ernte das beste Saatgut ausgewählt. Das führte allmählich zu immer ertragreicheren Sorten mit stetig verbesserten Eigenschaften. Vermutlich bildete anfangs die Jagd nach tierischem Fleisch noch weiterhin eine maßgebliche Nahrungsgrundlage, die dann mehr und mehr durch Viehhaltung ersetzt und durch pflanzliche Nahrung aus eigenem Anbau ergänzt wurde.

Dies war die alles entscheidende Voraussetzung für die umwälzenden Neuerungen in der menschlichen Lebensweise. Mit der zunehmenden Sesshaftigkeit und all ihren Folgen begann die bis heute ungebremste, massenhafte Vermehrung der bis dahin ökologisch unauffälligen und unbedeutenden Spezies Mensch, die, nicht anders als die übrigen Primaten, in kleinen Gruppen auf Nahrungssuche umhergezogen war. Entsprechendes gilt für die vielen domestizierten Pflanzen und Tiere, die heute anstelle der natürlichen Artenvielfalt einen großen Teil der Biomasse auf diesem Globus ausmachen.

Ökologische Grenzen

Dass diese Entwicklung natürliche Grenzen hat, ist unmittelbar einleuchtend. Doch wann und unter welchen Umständen diese Grenzen erreicht sein werden, ist im Voraus nicht bestimmbar. Mit der unvermindert fortschreitenden Vernichtung tropischer Regenwälder um fragwürdiger und kurzsichtiger Ziele willen (Gewinnung von „Edelhölzern“, Anbau von Soja für die Massenproduktion von Rindfleisch in Deutschland und anderen „Industrieländern“, Produktion von Kaffee und Kakao, Herstellung von Biosprint anstelle von Nahrungsmitteln für die eigene, hungernde Bevölkerung) berauben wir uns nicht nur der artenreichsten Biotope dieser Erde, sondern auch der neben den Weltmeeren wichtigsten Klimastabilisatoren. Welch dramatische Auswirkungen selbst scheinbar geringfügige Klimaänderungen auf die landwirtschaftliche Produktivität haben können, daran haben uns erst kürzlich die anhaltende Trockenheit im Südosten Spaniens und die große Dürre und Winderosion (dust bowl) im Mittelwesten der USA, jeweils mit entsprechenden Ernteausfällen, nachdrücklich erinnert.

Auch wenn dem Wachstum der menschlichen Bevölkerung eindeutig Grenzen gesetzt sind, so hängen diese doch ganz offensichtlich auf höchst komplexe Art und Weise von einer Vielzahl unterschiedlicher Faktoren ab. Viele dieser Faktoren sind wiederum mittelbar oder unmittelbar mit jeweils eigener Dynamik untereinander verknüpft. Nicht selten bilden einige dieser Faktoren in sich geschlossene Kreise, zum Beispiel: soziale Lage –> Waldrodung –> Klima –> landwirtschaftliche Produktivität –> Verfügbarkeit von Nahrungsmitteln –> soziale Lage und so fort. Wie viel weniger lassen sich also konkrete Zahlen für eine künftige menschliche Bevölkerung angeben, wenn schon jeder dieser Faktoren zudem noch eine unkalkulierbare Eigendynamik besitzt!

Zwei höchst unterschiedliche, angesichts ihrer hohen Komplexität jedoch ähnlich schwer konkretisierbare Faktoren sind aller Voraussicht nach von herausragender Bedeutung: die Pufferkapazität der Biosphäre und das menschliche Sozialverhalten. Zu letzterem an dieser Stelle nur eine kurze Bemerkung: Die Zunahme sozialer Spannungen bei steigender Populationsdichte, insbesondere die Sprengkraft eines immer steiler werdenden Sozialgefälles von reich zu arm, von mächtig zu ohnmächtig, von satt zu hungernd kann nicht ernst genug genommen werden. Dennoch muss dieser Hinweis genügen, um dem anderen großen Spannungsfeld, dem Konflikt zwischen menschlicher Ernährung und ökologischer Stabilität, genügend Raum zu lassen.

Von seinem afrikanischen Ursprungsgebiet aus hat der Mensch sich inzwischen über die gesamte bewohnbare Erdoberfläche ausgebreitet und bis heute etwa die Hälfte davon für seine Nahrungsproduktion in Acker- und Weideland umgewandelt. Rechnet man die Flächen für Siedlung und Verkehr sowie die massenhaft in Forste umgewandelten Wälder hinzu, so verbleiben von den ursprünglichen, artenreichen Biotopen nicht viel mehr als Restbestände der einstmals riesigen Regenwälder, Steppen, Savannen und Tundren. Dem stehen die weiten, vom Menschen bewirtschafteten und nur durch menschliche Pflege (Kultur) in diesem Zustand haltbaren Flächen mit wenigen, zu extremen Spezialleistungen gezüchteten Nutzpflanzen (Kultursorten) und Nutztieren gegenüber. Niemand hätte voraussagen können, dass die Biosphäre als Ganzes ein solches Ausmaß an Toleranz besitzt – doch genauso wenig vorhersehbar ist die Grenze dieser Toleranz.

Die Toleranzgrenze könnte schneller erreicht oder überschritten sein, als es angesichts der bisherigen Erfahrung erscheinen könnte. Denn jedes Ökosystem hat eine endliche Pufferkapazität. Der Umschlagpunkt, an dem ein System instabil wird oder zusammenbricht, ist jedoch wegen der hohen Komplexität nur in Sonderfällen voraussehbar. Ein Zusammenbruch kann entweder plötzlich durch einen einzigen, in seiner Wirkung eindeutig erkennbaren Faktor (einen Vulkanausbruch, einen Giftunfall, eine plötzlich einsetzende

Dürre) oder – wesentlich häufiger – durch schleichende, zunächst kaum wahrnehmbare Änderungen ausgelöst werden, etwa die Anreicherung von Umweltgiften im Boden, im Wasser oder in der Luft (z. B. Schwermetallsalze, Pflanzenschutzmittel, „Treibhausgase“). Ob plötzlich oder langsam eintretend, die Auswirkungen auf das betroffene Biotop und die Zeiträume, innerhalb derer ein neuer, stabiler Zustand mit entsprechender Pufferkapazität wieder erreicht wird, sind in jedem Fall langfristig. Ohne Zweifel hat die Umwandlung eines großen Teils der Erdoberfläche von ehemals artenreichen, über lange Zeiträume an die natürlichen Umweltbedingungen angepassten Biotopen in ökologisch instabiles Acker- und Weideland die Pufferkapazität der irdischen Biosphäre stark geschwächt.

Landwirtschaft und ökologische Stabilität

Sehen wir uns dazu in Abbildung 2 als typisches Beispiel für die ökologischen Konsequenzen dieser Form von Landnutzung ein Weizenfeld kurz vor der Ernte, an. Weizen nimmt unter den weltweit vorrangig angebauten Nahrungs- und Futtermitteln (Weizen, Mais, Reis, Gerste und Kartoffeln) die erste Stelle ein. Prinzipiell trifft

Abb. 2: Ersatz von natürlicher Artenvielfalt durch intensive Landwirtschaft.

jedoch das im folgenden auf Weizen Bezogene auf alle landwirtschaftlich genutzten Kultursorten zu.

Als erstes springt das gleichförmige Erscheinungsbild des Weizenfeldes ins Auge. Es ist das Ergebnis intensiver menschlicher Pflege, ohne die auf einem solchen Feld keine einzige gezüchtete Weizenpflanze, sondern vermutlich der für Mitteleuropa charakteristische, artenreiche Mischwald wachsen würde. Ein derartiges Weizenfeld konnte den hier gezeigten Zustand nur dadurch erreichen, dass alle konkurrierenden Wildpflanzen durch mechanische Bodenbearbeitung sowie speziell auf Kulturweizen abgestimmte Unkrautvernichtungsmittel (Herbizide) beseitigt und fehlende Nährstoffe durch ebenso speziell abgestimmte Düngung eingebracht wurden. Dem sichtbaren Vorteil hoher Ernteerträge stehen jedoch weniger sichtbare, zum Teil um so langfristiger wirksame ökologische Nachteile gegenüber. Unübersehbar ist der unmittelbare Verlust an natürlicher Artenvielfalt. Dagegen sind die in vielen Regionen unvermindert fortschreitenden Veränderungen der Bodenbeschaffenheit (Bodengare) durch mechanische Verdichtung, Anreicherung von Pflanzenschutzmitteln im Boden und im Grundwasser sowie Veränderungen der Nährstoffzusammensetzung und der Mikroorganismen- und Kleintierpopulationen – und damit die langfristigen ökologischen Auswirkungen – nur indirekt wahrnehmbar. Noch viel unmittelbarer und nur über lange Zeiträume feststellbar sind die weiträumig wirksamen Einflüsse auf das Klima.

Bei näherem Hinsehen fallen zwei weitere Phänomene auf, die in der freien Natur so nicht auftreten und nur durch intensive Züchtung bei Kultursorten erreicht werden: Innerhalb geringfügiger Schwankungen haben fast alle Individuen der Weizenpopulation den gleichen Wuchs und sind gleichzeitig reif. Man muss sich nur die Gräser einer Wildwiese ansehen, um den vergleichsweise großen Unterschied zur natürlichen Schwankungsbreite in der Größe, Blüh- und Reifezeit sowie vieler weiterer, genetisch bedingter Merkmale zwischen den einzelnen Individuen einer Art festzustellen. Der Unterschied beruht auf der natürlichen genetischen Variabilität – der materiellen Grundlage der Merkmalsvielfalt innerhalb der Arten.

Diese natürliche Vielfalt ist einerseits der Garant der Arterhaltung unter wechselnden Umweltbedingungen, etwa wenn in einem Jahr die frühblühenden, in einem anderen Jahr die spätblühenden Individuen durch Erfrieren der Blüten oder Ausfall der bestäubenden Insekten unfruchtbar bleiben, die Fortpflanzung der Population als Ganzes dadurch aber nicht gefährdet ist. Andererseits ist die genetische Variabilität die unverzichtbare Grundlage der stetigen evolutionären Anpassung an den sich laufend ändernden Selektionsdruck, dem alle Arten durch wechselnde Konkurrenz um gemeinsamen Lebensraum und neu zu erobernde ökologische Nischen unablässig ausgesetzt sind.

Züchtung ist zweckgerichtete genetische Manipulation

Ebendiese genetische Variabilität ist Voraussetzung und Ausgangspunkt für jede durch menschlichen Eingriff bewirkte Veränderung: Züchtung ist gelenkte Evolution – durch das Züchtungsziel bestimmte genetische Modifikation. Die anfangs noch ohne wissenschaftliche Kenntnisse betriebene Auslese bestimmter Merkmalsvarianten durch vielfach wiederholte Folge von Ernte und Anbau gleichartigen Saatguts bedeutete zudem eine stetig zunehmende genetische Vereinheitlichung. So entstanden je nach Standort- und Kultivierungsbedingungen schließlich die verschiedenen „Kultursorten“ (Kulturvarietäten) mit entsprechend angepassten Eigenschaften. Jede dieser Eigenschaften (Winterkälte-, Sommerhitze-, Trocken- oder Salztoleranz, Krankheitsresistenz, Früh- oder Spätreife, Abwesenheit von Gift- oder Bitterstoffen usw.) war innerhalb der ursprünglichen genetischen Variabilität der Ausgangspopulation zwar im Prinzip bereits angelegt, wurde aber in den entstehenden Kulturvarietäten durch beständigen züchterischen Selektionsdruck auf Kosten zurückgedrängter Merkmale immer stärker betont.

Die zunehmende Abhängigkeit von menschlicher Pflege war ein hoher Preis für den erstrebten Zugewinn an Ernteerträgen, denn damit war ein erheblicher Verlust an Robustheit gegenüber Umwelteinflüssen unvermeidlich verbunden. Aus vitalen, unter natürlichen Umweltbedingungen konkurrenz- und anpassungsfähigen, genetisch stark diversifizierten Populationen von Wildgräsern und Wildkräutern wurden angepasste, pflegebedürftige, genetisch vereinheitlichte Kultursorten. Ohne den Selektionsdruck des Züchters wären diese Varianten in der „freien", vom Menschen unbeeinflussten Natur niemals entstanden.

Inzwischen werden mehr als 6 Milliarden Menschen – je nach finanzieller und geographischer Lage mehr oder weniger ausreichend – mit Nahrungsmitteln versorgt, die überwiegend von einigen hochgezüchteten Leistungsträgern unter den Kulturpflanzen geliefert werden. Deren stetige Weiterentwicklung zu Hochleistungssorten, die den verschiedenen Anforderungen möglichst optimal entsprechen, erfuhr im vergangenen Jahrhundert einen erheblichen Schub durch den Übergang von der jahrtausendelangen „blinden" Auslesezüchtung zu einer wissenschaftlich fundierten Kreuzungszüchtung auf der Grundlage der Mendelschen Erbregeln. Damit wurden zwar manche Züchtungsziele leichter und schneller erreichbar, doch auch der Kreuzungszüchtung sind natürliche Grenzen gesetzt.

Physiologische Grenzen der Züchtung

Die wichtigsten Züchtungsziele wurden bereits mehr oder weniger explizit erwähnt: hohe Ernteerträge, hohe Nahrungsqualität, Krankheitsresistenz, Anpassung an Klima und Bodenbeschaffenheit, Umweltschutz (z. B. durch verringerten Einsatz von Agrochemikalien), Vereinfachung von Feldarbeit und Produktionsabläufen. Nicht wenige dieser Züchtungsziele stehen einander diametral entgegen und verlangen entweder Kompromisse oder Prioritätsentscheidungen. Besonders gravierende Beispiele sind die beiden Gegensatzpaare Ernteertrag und Umweltschutz sowie Nahrungsqualität und Krankheitsresistenz.

Abbildung 2 hatte bereits deutlich gemacht, in welch hohem Maß die heute in Mitteleuropa erzielten Ernteerträge durch intensive Pflege- und Schutzmaßnahmen erkauft werden müssen. Nicht nur die direkt betroffenen, sondern auch alle indirekt mitbetroffenen Biotope werden durch chemischen Pflanzenschutz sowie Veränderungen des Wasserhaushalts und der Bodenbeschaffenheit nachhaltig beeinflusst. Vor allem der chemische Pflanzenschutz versucht den Verlust an natürlicher Abwehrkraft auszugleichen, der mit der Erhöhung von Ernteerträgen und Nahrungsqualität unausweichlich verbunden ist. Dafür sind zwei vorrangig erstrebte Veränderungen in der Physiologie der Pflanze verantwortlich: die relative Überbetonung einzelner Organe und die Abwesenheit störender Inhaltsstoffe.

Abb. 3: Fünf nahe miteinander verwandte Arten aus der Familie der Kohlgewächse, bei denen unterschiedliche Organe durch Züchtung besonders stark hervorgehoben wurden.

Ein herausragendes Züchtungsziel war deshalb von Anfang an die möglichst weitgehende Umlenkung aller Stoffwechselleistungen von einer ausgewogenen Gesamtbilanz auf dasjenige Organ, das der menschlichen Ernährung dient. Wie sehr derart umprogrammierte Organismen ihren natürlichen Konkurrenten um Lebensraum und Nährstoffe unterlegen sind, wird aus den in Abbildung 3 dargestellten Beispielen ersichtlich. Alle fünf Kultursorten sind nahe miteinander verwandte Arten aus der Familie der Kohlgewächse (Brassicaceen). Bei der Rapspflanze rechts oben im Bild galt die Züchtung der Verbesserung von Menge und Qualität des Öls in den Samenkörnern, während die übrigen vier Kohlarten für den direkten Verzehr von jeweils unterschiedlichen, ebenfalls besonders stark herausgebildeten Pflanzenteilen gezüchtet wurden. Jeder dieser Pflanzenteile ist auf Kosten aller übrigen Organe völlig überdimensioniert: beim Raps die Samenkapseln, beim Rot- oder Weißkohl die Blätter, bei der Kohlrübe die Zentralwurzel, beim Kohlrabi der Stengel und beim Blumenkohl ein Gebilde, das in der ursprünglichen Wildform gar nicht vorkam und etwas ungenau als ein stark abgewandelter, hypertropher Blütenboden bezeichnet werden könnte. Dazu kam in jeder dieser Kulturformen eine möglichst weitgehende Beseitigung störender Inhaltsstoffe. Besonders in den letzten vier Fällen ist schon äußerlich leicht erkennbar, wie viel Pflege und Schutz solche Pflanzen brauchen, wenn sie die dafür mobilisierbaren Stoffwechselaktivitäten in die Ausbildung unphysiologischer Extreme anstelle von kraftvollem Wachstum und Abwehr von Krankheitserregern, Fraßfeinden und besser gerüsteten Konkurrenten investieren müssen.

Derart extreme Züchtungsergebnisse sind keine Ausnahmen, sondern in jeweils unterschiedlicher Form die Regel, wenn auch nicht immer so unmittelbar ins Auge springend. Beispielsweise unterscheiden sich die Samenkörner aller Kulturformen von Weizen, Gerste, Reis oder Mais nicht nur in ihrer Größe ganz entscheidend von denen der ursprünglichen Wildgräser. Auch die Festigkeit der Ähren sowie die innere Struktur und Zusammensetzung der Körner, insbesondere der Stärke- und Eiweißgehalt, wurden im Lauf der Züchtungsgeschichte so weit auf die Ernährungs- und Verarbeitungsbedürfnisse des Menschen hin optimiert, wie es Genetik und Physiologie der Pflanze eben zuließen. (Entsprechendes gilt für die Tierzüchtung – etwa die extreme Milchleistung einer Zuchtkuh oder die ebenso unnatürliche Legefrequenz eines Haushuhns. Beide Tierarten, wie fast alle übrigen Nutz- und Haustiere, die auf physiologische Extreme hin gezüchtet wurden, hätten in der freien Wildbahn ebenfalls keine Überlebenschancen.)

Soweit der Rückblick, aus dem sich einige wichtige Schlussfolgerungen ergeben:

- Nur durch anhaltenden züchterischen Selektionsdruck konnten unsere heutigen Nutzpflanzen, Nutztiere und Zierorganismen entstehen.
- Die Unterschiede zwischen Zucht- und Wildformen beruhen auf genetischen Veränderungen. Züchtung ist genetische Manipulation und damit immer ein Eingriff in die natürliche Evolution.
- Die modernen Hochleistungssorten unserer Hauptnahrungspflanzen sind inzwischen unverzichtbar für die Ernährung von 6 Milliarden und mehr Menschen.
- Optimale Ernteerträge erfordern intensiven mechanischen und chemischen Pflanzenschutz.
- Daraus resultiert das unausweichliche Dilemma einer intensiven Landwirtschaft, die langfristig – vor allem in sensiblen Bereichen mit geringer Pufferkapazität – gravierende ökologische Schäden verursacht.

Nahrungsqualität und Umweltbelastung

Das Wegzüchten von Gift- und unangenehmen Geschmacksstoffen ist unvereinbar mit dem vollen Erhalt der natürlichen Schädlingsresistenz, denn gerade diese Substanzen sind es, die eine wichtige Rolle in der pflanzlichen Abwehr gegen Krankheitserreger und Fraßfeinde spielen. Dazu gehören unter anderem pflanzenspezifische Antibiotika, *Phytoalexine*, die an Infektionsstellen als Ausgleich für ein fehlendes Immunsystem innerhalb kürzester Zeit in hohen Konzentrationen gebildet werden. Ähnlich wie die in der Humanmedizin verwendeten Antibiotika aus Mikroorganismen sind *Phytoalexine* komplexe Verbindungen sehr unterschiedlicher chemischer Natur. Sie zeichnen sich durch breite antibiotische („gegen [feindliches] Leben" gerichtete) Wirksamkeit aus und sind entsprechend giftig – allerdings nicht nur für Krankheitserreger, sondern auch für Tier und Mensch. Zudem enthalten alle Pflanzen zahllose weitere Inhaltsstoffe, die teilweise ebenfalls giftig, teilweise bitter oder anderweitig geschmacklich unangenehm sind.

Die Beseitigung dieser Substanzen – oder deren Verringerung auf ein für den Menschen verträgliches Maß – war daher neben der Optimierung der Ernteerträge stets ein vorrangiges Züchtungsziel. Damit wurden aber ausgerechnet die wichtigsten Nahrungspflanzen eines wesentlichen Anteils ihrer natürlichen Abwehrkräfte beraubt: Der Vorteil einer verbesserten Nahrungsqualität wurde mit dem Nachteil einer verminderten Krankheitsresistenz und Insektenabwehr erkauft. Entsprechend musste die pflanzeneigene Abwehr durch von außen applizierte Pflanzenschutzmittel ersetzt oder ergänzt werden. Statt der kurzfristigen, auf einzelne Infektionsstellen begrenzten Bildung von pflanzeneigenen Schutzsubstanzen, die anschließend wieder in den natürlichen Kreislauf eingehen, werden nun vergleichsweise große Mengen synthetischer Bakterizide, Fungizide und Insektizide ausgebracht, die – zusätzlich zu Düngemitteln und Herbiziden – Böden und Gewässer zunehmend belasten.

Dieses Problem wird durch den Massenanbau von genetisch nahezu identischen Individuen in großflächigen „Monokulturen" noch erheblich verstärkt: Abbildung 2 macht unmittelbar einsichtig, welch ideale Experimentierfelder derartige Massenkulturen für die Entstehung neuer, infektiöser (*virulenter*) Stämme von Krankheitserregern sind – ganz analog zum Auftreten von hochinfektiösen Vogelgrippe-Viren in ostasiatischen Hühner- und Entenfarmen. Die hohen Vermehrungs- und Mutationsraten von Viren und Mikroorganismen machen es zunächst unschädlichen (*avirulenten*) Stämmen leicht, durch Evolution quasi im Zeitraffertempo immer wieder neuartige virulente Stämme auszubilden. Diese können sich dann über die gesamte, aufgrund der genetischen Einheitlichkeit durchgehend anfällige Population ausbreiten und dabei wiederum mit hoher Geschwindigkeit zu neuen virulenten Stämmen mutieren.

Daraus ergibt sich eine weitere Zwischenbilanz:

- Durch die züchterische Beseitigung oder Verringerung von giftigen oder geschmacklich unangenehmen Pflanzeninhaltsstoffen wurden Qualität und Attraktivität unserer Nahrungsmittel erheblich verbessert sowie zuvor unzugängliche Nahrungsquellen erschlossen.
- Damit ging jedoch ein wichtiger Bestandteil der pflanzeneigenen Schädlingsabwehr verloren, der durch Pflanzenschutz mit synthetischen Chemikalien ersetzt wurde.
- Während die pflanzeneigenen Schutzsubstanzen für den Menschen unmittelbar schädlich sein können, schädigen die synthetischen, im Boden und Grundwasser oft langfristig überdauernden Pflanzenschutzmittel zunehmend die Umwelt.
- Genetisch weitgehend einheitliche Monokulturen von ohnehin schon abwehrgeschwächten Hochleistungssorten befördern die Entstehung und rasche Ausbreitung virulenter Stämme von Krankheitserregern und Schadinsekten.
- Eine wichtige Gegenmaßnahme ist die Erhöhung der Sortenvielfalt – wo immer möglich auch Mischanbau – in allen Bereichen von Land-, Forst- und Gartenwirtschaft.

Eine Vielzahl weiterer Züchtungsziele wird außerhalb der Fachwelt kaum wahrgenommen und ist dennoch von großer praktischer Bedeutung. Einige wenige Beispiele sollen die bemerkenswerten Erfolge der Züchter wenigstens in Stichworten andeuten: die Backqualität des Weizenmehls; unterschiedliche Geschmacks- und Farbvarianten bei Obst, Gemüse, Kaffee, Tee und anderen Genussmitteln; die Schnittfestigkeit und Transportfähigkeit von Tomaten und vielen anderen Frischwaren; verschiedene Kartoffelsorten für den direkten Verzehr, für die Stärke- und für die Chip-Produktion.

Angesichts der kaum noch überschaubaren Sortenvielfalt im heute üblichen, bei Obst und Gemüse besonders augenfälligen Angebot sowie der ebenso finanziell wie ökologisch bedenklichen Überproduktion von Agrarerzeugnissen im EU-Bereich wird häufig die Frage gestellt, wozu überhaupt noch Pflanzenzüchtung gebraucht wird. Dabei wird neben der ökologisch begründeten Sortenvielfalt ein mindestens ebenso wichtiger Grund für ein stetiges Weiterzüchten allzu leicht übersehen: Jede erhaltenswerte Sorte muss durch „Erhaltungszüchtung“ vor dem spätestens nach einigen Jahren beginnenden, aus biologischen Gründen unvermeidlichen Verlust der sie auszeichnenden Merkmale – und damit auch der offiziellen Sortenzulassung – bewahrt werden, sofern sie nicht ohnehin als Ausgangsbasis für die Entwicklung einer neuen Sorte mit weiter verbesserten oder veränderten Merkmalen dient.

Der lange Weg zur neuen Sorte

Das Einkreuzen fehlender Merkmale aus anderen Sorten oder Wildpflanzen ist mit den bisherigen Züchtungsmethoden nur in engen Grenzen, vielfach gar nicht möglich, denn

- es verlangt die Verfügbarkeit entsprechender Merkmale in einer Kultursorte oder Wildform, die mit dem Züchtungsobjekt nahe genug verwandt ist, um damit kreuzbar zu sein und fruchtbare Nachkommen zu erzeugen;
- vor allem bei Resistenzen gegen Krankheitserreger und Schadinsekten handelt es sich – im Gegensatz zur ursprünglich breiten Grundresistenz – überwiegend um spezifisch gegen bestimmte Stämme gerichtete Resistenzen, die entsprechend eingeschränkte Wirkung besitzen und zudem durch Mutation leicht überwunden werden können;
- für grundsätzlich neuartige Züchtungsziele, wie Herbizidresistenz, existieren überhaupt keine einkreuzbaren Merkmale, da Herbizide erst in neuerer Zeit verwendet werden und deshalb während der Evolution der Pflanzen keine Resistenzen ausgebildet werden konnten.
- Merkmale mit komplexem genetischem Hintergrund sind um so schwerer übertragbar, je höher der Komplexitätsgrad ist.

Doch selbst wenn keine dieser möglichen Einschränkungen zutrifft, dauert ein vollständiger Züchtungsgang vom ersten Kreuzungsschritt bis zur Zulassung einer neuen, anbaufähigen Sorte durchschnittlich 5 bis 10 Jahre, oft auch länger. Dahinter verbirgt sich vor

Abb. 4: Vergleich von Wildform und moderner Hochleistungssorte der Gerste

allem der langwierige, arbeits- und flächenintensive Prozess eines mehrfachen „Rückkreuzens" des anfänglichen Kreuzungsproduktes gegen die zu verbessernde Ausgangssorte. In einer typischen Ausgangssituation (Abbildung 4) stehen einander eine Gerstensorte, der ein wichtiges Merkmal fehlt, etwa eine bestimmte Form der Mehltauresistenz, und ein Wildgras, das neben vielen unerwünschten Eigenschaften auch dieses Merkmal trägt, als Kreuzungspartner gegenüber. Es lässt sich leicht vorstellen, wie weit die erste Tochtergeneration, in der alle Eigenschaften der Eltern jeweils hälftig gemischt sind, von den Hochleistungseigenschaften der Kulturgerste entfernt ist. Sie wird deshalb mehrfach mit der Ausgangssorte „rückgekreuzt", wobei in jeder Zwischengeneration diejenigen Individuen durch „Bonitieren" für den nächsten Rückkreuzungsschritt ausgelesen werden, die sowohl das zusätzlich gewünschte Merkmal als auch möglichst viel von den ursprünglichen Eigenschaften der Hochleistungssorte besitzen. Die schließlich über zahlreiche aufwendige Zwischenschritte entstehende neue Sorte ist zwar genetisch nicht mehr mit der Ausgangssorte identisch, vereinigt aber im Idealfall deren hohe Ertragsleistung mit der ursprünglich fehlenden Resistenz.

Herkunft und Grenzen der Optimierung von Nahrungspflanzen

Alle wichtigen Nahrungspflanzen werden heute weltweit überall da angebaut, wo die Umweltbedingungen und die jeweils darauf abgestimmten züchterischen Veränderungen dies zulassen. Ursprünglich stammt jedoch jede von ihnen aus einer mehr oder weniger eng begrenzten Region: Weizen und Gerste aus Vorderasien und Nordafrika, Reis aus Südostasien, Mais aus Mittelamerika, Kartoffel und Tomate aus Südamerika usw. Die Herkunftsgebiete sind allerdings nicht gleichmäßig über die Erde verteilt. Abbildung 5 zeigt die wichtigsten „Mannigfaltigkeitszentren", von denen die Verbreitung durch den Menschen ihren Ausgang nahm. Entsprechendes gilt für alle übrigen Organismen, die durch Menschenhand in andere Regionen verfrachtet oder unabsichtlich mitgeschleppt wurden.

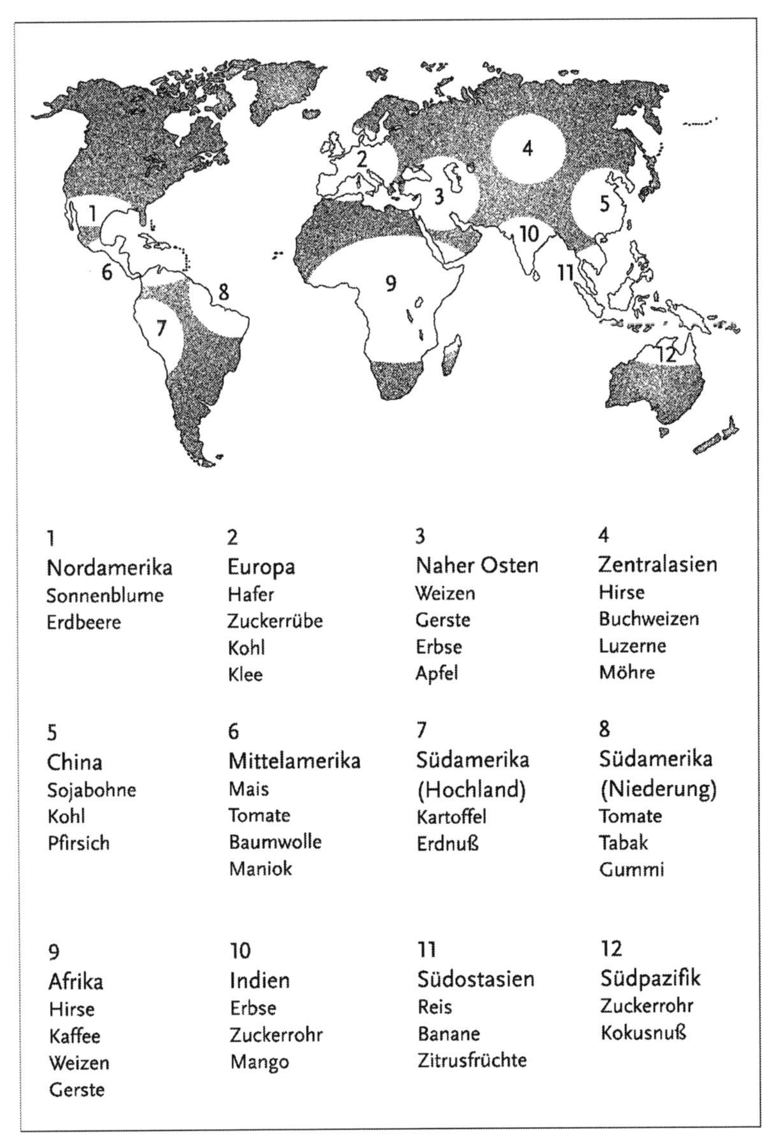

Abb. 5: Mannigfaltigkeitszentren, aus denen der größte Teil unserer Nahrungspflanzen stammt.

Dass die vielen „empfangenden“, extrem unterschiedlichen Biotope diese willkürliche Vermischung überhaupt toleriert haben, offenbart ein erstaunliches biologisches Phänomen: die hohe Plastizität von Ökosystemen. Denn dabei entstehen völlig neuartige, in der Evolution nie zuvor erprobte Konkurrenz- und Feindsituationen, die häufig genug zu einer erheblichen Veränderung der gesamten Artenzusammensetzung führen. Auch dies ist – im vollen Wortsinn – genetische Manipulation, denn jeder ursprünglich fremde, vom Menschen eingebrachte Organismus enthält Tausende bis Zehntausende von Genen, die nicht nur dem jeweiligen Biotop neu hinzugefügt werden, sondern auch auf verwandte, heimische Arten übertragen werden können.

Inzwischen sind die Möglichkeiten der Nutzung von Nahrungspflanzen und deren Optimierung durch Auslese- und Kreuzungszüchtung zwar noch nicht in jedem Detail, wohl aber im Prinzip weitgehend ausgeschöpft. Die absehbaren Grenzen sind grundsätzlicher Natur und liegen in der begrenzten Toleranz und Plastizität biologischer Systeme. Weder verträgt die pflanzliche Physiologie die Überbetonung einzelner Organe jenseits bestimmter Grenzen, noch vertragen Ökosysteme, einschließlich der Biosphäre als Ganzes, allzu weitgehende Eingriffe in ihre langfristige Stabilität und Pufferkapazität gegenüber wechselnden Umwelteinflüssen. Enge biologische Grenzen sind der Züchtung ferner durch Kreuzungsbarrieren zwischen den Arten und eine endliche Vielfalt von Merkmalen innerhalb jeder Art gesetzt. Damit entfällt vielfach schon deshalb die Möglichkeit des Einkreuzens einer fehlenden Eigenschaft, weil für das gewünschte Merkmal kein passender Kreuzungspartner existiert. Selbst die ursprüngliche Wildform ist nicht immer eine verlässliche Quelle, etwa weil sie mit der Kultursorte nicht mehr kreuzbar ist oder weil auch sie das Merkmal nicht (mehr) besitzt – oder weil sie bereits ausgestorben ist.

Während die konventionelle Züchtung also zunehmend an Grenzen stößt, hat die in jüngster Zeit entwickelte Gentechnik völlig neuartige Möglichkeiten eröffnet. Besonders in der Arzneimittelherstellung sowie in der klinischen Ursachen- und Therapieforschung hat sich diese neue Technik innerhalb weniger Jahrzehnte zu einem unersetzlichen Hilfsmittel entwickelt. Entsprechend unstrittig war deshalb auf diesen Gebieten schon frühzeitig der gesellschaftliche Nutzen der Gentechnik in Forschung und Anwendung. Dagegen wird die ›Grüne Gentechnik‹ als Hilfsmittel der Pflanzenzüchtung in der Öffentlichkeit höchst kontrovers diskutiert, nicht selten sogar mit ideologischer Schärfe verteufelt. Sachliche Unkenntnis und daraus resultierende Ängste in der Bevölkerung waren dafür von Anfang an willkommene Nahrung. Nach der Erörterung von Möglichkeiten und Grenzen der konventionellen Pflanzenzüchtung soll deshalb zunächst auch die Grüne Gentechnik in ihren Grundprinzipien kurz dargestellt werden, bevor dann deren Anwendungsperspektiven und die damit verbundenen ethischen Fragen den Abschluss bilden.

Grüne Gentechnik

Gentechnik ist die Nutzanwendung von Methoden und Forschungsergebnissen einer noch sehr jungen biologischen Fachrichtung: der Molekularbiologie. Für die Anwendung in der Pflanzenzüchtung hat sich schon frühzeitig der Begriff „Grüne Gentechnik“ – im Unterschied zur „Roten Gentechnik“ bei Tieren und tierischen oder menschlichen Zellen – eingebürgert. Die vergleichsweise raschen Fortschritte der Grünen Gentechnik basieren im Wesentlichen auf einer pflanzlichen Besonderheit. Pflanzen zeichnen sich gegenüber den meisten anderen vielzelligen Organismen dadurch aus, dass Gewebestücke oder sogar einzelne Zellen beliebigen Ursprungs zu vollständigen Organismen „regenerieren“ können. Dieses Phänomen ist im Prinzip jedem bekannt, der einmal bei Geranien, Blattkakteen oder anderen Zierpflanzen aus Stecklingen, Blattstücken oder Wurzelteilen ganze, reproduktionsfähige Pflanzen mit allen zugehörigen Organen gezogen hat.

Dass einzelne, im ursprünglichen Zellverband hochgradig spezialisierte Pflanzenzellen bei geeigneter Nährstoffversorgung zu vollständigen Pflanzen auswachsen können, ist schon seit etwa 100 Jahren bekannt und wird seit einigen Jahrzehnten in der kommerziellen Pflanzenvermehrung – von Geranien über Spargel bis zu Waldbäumen – in großem Umfang ausgenutzt. Man kann sogar noch einen Schritt weitergehen: Mit Hilfe einfach zu präparierender Enzyme lassen sich die Zellwände entfernen, so dass nur noch die Zellmembranen als Hülle übrigbleiben. Diese wandlosen „Protoplasten" bilden von sich aus wieder neue Zellwände als ersten Schritt auf dem Weg zur vollständigen Pflanze. Abbildung 6 zeigt eine schematische Übersicht über den mehrstufigen Zyklus. Da es

Abb. 6: Regenerationsfähigkeit einzelner Pflanzenzellen zu vollständigen, mit der Ausgangspflanze identischen Organismen. Tierische oder menschliche „Körperzellen" besitzen diese Fähigkeit nicht.

sich dabei um rein vegetative (asexuelle) Vermehrung handelt, sind alle Nachkommen genetisch identisch, also Klone der Ausgangspflanze – nicht anders als z. B. Stecklinge von Geranien, Ausläufer von Erdbeeren oder die Nachkommen der meisten Mikroorganismen. Auch bei Pflanzen sind Klone keineswegs etwas Unnatürliches.

An diese besondere Regenerationsfähigkeit pflanzlicher Zellen schließt sich nun die Grüne Gentechnik an. Abbildung 7 schildert die weiteren Einzelheiten sowie deren Verbindung mit dem in Abbildung 6 dargestellten Zyklus. Der entscheidende Schritt, der Zellbiologie (Abbildung 6) und Molekularbiologie (Abbildung 7) miteinander verbindet, ist die Aufnahme von fremdem genetischem Material in den Genbestand der Protoplasten. Voraussetzung dafür, dass das hinzugefügte Gen (und damit das neue, vom „Strukturgen" bestimmte Merkmal) bestimmungsgemäß ausgeprägt wird, ist das Vorhandensein eines geeigneten Steuerelements (Promotor). Auch das ist mit den heutigen Mitteln kein grundsätzliches Problem. Abbildung 7 gibt einen Hinweis auf das methodische Vorgehen.

Aus dieser kurzen Übersicht ergeben sich die wesentlichen Neuerungen der Grünen Gentechnik gegenüber der konventionellen Pflanzenzüchtung:

- Gene oder Genkombinationen können auch über Kreuzungsbarrieren hinweg auf Pflanzen übertragen werden.
- Durch die Verwendung geeigneter Steuerelemente kann die Ausprägung gentechnisch vermittelter Merkmale (›Transgene‹) in der Empfängerpflanze gezielt programmiert werden – z. B. an Infektionsstellen bei Krankheitsbefall.
- Da die gentechnisch veränderte Pflanze im Übrigen mit der Ausgangspflanze genetisch identisch ist, entfällt die aufwendige Prozedur der Rückkreuzung, so dass in günstigen Fällen der Züchtungsgang erheblich kürzer sein kann als bei der konventionellen Züchtung.

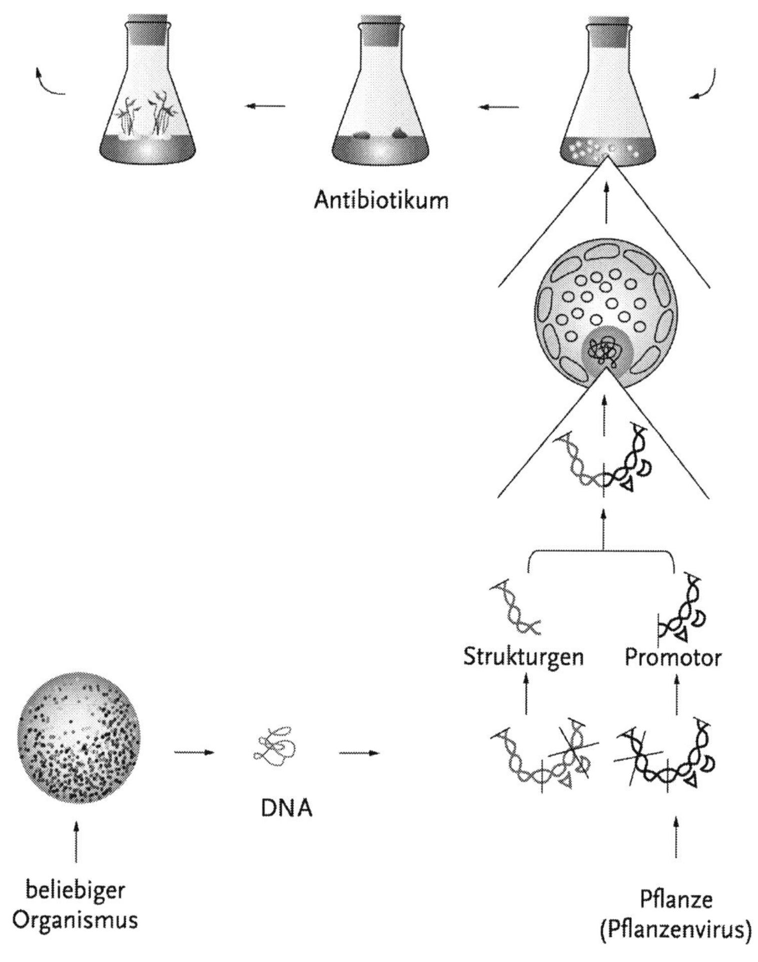

Abb. 7: Schritte der Genübertragung auf Pflanzenzellen und deren Regeneration zu ganzen Pflanzen. Unverändert gebliebene Zellen werden durch ein Antibiotikum abgetötet, so dass nur transgene Pflanzen entstehen.

Transgene Pflanzen in der landwirtschaftlichen Praxis

Bis die Grüne Gentechnik so weit entwickelt war, dass sie in der Pflanzenzüchtung und im landwirtschaftlichen Anbau praktische Bedeutung erlangte, waren allerdings einige Jahrzehnte intensiver Grundlagenforschung erforderlich. Nicht nur die Technik des Gentransfers, sondern vor allem auch die Struktur und Funktionsweise der Gene mit züchterisch wichtigen Eigenschaften mussten zunächst im Detail erforscht und der Anwendung zugänglich gemacht werden. Auch wenn diese Detailarbeit noch längst nicht abgeschlossen ist, so existiert doch inzwischen so viel zuverlässiges und nutzbares Basiswissen, dass die ersten erfolgreichen Züchtungsprodukte in einigen Ländern bereits landwirtschaftlich genutzt werden.

Die Länder, in denen der Anbau transgener Pflanzen am weitesten fortgeschritten ist (Stand von 2004), sind nach den USA Argentinien, Kanada, Brasilien, China, Paraguay, Südafrika und Indien. Dagegen liegt Europa weit zurück, vermutlich aus den eingangs erwähnten Gründen. Soweit in europäischen Ländern überhaupt transgene Pflanzen außerhalb von Forschungslabors angebaut und nicht von Gentechnikgegnern in publikumswirksamen Aktionen wieder zerstört werden, handelt es sich fast ausschließlich um Grundlagenforschung. Kommerzieller Anbau marktfertiger Sorten findet in Europa bisher lediglich in sehr geringem Umfang in Spanien und Rumänien statt. Dagegen hat in Deutschland die im Jahr 2005 nochmals verschärfte Gentechnikgesetzgebung bewirkt, dass die Saatzuchtbetriebe vorerst keine Freilandversuche mehr in Europa durchführen.

Insgesamt wurden im Jahr 2004 weltweit 81 Millionen Hektar transgener Pflanzen von 25 Millionen Groß- und Kleinbauern angebaut (5 Prozent des gesamten Anbaus). Überwiegend sind dies Sojabohnen, Mais, Baumwolle und Raps, wobei inzwischen weltweit mehr transgene als gentechnisch unveränderte Sojabohnen, in China mehr transgene als unveränderte Baumwolle angebaut werden. Die bisher wichtigsten gentechnischen Veränderungen sind Insektenresistenz und Toleranz gegenüber Herbiziden – jeweils mit positiven Auswirkungen auf Ernteerträge, Wirtschaftlichkeit und Belastungen der Umwelt. In China steht die Zulassung von transgenem Reis mit Insektenresistenz unmittelbar bevor. Der riesige Umfang, in dem Reisanbau in China betrieben wird, lässt somit einen weiteren sprunghaften Anstieg des Anbaus transgener Pflanzen erwarten, zumal weitere asiatische Länder folgen werden.

Dass bisher fast ausschließlich Insektenresistenz und Herbizidtoleranz als Produkte der Grünen Gentechnik auf dem Markt sind, hat neben ökonomischen und ökologischen Interessen auch methodische Gründe. In der noch frühen Phase des Feldanbaus transgener Pflanzen sind dies die ersten Merkmale, die sowohl wissenschaftlich als auch züchterisch bis zur Sortenreife gediehen sind. Schon bald ist jedoch damit zu rechnen, dass sich das Spektrum der Anwendungsbeispiele erheblich erweitern wird.

Zukunftsperspektiven in Forschung und Anwendung

Mit der Grünen Gentechnik haben sich weniger die Züchtungsziele und -wünsche geändert als die Möglichkeiten, diese zu erreichen. Unverändert bleibt auch die biologisch begründete Tatsache, dass Merkmale mit komplexem genetischen Hintergrund schwerer zu übertragen sind als „monogen“ (durch ein einzelnes Gen) vererbte Merkmale. Die beiden grundsätzlichen Neuerungen der Gentechnik sind das Überspringen von Kreuzungsbarrieren und die Möglichkeit, Steuereinheiten für die Genausprägung so zu konstruieren, dass sie auf die jeweiligen Züchtungsziele optimal zugeschnitten sind. Ein frühes und erfolgreiches Beispiel aus der Humanmedizin ist die großtechnische Produktion von menschlichem Insulin mit Hilfe transgener Bakterien, das seit vielen Jahren in großem Umfang in der Therapie verwendet wird. Auf prinzipiell gleichem Weg verlief auch die Herstellung der transgenen insektenresistenten und herbizidtoleranten Pflanzen. Damit wurden bei Pflanzen wie bei Bakterien Züchtungsziele erreicht, die ohne Gentechnik grundsätzlich nicht möglich gewesen wären.

Nicht nur in den klassischen Wissenschafts- und Industrieländern, sondern auch in zahlreichen Entwicklungsländern sind weitere Projekte der Grünen Gentechnik inzwischen so weit gediehen, dass innerhalb der nächsten Jahre mit der Sortenzulassung für den Feldanbau zu rechnen ist. Vorerst wird es sich um weitere Züchtungsprodukte mit einfachen, monogen vererbten Eigenschaften handeln, wobei neben weiteren Formen der Insektenresistenz und Herbizidtoleranz zunehmend auch Virus-, Pilz- und Bakterienresistenz, Produktqualität und Salztoleranz eine Rolle spielen werden. Langfristig werden jedoch auch komplex zusammengesetzte Merkmale an Bedeutung gewinnen.

In Deutschland ist aufgrund der derzeitigen Gesetzgebung kaum mit vergleichbaren Entwicklungen zu rechnen. Zwar hat die Grundlagenforschung nach wie vor ein sehr hohes Niveau, doch werden immer noch Freilandversuche zerstört und der Anbau transgener Pflanzen auf vielfältige Weise behindert. Ein frühes Beispiel aus dem eigenen Forschungsbereich soll hier für viele stehen: Schon vor mehr als einem Jahrzehnt war im Kölner Max-Planck-Institut für Züchtungsforschung der Prototyp einer transgenen Kartoffelsorte mit einer neuen Form von breitenwirksamer Resistenz gegen Krankheitserreger hergestellt worden. Das Projekt wurde vom Bundesforschungsministerium in der Erwartung finanziert, damit zumindest teilweise auf den Einsatz umweltbelastender Pflanzenschutzmittel im Kartoffelanbau verzichten zu können. Dennoch wurde schon der erste behördlich genehmigte Freilandversuch innerhalb des Institutsgeländes von Gentechnikgegnern zerstört, noch bevor die wissenschaftliche Auswertung überhaupt begonnen hatte. Das Projekt wurde daraufhin abgebrochen.

Da dies kein Einzelfall war, stellt sich die Frage, ob die Grüne Gentechnik hierzulande weiterverfolgt werden kann und soll und wenn ja, welche Voraussetzungen dafür gegeben sein müssen. Vorab muss jedoch die übergeordnete Frage beantwortet sein, ob wir Grüne Gentechnik überhaupt brauchen.

Diese Frage wird hierzulande meistens mit negativem Unterton gestellt. Schon allein deshalb verlangt sie eine möglichst klare Antwort. Daran schließt sich dann die ergänzende Frage an, welche Kriterien erfüllt sein müssen, damit Grüne Gentechnik sicher angewendet und ethisch verantwortet werden kann.

Zunächst also zur Frage, ob wir Grüne Gentechnik überhaupt brauchen. Ganz offensichtlich hängt die Antwort davon ab, welche Position wir bezüglich einiger Grundvoraussetzungen einnehmen – ob wir z. B. gewillt sind, den absehbaren Folgeschäden einer Landwirtschaft bisherigen Stils sofort und mit allen verfügbaren und verantwortbaren Mitteln zu begegnen, ob wir bereit sind, auf einen wesentlichen Anteil fleischlicher Nahrung zugunsten pflanzlicher zu verzichten (für die Produktion von Mastfutter für 1 Kilogramm Rindfleisch wird das Zehnfache an Ackerfläche benötigt wie für die Produktion von 1 Kilogramm Weizen) und wie wichtig uns das Schicksal der Hungernden in den Entwicklungsländern im Vergleich zum Erhalt des eigenen Wohlstands ist.

Ein häufig wiederkehrender Vorschlag, die aktuellen Probleme auch ohne Einsatz von Gentechnik zu lösen, besteht darin, alle Nahrungsüberschüsse an die Gebiete mit Nahrungsmangel zu verteilen. Diese scheinbar einfache Lösung hat jedoch bei näherem Hinsehen gravierende Mängel: Die soziale, wirtschaftliche und politische Abhängigkeit der Armen von den Reichen würde noch weiter vergrößert; die langfristig nicht tolerierbaren ökologischen Schäden, mit denen die derzeitige Überproduktion in den gemäßigten Klimazonen erkauft wird, würden noch gravierender; und zusätzliche Milliarden Menschen könnten auf diese Weise ohnehin nicht ernährt werden.

Die Beantwortung der Frage, ob wir die Grüne Gentechnik brauchen, führt also unausweichlich zurück auf das bereits erörterte Kernproblem: auf den Konflikt zwischen einer langfristig gesicherten Nahrungsproduktion für eine Multimilliardenbevölkerung und der Stabilität und Tragfähigkeit der irdischen Biosphäre. Auch wenn jeder einzelne in seinen praktischen und ethischen Grundpositionen unterschiedliche Schwerpunkte setzen mag, so dürfte doch Konsens darin bestehen, dass neben der Bevölkerungspolitik und dem Klimaschutz auch in der landwirtschaftlichen Praxis alles Notwendige für den Erhalt einer langfristig stabilen Biosphäre getan werden muss. Nachdem wir festgestellt haben, welche Beiträge die Grüne Gentechnik dazu grundsätzlich leisten kann, muss jedoch ebenso kritisch geprüft werden, ob sie auch sicher angewendet und ethisch verantwortet werden kann.

Kriterien für die Anwendung der Grünen Gentechnik

Die Grüne Gentechnik ist ein neuartiges Hilfsmittel der Pflanzenzüchtung, nicht aber deren Ersatz. Deshalb gelten die Prüfkriterien des Bundessortenamts für die Zulassung neuer Sorten unabhängig davon, ob das Züchtungsziel mit oder ohne Gentechnik erreicht wurde. Strenge, durch das Gentechnikrecht zusätzlich vorgeschriebene Prüfkriterien gelten darüber hinaus der Nahrungsqualität und -verträglichkeit. Dass dies auch Allergietests einschließt, sollte vor allem deshalb erwähnt werden, weil Gentechnikgegner häufig behaupten, von transgenen Pflanzen ginge eine besondere Allergiegefahr aus. Grundsätzlich kann jedoch jedes Nahrungsmittel bei bestimmten Personengruppen eine Allergie auslösen. Diese Gefahr ist naturgemäß um so größer, je mehr Gene mit unbekannter Wirkung bei einem Züchtungsgang übertragen werden. In dieser Hinsicht bietet die Gentechnik, vor allem gegenüber der Kreuzung mit entfernt verwandten Sorten oder Wildformen, eher Vor- als Nachteile. Soweit allergische Reaktionen bekannt sind, sollte ohnehin – wiederum unabhängig von der Züchtungsmethode – bei allen Nahrungs- und Genussmitteln auf diese Gefahr hingewiesen werden.

Alle Produkte der Grünen Gentechnik müssen für den Menschen und für die Umwelt verträglich sein. Auch dies gilt gleichermaßen für alle übrigen Züchtungsobjekte (ebenso wie für alle sonstigen Fremdorganismen, die in ein Ökosystem eingebracht werden), ist jedoch grundsätzlich in keinem dieser Fälle mit absoluter Sicherheit vorhersagbar. Sofern es sich um transgene Pflanzen handelt, deren erwünschtes Merkmal grundsätzlich auch mit konventionellen Züchtungsmethoden übertragbar wäre, sollten folglich die üblichen

Kriterien angewendet werden. In allen Fällen, die über die prinzipiellen Möglichkeiten der konventionellen Züchtung hinausgehen, prüft die zuständige Genehmigungsbehörde nach den geltenden, strengen Gesetzen und Vorschriften um so ausführlicher die absehbaren Vor- und Nachteile.

Gentechnik ist nicht der erste, aber ein nochmals vertiefter Eingriff des Menschen in die Evolution der betroffenen Organismen. Bei der Arzneimittelherstellung mit Hilfe transgener Mikroorganismen und in der menschlichen Gesundheitsforschung, wo Gentechnik bereits seit längerer Zeit intensiv genutzt wird, sind keine erkennbaren Sicherheitsrisiken aufgetreten, die auf die Gentechnik als solche zurückzuführen wären. Bei richtiger Handhabung kann sie demnach als sicher eingestuft werden. Aufgrund aller bisherigen Erfahrungen gilt dies auch für die Grüne Gentechnik. Allerdings lässt sich die Frage nach der Verantwortung der Grünen Gentechnik nicht allein auf der Grundlage praktischer Erfahrung entscheiden. Sie gehört in die Kategorie der Ethik und erfordert eine entsprechende Behandlung.

Ethische Bewertung der Grünen Gentechnik

Ethische Bewertungen sind immer relativ – sie erfolgen auf der Basis festgelegter bzw. festzulegender Normen und festliegender Rahmenbedingungen. Die in diesem Fall festliegenden Rahmenbedingungen sind der gegenwärtige Stand und das begrenzte Entwicklungspotential von Landwirtschaft und konventioneller Pflanzenzüchtung, die bisherige und zu erwartende Bevölkerungsentwicklung sowie der ökologische Zustand und die begrenzte Tragfähigkeit der Erde.
In dieser Situation dürften die folgenden Entscheidungskriterien für jegliche Nutzung gentechnischer Methoden, einschließlich der Grünen Gentechnik, auch dann unstrittig sein, wenn einzelne Grundpositionen unterschiedlich gewertet werden. Gentechnik sollte dann – und nur dann – angewendet werden, wenn damit die folgenden, auch in dieser Reihung unstrittigen Handlungsziele besser erreicht werden können als mit anderen Mitteln:

1. Erhaltung einer lebens- und überlebensfähigen Biosphäre
2. Ausreichende Menge und Qualität der menschlichen Ernährung
3. Menschliche Gesundheit (Vorsorge und Heilung)
4. Achtung der Menschenwürde in jeder weiteren Hinsicht
5. Artenschutz im Übrigen (inkl. Tierschutz sowie eindeutige Festlegung von Züchtungszielen und -grenzen)

Diese Form der Entscheidung nach Prioritäten hat den Vorteil, grundsätzlich und nicht nur für bestimmte Methoden gültig zu sein. Keineswegs nur für die Grüne Gentechnik, aber einschränkungslos auch für sie gilt demnach, dass sie auf allen potentiellen Nutzungsgebieten – etwa der quantitativen oder qualitativen Verbesserung der Ernährungslage oder der Erforschung und Heilung von Krankheiten – nur dann angewendet werden darf, wenn dies nicht gegen eines oder gar mehrere der jeweils übergeordneten Kriterien verstößt. Dazu noch einmal das Beispiel der Herstellung von menschlichem Insulin mit Hilfe transgener Bakterien: Sie dient der menschlichen Gesundheit, wäre mit anderen Mitteln nicht zu erreichen und verletzt keines der beiden übergeordneten Kriterien.

Entsprechendes muss für alle Anwendungsgebiete der Gentechnik gelten. Wenn mit Hilfe der Grünen Gentechnik anders nicht erreichbare Züchtungsziele verwirklicht werden können, die einerseits einen Beitrag zur Sicherung der menschlichen Ernährung leisten, andererseits der Erhaltung einer lebens- und überlebensfähigen Biosphäre nicht zuwiderlaufen (oder auch dazu einen positiven Beitrag leisten), so sollte die Grüne Gentechnik das Mittel der Wahl sein.

Auch wenn Handlungsziele 4 und 5 weniger direkt mit der Grünen Gentechnik in der Landwirtschaft zu tun haben, so sind sie doch in diesem Zusammenhang keineswegs bedeutungslos. Nicht zuletzt sind sie Voraussetzung für die Akzeptanz der Gentechnik in den drei übergeordneten Bereichen. Achtung der Menschenwürde „in jeder weiteren Hinsicht" bedeutet zwar auch, dass die Menschenwürde in den ersten drei Kriterien mehr oder weniger explizit enthalten ist. Es bedeutet aber vor allem, dass sie gegen gentechnische Eingriffe in die menschliche Keimbahn sicher geschützt sein muss, um unerwünschte Anwendungen der Gentechnik erkennbar auszuschließen. Artenschutz „im Übrigen“ (über die Erhaltung einer lebens- und überlebensfähigen Biosphäre hinaus) sollte vor allem durch eindeutige Festlegungen der Züchtungsziele *und* -grenzen für alle Organismen sicherstellen, dass genetische Manipulationen – auch hier ausdrücklich unabhängig von der Methode – nur im gesellschaftlichen Konsens verantwortet werden, Züchtung *mit oder ohne* Gentechnik also grundsätzlich nicht ad libitum betrieben wird.

Verantwortung für künftige Generationen

Der „Eingriff in die Schöpfung“ (in die natürliche, vom Menschen unbeeinflusste Evolution), der mit der Neolithischen Revolution begann und seitdem immer rascher fortschreitet, konfrontiert uns heute mit einer Situation, die sofortige und einschneidende Maßnahmen erfordert. Ob die Grenzen der Nahrungsproduktion mit herkömmlichen Mitteln bereits erreicht oder gar überschritten sind, ist nicht eindeutig zu ermitteln. Sicher ist dagegen, dass diese Grenzen nicht wesentlich weiter als bisher ausgedehnt werden können. Da die genetische Manipulation von „Nutzpflanzen“ lange vor unserer Zeit begonnen hat und nicht mehr korrigierbar ist, kann die Frage jetzt nur noch lauten, ob wir bereit sind, sie in den Bereichen, in denen sie nicht mehr zurückgenommen werden kann, mit neuartigen Mitteln nochmals zu intensivieren, um damit in allen übrigen Bereichen die drängenden Probleme möglichst wirkungsvoll in den Griff zu bekommen.

Die Entscheidung wird niemandem leicht fallen, der sich ihre Tragweite sowie ihre Unausweichlichkeit und Dringlichkeit bewusst macht. Und sie wiegt um so schwerer, als ausgerechnet jetzt der Zeitpunkt in der langen Entwicklungsgeschichte des Menschen erreicht ist, zu dem mit der nachhaltigen Sicherung der menschlichen Ernährung auch über eine gesicherte Zukunft der uns nachfolgenden Generationen entschieden wird. Abbildung 8 verdeutlicht die Brisanz dieser Aussage.

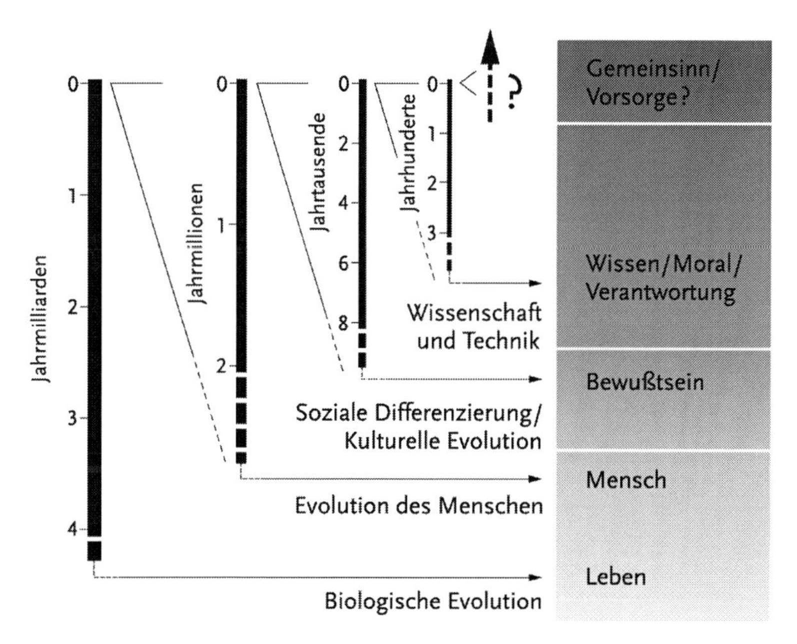

Abb. 8: Schematische Darstellung der kurzen Zeiträume, in denen die biologische, die kulturelle und die wissenschaftlich-technische Evolution des Menschen im Vergleich zur Evolution allen bisherigen Lebens auf der Erde stattgefunden haben. Der gestrichelte Pfeil bezeichnet den extrem kurzen Zeitraum der Jetztzeit, innerhalb derer der Konflikt zwischen Bevölkerungsexplosion und Tragfähigkeit der irdischen Biosphäre die dramatischen, im Text geschilderten Formen angenommen hat, die sofortige und rasch wirksame Maßnahmen erfordern. Das Fragezeichen deutet die Unsicherheit und Gefährdung der weiteren Entwicklung an.

Wir haben die bisherige Entwicklung nicht zu verantworten – um so dringlicher aber deren Fortgang. Wie groß der Beitrag der Grünen Gentechnik zur Lösung der anstehenden Probleme insgesamt sein wird, muss die Zukunft zeigen. Doch nach aller bisherigen Erfahrung bietet sie eine kaum absehbare Fülle von Möglichkeiten, zu einer gesicherten Zukunft wesentlich beizutragen. Eine grundsätzliche Verweigerung dieses Potentials ohne sachliche Begründung und ohne alternative Vorschläge wäre ebenso unverantwortlich wie die unveränderte Fortsetzung der bisherigen Entwicklung.

Verantwortet wird immer beides, Tun und Unterlassen: Wer für Gentechnik ist, muss wissen, was er tut; wer dagegen ist, ebenso. Unerlässlicher Bestandteil dieser Verantwortung ist die Bereitschaft, sich vorurteilslos und umfassend zu informieren und sich ein eigenes, sachlich fundiertes Urteil zu bilden. Eine Gesellschaft, die sich ausschließlich mit dem beschäftigt, was sie nicht will, hat keine Zukunft.

Nachdruck aus dem Buch *Die Zukunft der Erde: Was verträgt unser Planet noch?* Herausgeber: Ernst Peter Fischer und Klaus Wiegand, Fischer Taschenbücher Allgemeine Reihe, Frankfurt am Main, 2005

Alles Chemie: Moleküle als Funktions- und Informationsträger

Gerhard Kreysa

Eine der größten intellektuellen Leistungen der Antike geht auf den Griechen Demokrit und seinen Lehrer Leukipp zurück. Bei dem Bestreben, die immense Vielfalt der uns umgebenden Welt zu erklären, verfiel Demokrit um 400 v. Chr. auf eine geniale Idee. Er postulierte, dass alle Materie aus relativ wenigen Typen allerkleinster Teilchen besteht, die er Atome nannte, weil er sie für unteilbar hielt. Die reale Vielfalt resultierte für ihn dann einfach aus den vielen Kombinationsmöglichkeiten dieser kleinsten Teilchen. Im Prinzip war dies die Erfindung eines ganz einfachen Baukastenprinzips. Schon ein einziger Ziegeltyp ist ausreichend, um eine fast beliebige Vielfalt architektonischer Hausvarianten zu bauen.

Demokrits Idee konnte sich nicht durchsetzen. Sie war zu einfach und erschien deshalb als trivial. Man liebte es damals eben noch mystischer. Im intellektuellen Wettstreit unterlag er dem Philosophen, Arzt und Dichter Empedokles aus Sizilien. Dieser erfand eine neue Lehre, die das Sein den Stoffen zuschrieb und das Werden den Kräften. Als Stoffe definierte er die vier Elemente Feuer, Erde, Luft und Wasser. Als Urkräfte sah er die Liebe und den Hass. Die Liebe führte die Elemente auf immer unterschiedliche Weise zusammen, während sie der Hass ständig wieder trennte. Diese Prozesse erklärten ihm alles Werden und Vergehen in der Welt und ihre gesamte Mannigfaltigkeit.

Meine Damen und Herren, hören sie hinein in die Tiefe Ihrer Herzen und Seelen! Die Idee des Empedokles wird auch Ihnen sympathischer sein als die trockene Trivialkombinatorik des Demokrit. Es war damals schon wie heute. Nur mit Erfolgen kann man Menschen überzeugen. Da hatte Demokrit wenig bis nichts vorzuweisen, ganz anders dagegen Empedokles. Die sizilianische Stadt Selinunt wurde zu seiner Zeit von einer schweren Malariaplage heimgesucht. Obwohl der Arzt Empedokles nichts von Sporozoen, Plasmodien und einzelligen Parasiten wissen konnte, erschienen ihm die Stechmücken als sehr verdächtig und er schlug vor, die umliegenden ausgedehnten Sümpfe trockenzulegen. Das Experiment glückte und die Malaria verschwand. Die erlösten Bewohner verehrten ihn fast wie einen Gott und um die Akzeptanz all seiner anderen Ideen musste er sich fortan keine Gedanken mehr machen.

2.200 Jahre dauerte es, bis sich die Wissenschaft wieder auf Demokrits Atome besann. 1803 formulierte der englische Chemiker John Dalton sein Gesetz der multiplen Proportionen, wonach sich chemische Elemente immer in fest vorgegebenen Gewichtsverhältnissen miteinander verbinden. Die Chemie war inzwischen längst aus der mittelalterlichen Hölle der Alchemie in den Himmel einer modernen, nämlich quantitativ messenden Wissenschaft aufgefahren. Der Ire Robert Boyle hatte bereits um 1660 sein Hauptwerk „The Sceptical Chymist“ also „Der skeptische Chemiker“ geschrieben und den Begriff der chemischen Elemente als jener Stoffe geprägt, die sich mit chemischen Mitteln nicht weiter in andere Bestandteile zerlegen lassen. Unser Dalton besann sich also auf Demokrit, führte die Atome als kleinste nicht mehr teilbare Einheit der chemischen Elemente ein, bezog nun seine Proportionalgewichte auf das leichteste Element, den Wasserstoff, und erfand so die relativen Atomgewichte, die wir noch heute benutzen und deren Maßeinheit wir nach ihm als ein Dalton bezeichnen. Ein Dalton entspricht der Masse eines Wasserstoffatoms, die $1{,}66 * 10^{-24}$ Gramm beträgt.

Diese winzige Zahl steht in Verbindung mit einer sehr großen. Nimmt man die dem Atomgewicht entsprechende Menge eines Elements in Gramm, diese Menge nennen wir ein Mol, dann sind darin $6{,}0221 * 10^{23}$ Atome enthalten. Eine erste Näherung dieser Zahl hatte 1865 der österreichische Physiker und Chemiker Joseph

Loschmidt berechnet, nach dem sie heute benannt wird. International wird sie auch gern nach Amadeo Avogadro benannt, der bereits 1811 postulierte, dass in gleichen Gasvolumina die gleiche Zahl von Atomen vorhanden ist. Dalton hatte die Grundlage dafür gelegt, dass später 1868/69 Lothar Meyer und Dimitri Mendelejew unabhängig voneinander das bekannte Periodensystem der chemischen Elemente entwickeln konnten. Es gibt 92 natürliche Elemente, die erfreulicherweise auch alle auf unserer Erde vorkommen, was keineswegs für alle Planeten normal ist.

In der Folgezeit hat die Wissenschaft immens viel über diese winzigen 92 Atomsorten herausgefunden, ohne dass je jemand eines gesehen hätte. Erst 1981 haben Gerd Binnig, ein aus Frankfurt stammender Physiker, und Heinrich Rohrer ein Rastertunnelmikroskop erfunden, mit dem man zum ersten Mal die Atome wirklich sehen konnte. 1986 erhielten sie dafür den Nobelpreis für Physik.

Silizium-Atome
im Rastertunnelmikroskop

ein „hüpfendes"
Sauerstoffatom

Auf dem Bild erkennt man die Anordnung von Siliziumatomen an der Oberfläche eines Siliziumkristalls. Das eine etwas unscharf abgebildete Atom ist ein Sauerstoffatom, das sich nicht so recht zu einer dauerhaften Bindung entschließen kann und deshalb zwischen benachbarten Siliziumatomen herumhüpft. Heute ist die Technik der Rastertunnelmikroskopie soweit entwickelt, das wir sogar in atomarer Dimension schreiben können. Noch ist dies eher eine Laborspielerei, aber interessante Anwendungen für extrem miniaturisierte elektronische Bauelemente und Computerchips sind durchaus denkbar. Dauerte die Aufnahme eines STM-Bildes vor 20 Jahren noch einige Stunden, so können wir mit modernen Geräte heute die Bewegung von Oberflächenatomen schon als Film aufnehmen, was uns völlig neue Einblicke in viele Bereiche der Dynamik von Reaktionen ermöglicht.

Die 92 Atomsorten der natürlichen Elemente bilden den Baukasten, aus dem wir eine nahezu beliebige Fülle chemischer Verbindungen aufbauen können, deren kleinste aus den Atomen bestehenden Einheiten wir Moleküle nennen. Eines der einfachsten Moleküle ist das Wassermolekül, ohne das es auf der Erde kein Leben gäbe. Es besteht aus einem Sauerstoff- und zwei Wasserstoffatomen. Die besonderen Eigenschaften des Wassers, also der flüssige Bereich, die guten Lösungsmitteleigenschaften, die Form von Eiskristallen und Schneeflocken u. a. resultieren daraus, dass das Molekül nicht linear, sondern gewinkelt ist.

Wie können wir einen Eindruck von den winzigen Dimensionen der Atome und Moleküle gewinnen? Ein Schnapsglas, das mit 18 ml, also 18 g Wasser gefüllt ist, enthält die Loschmidtsche Anzahl, also $6{,}0221 * 10^{23}$ Moleküle, das ist eine 6 mit 23 Nullen, also eine fast unvorstellbar große Zahl. Wäre jedes Molekül nur ein Kügelchen von 0,5 mm Durchmesser, also ein Sandkorn, dann bräuchte man für deren Aufbewahrung einen würfelförmigen Behälter von rund 40 km Kantenlänge. Mit dieser Menge Sand könnte man ganz Europa mit einer 6 m hohen Sandschicht bedecken. Wäre ein einziges Molekül eine handliche Kugel von 12 cm Durchmesser, dann würden die in einem Schnapsglas enthaltenen Moleküle das Volumen der gesamten Erdkugel füllen. Das gibt eine Vorstellung davon, wie winzig Atome und Moleküle sind.

Noch unvorstellbarer als die Winzigkeit der Atome und Moleküle ist die Vielfalt der chemischen Verbindungen und der zugehörigen Moleküle. Betrachtet man nur die Elemente Wasserstoff, Kohlenstoff, Stickstoff, Sauerstoff, Phosphor, Schwefel, Fluor, Chlor und Brom, begrenzt man ferner die Nichtwasserstoffatome auf 30 und das Molekulargewicht auf 500, das sind also noch relativ kleine Moleküle, und lässt man nur solche Verbindungen zu, die bei Raumtemperatur stabil gegen Wasser und Sauerstoff sind, dann ergibt das bereits die gigantische Anzahl von $3 * 10^{62}$ möglicher chemischer Verbindungen. Wir kennen bis heute erst 20 Millionen chemischer Verbindungen, das sind $2 * 10^7$. Jährlich kommen heutzutage dank des Fleißes vieler Chemiker rund 500.000 neue Verbindungen hinzu. Das ist praktisch nichts im Vergleich zur fast unendlichen Vielfalt möglicher Moleküle. Auch das Verhältnis bekannter zu möglichen Molekülen sei durch einen Vergleich anschaulich gemacht. Wir stellen uns vor, diese gigantisch vielen Varianten möglicher Moleküle seien in einem Raum von der Größe unseres Sonnensystems gleichmäßig verteilt. Dann würden wir alle uns heute bekannten 20 Millionen Moleküle in einem winzigen Kügelchen von gerade mal einem hundertstel Millimeter Durchmesser finden. Wir Chemiker, ich muss das gestehen, hinken also den Astronomen hoffnungslos hinterher.

Wie reagiert die Chemie auf diese molekulare Vielfalt? Es gibt zwei ganz verschiedene Typen von Chemikern. Ich will sie den synthetischen und den funktionalen Chemiker nennen. Der synthetische Chemiker macht Jagd auf neue Moleküle. Er ist von dem Wunsch beseelt, neue Moleküle zu synthetisieren, die vor ihm noch keiner kannte. Das sind alle jene Chemiker, die uns pro Jahr 500.000 neue chemische Verbindungen bescheren. Der synthetische Chemiker will also den Pool der bekannten 20 Millionen chemischen Verbindungen ständig erweitern. Dazu steht ihm eine breite Palette ausgeklügelter Synthesemethoden zur Verfügung, die ständig erweitert wird. Die sogenannte Syntheseplanung ist heute fast schon ein eigener Zweig der Chemie geworden.

Der funktionale Chemiker hingegen ist sich der Tatsache bewusst, dass von den 20 Millionen chemischen Verbindungen nur etwa

100.000 Verbindungen technisch hergestellt werden, weil man sie für irgendwelche Produkte braucht. Sein Ziel ist es, den Zusammenhang zwischen der Struktur eines Stoffes und seinen Eigenschaften zu erforschen, damit er gezielt jene Strukturen finden kann, die sich zur Realisierung neuer gewünschter Funktionen eignen. Er ist auf der ständigen Suche nach jenem Wissen, das das grundlegende Paradigma der modernen Chemie mit immer wieder neuen Beispielen bestätigt. Dieses Paradigma lautet: Mit der chemischen Zusammensetzung und der Struktur eines Moleküls ist die Gesamtheit aller Eigenschaften des zugehörigen Stoffes eindeutig definiert. Es existieren also strenge Struktur-Eigenschafts- und Struktur-Wirkungsbeziehungen. Wie gut kennen wir diese Beziehungen?

Betrachten wir hierzu den Kohlenstoff, der in verschiedenen Bindungsformen, sogenannten Modifikationen, mit unterschiedlichen Eigenschaften vorkommen kann. Im Graphit gehen drei der vier Bindungselektronen des Kohlenstoffs feste Bindungen ein, wodurch ebene Schichten gebildet werden, die aus sechseckigen Ringen bestehen. Weil pro Kohlenstoff ein Bindungselektron übrig bleibt, können diese sich relativ leicht bewegen, wodurch der Graphit elektrisch leitfähig wird. Die Schichten sind untereinander nur relativ schwach durch sogenannte van-der Waals-Kräfte miteinander verbunden. Folglich können diese Schichten relativ leicht gegeneinander verschoben werden. Dies macht den Graphit zu einem relativ weichen Material mit geringer Abriebfestigkeit. Genau diese Eigenschaft ist ideal für seine Anwendung als Bleistiftmine.

Im Diamant hingegen geht auch das vierte Elektron eine feste Bindung ein, wodurch eine dreidimensionale Tetraederstruktur gebildet wird. Nun ist kein einziges Elektron mehr für eine elektrische Leiffähigkeit verfügbar, und der Diamant ist folglich ein Nichtleiter, also ein isolierendes Material. Im Diamant gehen die Kohlenstoffatome in jeder Richtung sehr feste Bindungen ein, weshalb er ein sehr hartes Material darstellt, das sich hervorragend für spanabhebende Werkzeuge aller Art eignet.

Seit 1985 kennen wir noch eine weitere Kohlenstoffmodifikation, die berühmten Fußballmoleküle, die Fullerene, vor allem das C_{60}. Curl, Kroto und Smalley entdeckten diese Moleküle 1985 und erhielten dafür 1996 den Nobelpreis. In den 90ern entwickelte Krätschmer in Karlsruhe eine relativ günstige Methode zur Herstellung dieser Molekül-Fußbälle. Beim Verdampfen von Graphit im Lichtbogen unter Inertgasatmosphäre wird ein Ruß gebildet, der etwa 5 % Fullerene, davon 80 % C_{60} enthält. Namenspatron dieser neuen Moleküle war übrigens der amerikanische Architekt Richard Bukminster Fuller, der Hexagone und Pentagone in die Architektur einführte. Diese Namensgebung geht wohl auf Sir Kroto zurück, der damit zeigen wollte, wie sehr sich die chemischen Molekülbaumeister den Architekten verwandt fühlen.

Wenden wir uns einer anderen Geschichte zu. Bestimmte Metalle und Legierungen verlieren in der Nähe des absoluten Nullpunktes, -273° Celsius, ihren elektrischen Widerstand, ein Phänomen, das wir Supraleitung nennen. Solche Supraleiter, die man mit flüssigem Helium kühlen muss, benötigt man z. B. zur Erzeugung extrem hoher Magnetfelder, wie sie in Beschleunigern oder Kernspintomographen benötigt werden. Bereits 1957 entwickelten Bardeen, Cooper und Schrieffer die nach ihnen bezeichnete BCS-Theorie der Supraleitung. Sie erklärten das Phänomen auf Basis der Quantenmechanik und erhielten dafür 1972 den Nobelpreis. Nach dieser Theorie darf es oberhalb von 40 Kelvin, also oberhalb von -233° Celsius, keine Supraleitung geben. So haben wir das alle noch während unserer Studienzeit gelernt. Die zu Ehren dieser Theorie aufgestellte Gedenktafel erinnert entfernt an einen Grabstein. Nicht ganz zu Unrecht, wie wir sehen werden.

Auf der Suche nach neuen elektronischen Speichermaterialien beschäftigten sich vor rund 20 Jahren Alex Müller und Georg Bednorz im schweizerischen IBM-Labor in Rüschlikon mit Metallmischoxiden vom sogenannten Perowskit-Typ. Als Elektrochemiker waren mir die Perowskite durchaus vertraut, weil sie recht gute Katalysatoren für die elektrochemische Sauerstoffentwicklung sind.

Aber weder ich noch einer meiner Kollegen ist je auf die Idee gekommen, diesen Oxiden Supraleitfähigkeit zuzutrauen, weil wir ja diese BCS-Theorie kannten. Entweder hatten Müller und Bednorz diese Theorie vergessen oder sie haben sich, was man viel öfter tun sollte, wenig darum geschert, jedenfalls haben sie ihre Oxide einfach auch auf Supraleitfähigkeit geprüft und hatten 1986 den ersten Erfolg. Schon ein Jahr später entdeckten sie mit dem Yttrium-Barium-Kupfer-Oxid ein Material, das die theoretische Obergrenze der Sprungtemperatur für Supraleitfähigkeit von 40 Kelvin gleich um 53 Kelvin übertraf. Die Erinnerung an den BCS-Nobelpreis von 1972, nachdem dies überhaupt nicht möglich sein sollte, versetzte dem Nobelkomitee in Stockholm offenbar einen so großen Schrecken, dass die beiden noch im gleichen Jahr ebenfalls den Nobelpreis erhielten, was eine ganz ungewöhnliche kurze Zeitspanne zwischen der Entdeckung und der Preisverleihung darstellte. Der ein Jahr zuvor geehrte Ernst Ruska hatte z. B. sein Elektronenmikroskop schon 1931 erfunden und musste 55 Jahre auf den Nobelpreis warten. Die alte BCS-Theorie ist übrigens nicht wirklich falsch, sie erklärt noch immer vieles und die drei mussten den Nobelpreis natürlich nicht zurückgeben, aber sie erklärt eben nicht mehr alles über die Supraleitung. Das stört und ärgert die Physiker sehr. Bis heute haben sie das Verhalten dieser seltsamen Metallmischoxide, die ihnen die Chemie präsentiert hat, nicht richtig erklären können.

Jedenfalls steht diesen Hochtemperatursupraleitern gewiss eine glänzende Zukunft bevor. So könnte man beispielsweise damit auch ganz neue Typen von Magnetschwebebahnen bauen.

Was haben uns die beiden Beispiele Kohlenstoff und Hochtemperatursupraleiter gezeigt? Manchmal gelingt uns die Vorhersage der Stoffeigenschaften aus der Molekülstruktur hervorragend, in anderen Fällen dagegen sind wir noch ganz den Überraschungen ausgeliefert. Beides ist spannend.

Im Folgenden soll beispielhaft gezeigt werden, wie viel Chemie uns jeden Tag umgibt:

Das erste Erlebnis am Morgen ist meist der Wecker. Sein Gehäuse besteht aus einem Kunststoff, einem Polymer, wie wir Chemiker sagen und auch sein Display wurde erst durch chemische Flüssigkristalle möglich. Wenn die Bettwäsche angenehm nach Moschus riecht, verdanken wir das einem Waschmittel, das synthetisches Ethylenbrassylat enthält, das diese Duftnote erzeugt. Niemand hat deshalb mehr gegen den Artenschutz verstoßen und Moschustiere sinnlos abgeschlachtet, nur um an die begehrten Drüsen zu gelangen.

In den Kunststoff der Borsten unserer Zahnbürste ist Chlorhexidin eingearbeitet, ein synthetisches Biozid, das die Ansiedlung und Vermehrung von Bakterien verhindert. In der Zahncreme sorgen organische Peroxide dafür, dass die Zähne selbst bei Rauchern halbwegs ansehnlich bleiben.

Die Freude am Frühstücksei wird manchmal ein wenig gedämpft durch den Gedanken an die letzten Cholesterinwerte und die mahnenden Worte des Arztes. Gelänge es, die Hühner noch ein wenig genetisch zu optimieren, würden sie gleich cholesterinarme Eier legen, was sie in den Rang eines Wappentieres unserer desolaten Krankenkassen erheben könnte. Doch schon heute sind solche Sorgen kaum begründet, denn Eier enthalten auch Lecithin, das die Resorption von Cholesterin im Darm behindert. Außerdem gibt es Cholestatin-Pillen aus Sojabohnenöl, die diese Wirkung noch verstärken. Ökologisch dürfen wir unser gutes Gewissen beim Frühstücksei entspannen. Die meisten Hühnerfarmen benutzen heutzutage moderne Futtermittel, die synthetische Aminosäuren enthalten. Dank der besseren Verwertbarkeit entsteht weniger Gülle als beim Gebrauch natürlicher Futtermittel, wodurch Böden und Gewässer weniger mit Ammoniak und Nitrat belastet werden. Beim Trinken des Orangensaftes bleibt vielen von uns eine Freude verwehrt, die sich nur einem biotechnologisch bewanderten Chemiker erschließt. Neben vielen anderen nahr- und schmackhaften Molekülen enthält Orangensaft auch Acetaldehyd. Seit Friedrich Wöhlers Zeiten, also seit fast 150 Jahren, wissen wir, dass man solch einfache Naturstoffe auch synthetisch herstellen kann; und natürlich können wir das auch längst. Weil Acetaldehyd für viele Chemikalien ein wichtiges Zwischenprodukt darstellt, beträgt die derzeitige Welt-Jahresproduktion mindestens 800.000 Tonnen. Diese Menge wiederum ist der Grund, warum das Zeug spottbillig ist. Für Nahrungsmittel ist das synthetische Produkt nicht zugelassen. Aus Orangen gewonnener Acetaldehyd, der allein über eine Zulassung als Nahrungsmittelzusatzstoff verfügt, ist dagegen sündhaft teuer. Zur Klarstellung: bei hinreichend hoher Reinheit können Sie auch mit den allerbesten Analysegeräten nicht den geringsten Unterschied zwischen synthetischem und natürlichem Acetaldehyd feststellen, was keineswegs erstaunlich ist, denn die beiden Moleküle sind absolut identisch. Was Sie mit dem extrem hohen Preis des Naturstoffes bezahlen, sind bestenfalls ein paar Spuren noch vorhandenen natürlichen Drecks, die niemand braucht. Mit einem neuen biotechnologischem Verfahren hergestellter Acetaldehyd ist für Nahrungsmittel zugelassen, wird billiger produziert als das Naturprodukt und erzielt die gleichen hohen Preise. Die Kaufleute wird es weniger wundern als uns unbedarft rationale Chemiker: Preise sind nicht immer mit Vernunft zu erklären, sondern beruhen eben manchmal auch auf einer Mischung aus Ideologie und Aberglauben.

Wenn wir im Sommer das Haus verlassen, setzen wir oft eine Sonnenbrille auf. Die Gläser sind natürlich nicht aus Glas, weil sich die leichteren hochwertigen Kunststoffgläser viel angenehmer tragen. Eine kluge Mischung von Silber- und Eisensalzen in den phototropen Gläsern sorgt dafür, dass sich die Helligkeit der Gläser variabel der Lichtintensität anpasst. In meiner längst vergangenen Schulzeit, also lange vor der Pisa-Studie, hat man noch die elektrochemische Spannungsreihe gelernt, die den intellektuellen Schlüssel für das tiefere Verständnis solch einfacher und praktischer Vorgänge liefert.

Auch die Kleidung, die wir tragen, verdanken wir heute überwiegend der Chemie. Das gilt natürlich auch für nahezu alle Textilfarbstoffe. Ein blaugestreiftes Hemd braucht auch viel mehr raffinierte Chemie als wir glauben. Ohne Spezialpolymere in den modernen

Waschmitteln, die das Auslaufen der Farben als Farbübertragungs-inhibitoren verhindern, wären sie schon nach dem ersten Waschen unansehnlich, weil die weißen Streifen zwischen den blauen Streifen nicht mehr strahlend weiß, sondern nur noch hellblau wären. Bald wird es mit Cyclodextrinen ausgerüstete Textilien geben, die entweder Geruchsstoffe adsorbieren oder Duftstoffe freisetzen können. Der Nutzen bei einem Marathonlauf liegt auf der Hand. Bei solchen Sportarten läuft auch unsere körpereigene Chemiefabrik auf Hochtouren. Wir produzieren unter anderem Endorphine, körpereigene Glückshormone, die fast wie Drogen wirken. Man hört es ja gelegentlich, dass Joggen süchtig machen soll.

Wenn wir beim Joggen Musik aus dem Walkman hören, sollten wir nicht vergessen, dass es keine CDs gäbe ohne Polycarbonat. Das Geschäft mit den Musik-CDs lohnt sich auch für die chemische Industrie. Ein Vergnügen wäre das Hören von CDs dennoch nicht, gäbe es keine kleinen Zahnräder aus hochwertigen Polyamiden. Leicht und extrem fest machen sie nur ein Zehntel des Geräuschs, das Zahnräder aus Metall verursachen und sind damit für Geräte mit hoher akustischer Qualität längst unverzichtbar geworden. Die Polyamide besitzen vielfältige Einsatzbereiche, vom Nylonstrumpf über das Kletterseil bis hin zu Sportgeräten begegnen sie uns fast überall.

Auf überfüllten Autobahnen kann es mitunter auch mal krachen. Gottlob, gibt es Polyesterfasern, die sich nicht nur für flexible und elastische Sportbekleidung eignen, sondern in ihrer standhaften, weniger elastischen Variante auch für den Sicherheitsgurt. Wenn dann auch der Airbag präzise auslöst, verliert ein kleiner Unfall viel von seinem Schrecken. Im Inneren des Lenkrads explodiert in der richtigen Millisekunde eine kleine Kapsel mit Guanidinnitrat. Kein anderes System als eine explosionsartige, Gas entwickelnde chemische Reaktion könnte einen Airbag in wenigen Millisekunden füllen. Nach solch einem Unfall sind wir froh, wenn unser Handy zur neuesten Generation gehört. Diese enthält eine geniale Lithiumionen-Batterie, die nicht wie die alten Nickel-Akkus immer gerade dann entladen ist, wenn man das Handy besonders dringend braucht.

Dank einer kleinen chemischen Explosion ist der Unfall glimpflich verlaufen und wir haben nur vorübergehend mit einem Anstieg des Adrenalinspiegels zu kämpfen. Die Nebennieren schütten dieses nette Stresshormon aus. Blutdruck und Puls schnellen nach oben, die Bronchien sind erweitert und wir atmen heftiger. Das Zentralnervensystem ist stimuliert, fast wie bei einer Droge. Die muskelversorgenden Gefäße sind erweitert, der Blutzuckerspiegel steigt, weil wir vermehrt Glucose bilden. Zugleich erhöht sich unser Energieumsatz. Das alles bewirkt dieses hübsche Molekül in Sekunden. Nach dem Adrenalinstoß sollte man sich etwas Schokolade gönnen. Diese enthält eine Substanz mit dem schönen Namen Phenylethylamin, die gemütsaufhellend wirkt.

Sind wir endlich im Büro, sitzen wir bald vor einem modernen Flachbildschirm. Auch der wäre ohne Chemie nicht denkbar. Jeder Pixelpunkt besteht aus mehreren Farbstoffen, die ihre Farbe und Leuchtintensität beim Anlegen einer elektrischen Spannung verändern. Bald wird auch diese Technik in vielen Bereichen den neuen organischen Leuchtdioden weichen müssen. Flexibel, leicht und billig werden sie Bildschirme auf Kunststofffolien erlauben. Auch das Telefon wäre ohne Chemie nicht denkbar und weit weniger komfortabel. Schon zu Großvaters Zeiten bestanden die Telefongehäuse aus schwarzem Bakelit. Heute sind es moderne Kunststoffe in hellen freundlichen Farben. Der Abruf einer gespeicherten Nummer ist nur möglich, weil die Flüssigkristalle im Display ihre Anzeige erlauben. Die Gardinen und Teppiche im Büro müssen heute hinsichtlich Brandsicherheit hohe Anforderungen erfüllen, die ohne chemische Hilfsstoffe nicht erfüllbar wären. Diese sind zudem heute viel umweltverträglicher als noch vor 20 Jahren.

Gönnen wir uns am späten Nachmittag eine Runde Golf, dann ist auch das ein sehr chemisches Vergnügen. Winzige Titandioxid-Partikel sind Bestandteil der Kunststoffmischung und machen die Bälle härter, damit sie weiter fliegen, vorausgesetzt, man besitzt das nötige Geschick und Glück. Die Schäfte der Golfschläger bestehen auch längst nicht mehr aus Holz, sondern aus einem karbonfaserverstärkten Kunststoff mit genau eingestellter Biegesteifigkeit, damit sie dem Schlägerkopf im Treffmoment noch einen zusätzlichen Kick verleihen.

Spätestens beim Abendessen sollten wir auch noch einen Gedanken daran verschwenden, dass es ohne die chemische Düngung auf unserer Erde keine 6 Milliarden Menschen gäbe, weil sie ohne die Ertragssteigerung der Düngemittel nicht ernährt werden könnten. Das Bier am Abend, das durch alkoholische Gärung entsteht, verdanken wir einem der ältesten chemischen Prozesse, dessen sich die Menschheit bedient.

Alles ist Chemie. Selbst ein Kuss löst in unserem Körper ein molekulares Feuerwerk aus. Auch beim Küssen produziert der Körper in der Aufregung das Stresshormon Adrenalin, dessen Wirkung wir schon kennen. Dopamin ist eine biochemische Streicheleinheit für unser Gehirn, löst Euphorie und den Wunsch nach mehr aus. Während das Glückshormon Phenylethylamin, das wir schon von der Schokolade kennen, ansteigt, wird ein anderes Hormon, das Serotonin, abgebaut. Das bewirkt, dass der Küssende seine Umgebung kaum noch wahrnimmt und sich all seine Gefühle auf die Zielperson, den Partner, konzentrieren. All das verbraucht natürlich Energie, weshalb unser Körper verstärkt ATP Adenosintriphosphat produziert, das für die energiegewinnende Verbrennung von Nährstoffen gebraucht wird.

Wir wollen jetzt noch einmal auf das Paradigma der modernen Chemie zurückkommen. Eine Eigenschaft chemischer Verbindungen, der wir häufig begegnen, ist die Farbe. Zwar gibt es Sagen, die die Farben der Natur mit netten Geschichten in Verbindung bringen, doch wir halten es natürlich mehr mit naturwissenschaftlichen Erklärungen. Das sichtbare Licht ist nur ein schmales Segment im elektromagnetischen Strahlungsspektrum der Sonne. Das weiße Licht ist eine Mischung aus allen Farben, in die es sich z. B. mit einem Prisma zerlegen lässt. Trifft weißes Licht auf einen farbig erscheinenden Stoff, so werden einige Farbanteile absorbiert, und der Stoff reflektiert nur die nicht absorbierten Farben, in denen er uns dann erscheint. So absorbiert Chlorophyll die blauen und roten und zum Teil auch gelben Anteile des Lichtes, weshalb es uns in der Farbe des übrig gebliebenen Grüns erscheint. Diese farbspezifische Lichtabsorption ist eine Eigenschaft der Moleküle; wir nennen jene Gruppen, die dafür verantwortlich sind Chromophore. Dabei handelt es sich um elektronenreiche Substrukturen in Molekülen, deren Elektronen zudem auch noch eine hohe Beweglichkeit aufweisen. Beispiele sind die Azogruppe, chinoide Systeme oder die Nitrogruppe. Im Indigo ist die Doppelbindung zwischen den aromatischen Strukturen für die Lichtabsorption und damit für die Farbe verantwortlich. Beseitigt man die Doppelbindung durch Reduktion, so verschwindet die Farbe und man erhält das Indigoweiß. Die Farbe eines Stoffes ist also eine sich streng aus der Molekülstruktur ergebende Eigenschaft, die wir deshalb mithilfe quantenchemischer Berechnungen auch einigermaßen sicher vorhersagen können.

Eine andere Eigenschaft von Stoffen ist der Geruch. Auch hier spielt die Molekülstruktur eine entscheidende Rolle. So gibt es z. B. Moleküle, die in zwei spiegelbildlichen Varianten – wie die rechte und die linke Hand – existieren. Diese Varianten nennen wir Enantiomere. Eine Substanz namens Carvon riecht z. B. in der einen Form nach Kümmel und in der anderen nach Pfefferminze. Solche Feinheiten können wir bisher den Molekülen nicht ansehen, sie also auch nicht aufgrund der Struktur vorhersagen. Der Geruch ist nämlich eine physiologische Eigenschaft, die nicht allein aus der Struktur des betreffenden Moleküls resultiert, sondern aus der Wechselwirkung mit anderen Molekülen. Wir besitzen in der Nasenschleimhaut stereospezifische Rezeptoren, die durch wie ein Schlüssel in ein Schloss passende Moleküle angeregt werden und so das Geruchsempfinden erzeugen. Doch auch dabei gibt es oft Überraschungen. Betrachtet man die Moleküle Benzaldehyd und Nitrobenzol, so lässt die räumliche Ähnlichkeit der Struktur schon vermuten, dass beide den gleichen Geruch besitzen. Sie riechen in der Tat beide nach Bittermandelöl. Hingegen weist die strukturell völlig andere Blausäure den gleichen Geruch auf. Die Erklärung besteht darin, dass Rezeptoren für unterschiedliche geformte Moleküle nervlich kurzgeschlossen sein können und deshalb den gleichen Geruch auslösen. Gestützt wird diese Hypothese durch bestimmte Geruchsanomalien. So gibt es Menschen, die den Bittermandelgeruch des Benzaldehyds und Nitrobenzols einwandfrei riechen, den der Blausäure aber nicht – und umgekehrt. Ihnen fehlt offenbar eine der beiden Rezeptorsorten, die den gleichen Geruch auslösen. Wir wissen heute, dass es sich beim Geruch um ein Phänomen der Musterekennung handelt, denn mit nur rund 1.000 Rezeptoren sind wir in der Lage, etwa 10.000 Gerüche zu unterscheiden. Linda Buck und Richard Axel erhielten für diese bereits 1991 publizierten Arbeiten 2004 den Nobelpreis für Medizin.

Dass der Geruch keine Moleküleigenschaft, sondern eine komplexere Wechselwirkungseigenschaft ist, soll noch durch zwei weitere Beispiele gezeigt werden. Der Alkohol, chemisch genau: Ethylalkohol, unterscheidet sich vom Wasser dadurch, dass ein Wasserstoffatom des Wassers durch die Ethylgruppe ersetzt wurde. Beide Moleküle weisen gewisse strukturelle Ähnlichkeiten auf, dennoch riecht das eine und ist giftig, während das andere geruchlos und ungiftig ist. Ebenfalls sehr ähnlich sind sich der Schwefelwasserstoff und das Wasser, doch im Gegensatz zum Wasser riecht der giftige Schwefelwasserstoff nach faulen Eiern. Die Frage, ob wir einen Stoff riechen, hängt also weniger von der Struktur des Stoffes, sondern vielmehr vom Vorhandensein geeigneter Geruchsrezeptoren für diesen Stoff ab. Weil giftiger Schwefelwasserstoff bei natürlichen Gaseruptionen aus der Erde austreten kann, ist sein Geruch für unser Leben sehr nützlich. Könnten wir Wasser riechen, wäre damit nicht der geringste Evolutionsvorteil verbunden. Im Gegenteil, es wäre lästig, weil wir selbst zu 68 % aus Wasser bestehen und Wasser ständig zu uns nehmen. Verunreinigtes, ungenießbares Wasser enthält oft auch riechende Stoffe, durch die wir vor seinem Verzehr gewarnt werden. Das würde nicht so gut funktionieren, wenn Wasser einen eigenen Geruch hätte.

Ebenso wie beim Geruch handelt es sich auch bei der Toxizität und der pharmazeutischen Wirkung von Stoffen um eine typische Wechselwirkungseigenschaft, weshalb wir auch auf diesen Gebieten noch relativ wenig wissen und weit davon entfernt sind, solche Eigenschaften aus der Molekülstruktur vorherzusagen. Ein pharmazeutisch berüchtigtes Beispiel ist das Contergan. Auch dieses Molekül existiert in zwei spiegelbildlichen Formen. Die eine wirkt als Schlafmittel und nur die andere ruft die bekannten Missbildungen von Embryos hervor. Würde man nur die R-Form verabreichen, wäre das keine Lösung des Problems, weil diese im Körper zum Teil wieder in die andere, gefährliche Form umgelagert wird. Man nennt diesen Vorgang Racemisierung. Eben weil auch die pharmazeutische Wirkung eine komplizierte Wechselwirkungseigenschaft ist, ist die Entwicklung neuer Wirkstoffe und Medikamente so immens teuer und erfordert so viele Tests. Arzneimittelforschung ist deshalb auch heute noch ein risikoreiches Geschäft.

Alles Chemie. Dieser Anspruch wäre nicht gerechtfertigt, ohne einen Blick in die Chemie des Lebens. Das fundamentale Informationsmolekül allen Lebens ist die DNA, oder deutsch DNS – die Desoxyribonukleinsäure. Sie ist der molekulare Bauplan des Lebens. Unser menschliches Genom verteilt sich auf 24 Chromosomen, von denen 22 für Mann und Frau identisch sind. Zusätzlich gibt es das X-Chromosom, von dem Frauen gleich 2 besitzen, und das Y-Chromosom, über das nur wir Männer verfügen. Das hört sich wie eine gute Nachricht für uns Männer an, ist es aber nicht. Nur am Rande erwähne ich, dass das X-Chromosom die höchste Dichte an Intelligenzgenen aufweist, von denen Frauen gleich zwei und Männer nur eins besitzen.

Die zu einer Spirale verdrillten zwei Grundketten der DNA bestehen aus Zuckermolekülen, genau aus Desoxyribosemolekülen, die durch Phosphatgruppen miteinander verbunden sind. An diesen Ketten ist an jedem Zuckermolekül eine von vier Aminobasen gebunden. Es handelt sich um Adenin, Cytosin, Guanin und Thymin, abgekürzt mit den Buchstaben A, C, G und T, die den genetischen Code bilden. Der strukturelle Trick der DNA besteht darin, dass jeweils zwei gegenüberliegende Aminobasen durch Wasserstoffbrücken miteinander verbunden sind. Die Wasserstoffbrücken, wie wir sie schon vom festen und flüssigen Wasser kennen, kommen durch Wechselwirkung positiv polarisierter Wasserstoffatome in einem Molekül mit den Elektronen von Sauerstoff- oder Stickstoffatomen in einem benachbarten Molekül zustande. Ein Cytosin ist stets mit einem gegenüberliegenden Guanin über drei Wasserstoffbrücken verbunden. Jedes Thymin ist mit einem gegenüberliegenden Adenosin über zwei Wasserstoffbrücken verbunden. Die Abfolge der Buchstaben A, C, G und T auf den Ketten definiert den molekularen Bauplan. Aus der Tatsache, dass beide gegenüberliegenden Ketten exakt komplementär sind, es gibt nur A-T- und C-G-Paare, ergeben sich zwei für jedes Leben fundamentale Eigenschaften:

1. Die DNA kann sich selbst reproduzieren, also sich vervielfältigen.
2. Von jedem Strang kann segmentweise Information für den Bau anderer Moleküle, der Proteine abgelesen werden.

Die Replikation ist der jede Zellteilung und damit jede Vermehrung erst ermöglichende Vorgang. Dabei spaltet sich die Doppelhelix in Einzelstränge auf, an jedem Strang wird eine neue komplementäre Kette synthetisiert, so dass am Ende aus einem DNA-Molekül zwei identische neue entstanden sind, die in den Zellkernen der zwei neuen Zellen verbleiben. Damit wird die gesamte genetische Information einer Zelle an die Tochterzellen weitergegeben.

Die zweite Funktion der DNA besteht in ihrer Nutzung als Bauplan für die Proteine. Durch Aufdrehen der Doppelhelix wird zunächst der Bauplan eines bestimmten Proteins freigelegt. An einem als Matrize dienenden Teilstrang wird zunächst ein Kettenmolekül synthetisiert, die messenger-RNA (mRNA). Diese enthält als Zucker die oxidierte Form der Desoxyribose und vor allem enthält sie die genaue komplementäre Abfolge der Aminobasen des kopierten DNA-Teilstückes. Die mRNA verlässt dann den Zellkern und trifft in der Zelle auf eine aus 40 bis 60 Proteinen bestehende kleine chemische Synthesemaschine, das Ribosom. Das Ribosom liest nun in Dreierblöcken die Aminobasenfolge, also z. B. AAG. Jedes Dreier-Codon steht für eine der zwanzig Aminosäuren, aus denen alle Proteine bestehen. An der Außenseite des Ribosoms wird das Protein als

Polypeptidkette synthetisiert. Die gelesene Information AAG bewirkt, dass als nächstes Glied an die Peptidkette die Aminosäure Lysin angefügt wird.

Verfügt man über ein Alphabet von nur vier Buchstaben – A, C, G und U –, so zeigt eine einfache mathematische Überlegung, dass man zur Codierung von 20 Bedeutungen, also 20 Aminosäuren, Wörter von mindestens drei Buchstaben Länge benötigt. Dies ist in der Tat das Prinzip des genetischen Codes. Weil bei drei Buchstaben 64 Wörter existieren, also mehr als 20, werden einige Aminosäuren durch mehrere verschiedene Wörter codiert. Im menschlichen Körper gibt es ca. 400.000 Proteine, deren Struktur auf der DNA codiert ist.

Mit dem genetischen Bauplan, molekularen Kopien davon und der Proteinsynthese ist die Rolle der Moleküle als Informationsträger noch keineswegs erschöpft. Es spricht heute alles dafür, dass wir auch alle geistigen Fähigkeiten unseres Gehirns bestimmten Molekülen und deren hochkomplexen Wechselwirkungen verdanken. Ich will dies zum Schluss nur ganz kurz streifen und andeuten.

Unser menschliches Gehirn besteht aus rund 100 Milliarden Neuronenzellen, von denen jede über Dendriten und Synapsen mit etwa 10.000 anderen Neuronen verbunden ist. Das ergibt eine Speicherkapazität des menschlichen Gehirns von rund 1 PB, das sind 1 Million GB. Zum Vergleich, mein Rechner, der als ziemlich fortgeschritten gelten darf, besitzt eine Festplatte mit 600 GB Speicherplatz. Das reicht für etwa 4,4 Millionen hochaufgelöste Videobilder in neuester HDV-Qualität und ist dennoch 1.600 mal kleiner als unser Gehirn. Der Gedanke, dass unser Gehirn unseren Rechner noch um den Faktor 1.600 übertrifft, ist zwar ziemlich beruhigend; aber das wird nicht ewig so bleiben. Weit wichtiger als dieser nur quantitative Vergleich ist wohl die Tatsache, dass unser Gehirn viel effizienter arbeitet als ein Rechner. Ein einfaches Gedankenexperiment wird Sie davon überzeugen. Stellen Sie sich einen Blick über den Ort Königstein auf die Burg vor. Ganz sicher werden

Sie sich hervorragend an dieses Bild erinnern und die Burg vor Ihrem geistigen Auge sehen. Wenn Sie jetzt das reale Bild betrachten, werden Sie feststellen, dass es viel, viel mehr Einzelheiten zeigt als Ihr Erinnerungsbild. Der Computer speichert jede dieser Einzelheiten, unser Gehirn aber beschränkt sich auf das Wesentliche. Noch sind wir fast unendlich weit davon entfernt, einem Computer unsere Selektionskriterien des Wesentlichen beizubringen. Erst wenn dies gelänge, dürften wir mit einiger Berechtigung von künstlicher Intelligenz sprechen.

Seit einigen Jahren wissen wir, dass ein molekularer Austausch über die Synapsen, die einen synaptischen Spalt bilden, den Aufbau unseres Gedächtnisses steuert, in dem wir Wahrnehmungen, Gefühle, Gedanken und Erlebnisse speichern. Eine Schlüsselrolle nimmt dabei das Molekül Serotonin ein. Dessen Bildung und Einlagerung in bestimmte Rezeptoren scheint für unser Gedächtnis und damit auch für unsere Lernfähigkeit verantwortlich zu sein.

Hier schließt sich der Kreis. Ich hatte Ihnen gezeigt, welche Hormone beim Küssen gebildet werden. Darunter befand sich auch das Serotonin. Das haben Sie damals genau zu dem Zweck gebildet, dass Sie sich heute noch an Ihre früheren Küsse erinnern können.

Solch gewaltige Fortschritte der molekularen Zellbiologie, der Gentechnik, der Proteinforschung und der Gehirnforschung lassen natürlich auch einige Wissenschaftler – Evolutionsbiologen, Verhaltensgenetiker u. a. – schnell nach den Sternen der letzten Wahrheiten greifen. Ausgehend von der empirischen Beobachtung, dass sich in allen Kulturen Formen der Religion entwickelt haben, die die Existenz eines höheren moralischen Wesens und irgendeine Art des Weiterlebens nach dem Tod implizieren, liegt der Gedanke nicht allzu fern, dass der Mensch im evolutionären Prozess seiner früh beginnenden Sozialisation eine Art genetisches Rahmenprogramm für die jeweils im Detail kulturell erfolgende Ausdifferenzierung solcher Grundideen entwickelt hat. Einige Wissenschaftler glauben sogar, ein hierfür zuständiges Gottesgen identifiziert zu haben. Weil ich nicht sicher beurteilen kann, was hier noch Spekulationen oder bereits gesicherte naturwissenschaftliche Tatsachen sind, will ich es bei diesem Hinweisen bewenden lassen.

Ich habe versucht, Ihnen zu zeigen, dass in allen Bereichen, in denen wir bereits über gesichertes Wissen verfügen, die gesamten Informationen über das Was und das Wie unserer Welt in der Sprache der Chemie, in der Sprache der molekularen Strukturen geschrieben sind. Moleküle und ihre Wechselwirkungen bestimmen das Wesen der uns bekannten Welt. Ich habe Ihnen am Anfang auch gezeigt, dass den vielen Molekülen, die wir kennen, eine nahezu unendliche Vielfalt von Molekülen gegenübersteht, die wir noch nicht kennen. Dies wird insbesondere für junge Menschen eine gute Nachricht sein. Für jeden, der Chemie studiert, wartet ein nahezu unerschöpflicher Vorrat an Molekülen und ihrer Eigenschaften darauf, von ihm entdeckt zu werden. Ferner habe ich bewusst manche Beispiele gewählt, die in den letzten Jahrzehnten mit einem Nobelpreis gewürdigt wurden. Damit wollte ich Ihnen zeigen, was an der vordersten Front unserer Wissenschaft geschieht, aber auch, dass dies viel mehr Menschen verstehen können als manche glauben, dass dort vieles faszinierend ist und dass Wissenschaft niemals frei sein wird von fundamentalen Überraschungen.

Und so beende ich meinen Vortrag mit den Worten, mit denen der Titel begann: **Alles Chemie** Mit Blick auf die zuletzt angesprochenen Themen des Moralischen, des Religiösen, des Überirdischen und des Transzendenten setze ich noch ein Fragezeichen dahinter. In mir lebt die Hoffnung, dass dieses Fragezeichen Bestand hat, doch über die Gewissheit, dass dem so ist, verfüge ich nicht.

Informationen aus dem All: Der Mensch im Universum

Gerda Horneck

„Woher kommen wir? Wohin gehen wir? Gibt es Leben außerhalb der Erde?“ Dies sind faszinierende Fragen, die die Menschheit seit Generationen beschäftigen. Mit Hilfe der Weltraumtechnologie sind wir nun in der Lage, diese Fragen auch wissenschaftlich anzugehen: mit Raumsonden erforschen wir unser Sonnensystem, mit Weltraumteleskopen erkunden wir das Universum bis in weit entfernte Regionen, und schließlich wird der Mensch selbst aufbrechen, um den Weltraum zu erkunden und vielleicht sogar einmal zu besiedeln.

Mit der Nutzung der Internationalen Raumstation und geplanten Expeditionen zu Mond und Mars ist uns die bemannte Raumfahrt nahezu zum technischen Alltag geworden. Und doch ist es erst 50 Jahre her, dass der erste künstliche Satellit Sputnik im Oktober 1957 seine simplen Piepssignale zur Erde sandte. Schon einen Monat später, im November 1957, wurde mit der Hündin Laika das erste Lebewesen in den Weltraum geschickt. Ihr folgte im April 1961 mit Yuri A. Gagarin die erste erfolgreiche bemannte Weltraummission. Das damalige Wettrennen im Weltraum zwischen den USA und der UdSSR kulminierte im Juni 1969 mit der Landung der Apollo-11-Besatzung auf dem Mond. Heute werden fast alle Weltraummissionen in internationaler Zusammenarbeit durchgeführt, wofür die Internationale Raumstation, aber auch internationale Robotik-Missionen zu den Planeten unseres Sonnensystems sowie Weltraumteleskope sichtbare Belege sind. So stehen wir erst am Anfang einer neuen Ära, die wesentlich durch die Erkenntnisse aus dem Weltraum geprägt wird und vielleicht einmal als Weltraumzeitalter in die Geschichte eingehen wird.

Eine der Triebfedern bei der Erforschung unseres Sonnensystems ist die Suche nach Spuren extraterrestrischen Lebens. Dabei ist es notwendig, zunächst die Umweltkriterien zu definieren, die für Leben unbedingt erforderlich sind. Für Leben, so wie wir es kennen, erscheinen folgende drei Voraussetzungen als wesentlich und notwendig: erstens das Vorhandensein der geeigneten chemischen Bausteine, zweitens einer Energiequelle sowie drittens Wasser im flüssigen Aggregatzustand. Alles Leben auf der Erde basiert auf dem gleichen Grundprinzip, wobei beim Aufbau der Biomoleküle in den Zellen dem Kohlenstoff eine Schlüsselrolle zukommt. Noch wissen wir nicht, ob extraterrestrisches Leben nach einem ähnlichen Grundprinzip abläuft. Aber solange unsere Biosphäre die einzige uns bekannte Erscheinungsform des Lebens ist, werden diese drei Umweltkriterien – komplexe Kohlenstoffchemie, Energiequelle und flüssiges Wasser –, als Indizien für einen möglichen extraterrestrischen Lebensraum angesehen.

Ein „Grüngürtel" um die Sonne

Die Oberflächentemperatur der Planeten unseres Sonnensystems hängt vor allem von ihrer Entfernung von der Sonne ab. Da Leben, so wie wir es kennen, moderate Temperaturen braucht, die über einen längeren Zeitraum Wasser im flüssigen Zustand auf der Oberfläche des Planeten ermöglichen, verwenden Klimamodelle dieses Kriterium des flüssigen Wassers um eine bewohnbare Zone um unsere Sonne zu beschreiben. So hat man für unser Sonnensystem einen "Grüngürtel" berechnet, der sich um die Sonne in einem Abstand von etwa 0.7 bis 2.0 astronomischen Einheiten erstreckt (eine astronomische Einheit ist die mittlere Entfernung der Erde von der Sonne). Planeten in dieser so genannten habitablen Zone sollten auf ihrer Oberfläche zumindest zeitweise flüssiges Wasser vorweisen. Venus, Erde und Mars liegen in dieser habitablen Zone.

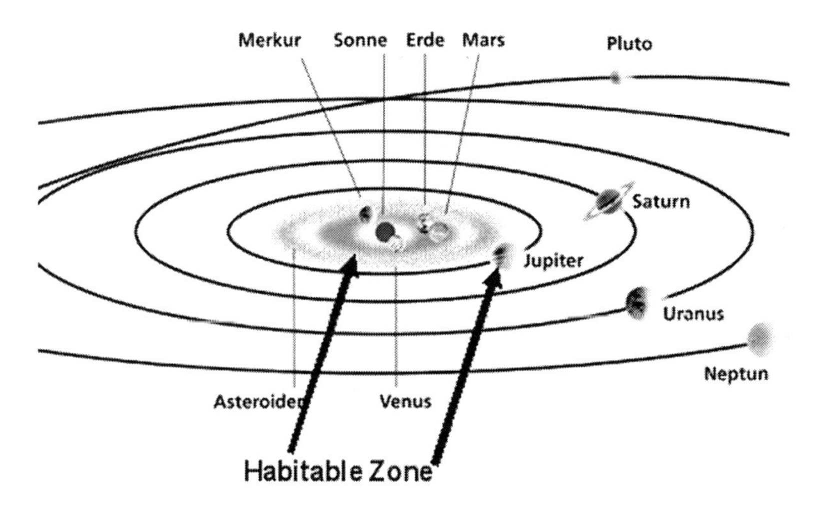

In unserem Sonnensystem liegen die Planeten Venus, Erde und Mars in der habitablen Zone, dem "Grüngürtel" um unsere Sonne; auch einige Monde des Jupiters liegen in einem solchen "Grüngürtel".

Venus in ihren heutigen Zustand mit einer Oberflächentemperatur von über 450 °C scheidet als Kandidat für unsere Überlegungen aus, da sie viel zu heiß ist, um flüssigen Wasser und damit Leben zu beherbergen. Allerdings ist noch umstritten, ob sie in ihrer Frühzeit gemäßigtere Oberflächentemperaturen und damit auch lebensgünstigere Bedingungen aufgewiesen hat. Immerhin hat sie mit der Erde manches gemeinsam: etwa gleiche Größe, Zusammensetzung und Schwerkraft. Die enorm hohen Oberflächentemperaturen sind die Folge eines Treibhauseffektes, angetrieben durch die hohe Konzentration an Kohlendioxid in der Atmosphäre. Neue Erkenntnisse hierzu liefert die europäische *Venus Express* Mission, die seit 2006 die Venus umkreist.

Auf der Erde erstreckt sich die Geschichte des Lebens über fast 4 Milliarden Jahre. Sobald sich die glutflüssige Oberfläche unseres Planeten abgekühlt hatte, traten auch schon die ersten Lebewesen auf: einfache Mikroorganismen, wie 3,5 Milliarden alte Fossilfunde belegen. Selbst in den ältesten Sedimentgesteinen, die auf der Erde vorkommen, dem 3,8 Milliarden Jahre alte Isua Gestein aus Grönland, trifft man bereits auf zellähnliche Mikrostrukturen, die als fossile Mikroorganismen gedeutet worden sind. Deren chemische Analyse lässt auf einen ausgeklügelten Stoffwechsel schließen, so dass das Auftreten der ersten noch einfacheren Lebensformen noch früher datiert werden muss. Ein Großteil des Wassers auf der frühen Erde wurde vor allem von Kometen und anderen kleinen Himmelskörpern (Planetesimale, Meteoriten) beigesteuert, die in der Frühphase unseres Sonnensystems auf die sich allmählich abkühlenden Planeten einstürzten. Einige dieser Kometeneinschläge mögen durchaus katastrophale Folgen für das aufkeimende Leben gehabt haben, nämlich dann, wenn bei dem Einschlag soviel Hitze entwikkelt wurde, dass das Wasser verdampfte und somit auch das frühe Leben wieder ausgelöscht wurde. Möglicherweise hat sich erst aus den Überlebenden der letzten Katastrophe die gesamte Biosphäre entwickelt. Diese Mikrobenwelt hat über 2 Milliarden Jahre lang alleine auf der Erde geherrscht, bevor mit dem Auftreten der ersten mehrzelligen Organismen der Startschuss zu der heutigen Vielfalt in Form und Organisation gegeben wurde. So hat die biologische Evolution auf der Erde etwa 4 Milliarden Jahre benötigt, um aus einfachen Mikroorganismen über komplexe Vielzeller eine intelligente

Die Geschichte unserer Biosphäre (Bild: NASA)

Zivilisation hervorzubringen, die schließlich in der Lage ist, mit Hilfe von Teleskopen und Satelliten den Weltraum selbst zu erforschen. Allerdings sind die Mikroorganismen niemals ausgestorben. Sie haben sich in allen nur erdenkbaren Nischen auf der Erde eingenistet und an Extremstandorte angepasst.

Mars ist der dritte Planet im „Grüngürtel" um unsere Sonne, und er gilt als bester Kandidat für die direkte Suche nach Leben außerhalb der Erde. Schon aus der Ferne betrachtet hat Mars so manche Ähnlichkeit mit der Erde: eine ähnliche Tagesrhythmik von etwa 24 Stunden und die vier Jahreszeiten Frühling, Sommer, Herbst und Winter, die sich auf den beiden Hemisphären abwechseln. Allerdings verhindert der geringe Atmosphärendruck von etwa 600 Pa (6 mbar), dass heute noch flüssiges Wasser an der Marsoberfläche existiert: Es kommt nur als Eis oder Wasserdampf vor. Allerdings wurden von den um den Mars kreisenden Beobachtungssatelliten *Global Surveyor*, *Mars Express* und *Mars Reconnaissance Orbiter* zahlreiche „Rinnsale" an Kraterrändern entdeckt, die darauf schließen lassen, dass auch noch in jüngster Zeit Ausbrüche von flüssigem Wasser auf dem Mars vorgekommen sein können. Zusätzlich brennt die Ultraviolett-Strahlung der Sonne nahezu ungefiltert auf die Marsoberfläche, und die Temperaturen reichen von minus 120 °C an den Polen im Winter bis zu Spitzen von etwa plus 20 °C im Sommer mittags in der Äquatorregion. Ein fürwahr unwirtliches Klima, so dass wir kaum annehmen können, dass noch heute die Marsoberfläche von Lebewesen besiedelt ist. Dies haben auch die beiden Mars-Landemissionen, *Viking 1* und *Viking 2* bestätigt, die 1976 nach Lebensspuren auf dem Mars suchten. Sie hatten eine Kamera, einen kleinen Schaufelbagger und ein chemisches und biologisches Labor an Bord. Die Kameras konnten keine verdächtigen Lebenszeichen rund um die Landefähren ausmachen. Aber die biologischen Tests, die Marsbodenproben auf Mikrobenaktivitäten hin untersuchten, erbrachten zunächst positive Resultate: Das betraf sowohl den Test auf Photosynthese, d. h. den Einbau von Kohlendioxid unter Einwirkung von Licht als Energiequelle, wie auch den Test auf Atmung, d. h. den Abbau von zugesetzter Nahrung unter Ausstoß von Kohlendioxid. Doch bevor die Freudenmär über der Entdeckung von Leben auf dem Mars durch die Nachrichten ging, befassten sich die Wissenschaftler genauer mit den chemischen Analysen der Marsproben. Hierbei wurden keine organischen Verbindungen, d. h. kohlenstoffhaltige komplexe Verbindungen gefunden. Da aber Leben, so wie wir es am Anfang definiert haben, ohne organische Verbindungen nicht denkbar ist, konnten auch nicht Mikroorganismen die Ursache für die beobachteten Umsetzungsprozesse sein. Die "biologischen Signale" mussten demnach durch nichtbiologische Mechanismen ausgelöst worden sein. Hierfür scheinen hochreaktive Peroxyde im Marsboden verantwortlich zu sein, die als Folge der intensiven Sonneneinstrahlung entstanden sind. In Laborexperimenten unter simulierten Marsbedingungen konnten die Viking-Ergebnisse teilweise durch solche nicht-biologischen Oxidationsprozesse erklärt werden. Aber die genaue Antwort werden wir erst kennen, wenn in einer der nächsten Landemissionen die chemische Aktivität des Marsbodens direkt untersucht worden ist. Immerhin kann man aus den Befunden der *Viking*-Analysen folgern, dass die Oberfläche des Mars vermutlich steril ist, zumindest in den Ebenen Utopia und Chryse Planitia rund um die beiden *Viking* Landeplätze.

Viele neueren Beobachtungen, vor allem mit den Instrumenten der Marssatelliten, weisen darauf hin, dass das Klima auf dem Mars einst bedeutend lebensfreundlicher, feuchter und wärmer war. Die Bilder, die die Marssatelliten zur Erde senden, zeigen interessante Oberflächenstrukturen, wie wir sie auch von der Erde kennen: Berge, Täler und Flussläufe. Zumindest lassen sich die Gebilde, die wie gewaltige Adernetze den Mars über mehrere hundert Kilometer überziehen, am besten als ausgetrocknete Flussläufe interpretieren. Andere Strukturen gleichen Urstromtälern, die vermutlich durch Flutkatastrophen enormen Ausmaßes geformt worden sind. Bei solchen Formationen könnten auch Gletscherausbrüche ihre Spuren hinterlassen haben. Es spricht also manches dafür, dass Mars durchaus Epochen durchlaufen hat, in denen das Klima warm und feucht war, so dass Flussläufe übers Land ziehen konnten und Seen weite Gebiete bedeckten. Damit wäre eine der Grundvoraussetzungen für Leben, nämlich Wasser in flüssiger Form, zumindest zeitweise auf dem Mars gegeben. „Folge dem Wasser“ ist deshalb auch das Leitmotiv der beiden Marsfahrzeuge *Spirit* und *Opportunity* der NASA die schon über mehr als 2 Jahre größere Regionen des Mars' untersuchen. Vor allem das Meridiani Planum, in dem sich *Opportunity* fortbewegt, zeigt deutliche geologische Veränderungen und mineralogische Spuren, die einst von Wasser geformt worden sind.

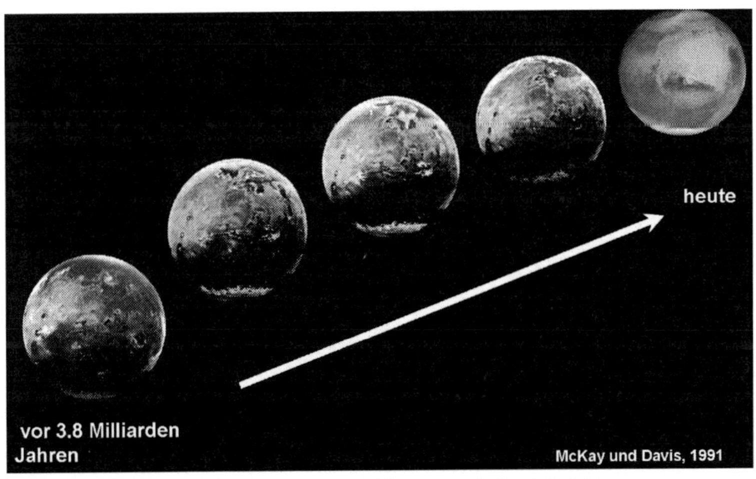

Mars-Epochen auf der Basis eines Klimamodells (NASA)

Klimamodelle, die am NASA Ames Research Center entwickelt worden sind, beschreiben für den Mars ein Szenario, bei dem im Anschluss an die frühe Feuchtperiode eine zunehmende Austrokknung über folgende vier Stadien ablief (Abbildung 3): Die erste warme und feuchte Epoche mit Wasserströmen und ausgedehnten Seen dauerte bis vor 3,8 Milliarden Jahren. In dieser Zeit sollten dort eigentlich – wie auf der frühen Erde – alle uns bekannten Voraussetzungen für die Entstehung des Lebens und seine Evolution zu mikrobiellen Ökosystemen gegeben sein. Zumindest war auf dem Nachbarplaneten Erde zu diesem Zeitpunkt bereits ein hoch entwikkeltes Mikrobenreich entstanden.

Danach, in der zweiten Epoche, kühlte die Oberflächentemperatur soweit ab, dass flüssiges Wasser nur noch in Seen unter einer immerwährenden meterdicken Eisschicht anzutreffen war, vergleichbar den antarktischen Seen auf der Erde. Diese Epoche reichte etwa bis vor 3,1 Milliarden Jahren. Das Marsleben könnte sich damals unter den Schutz der Eisschichten in die Seen zurückgezogen haben, ähnlich den angepassten Ökosystemen, die wir unter den immerwährenden Eisschichten der antarktischen Seen vorfinden.

In der dritten Epoche müssen weiter fallende Temperaturen und Drücke schließlich zum Austrocknen der Seen geführt haben, so dass flüssiges Wasser an der Marsoberfläche nur noch in porösem Gestein anzutreffen wäre. Dieser Epoche wird ein relativ langer Zeitraum bis vor 1,5 Milliarden Jahren eingeräumt. Eine flächendeckende Besiedlung der Marsoberfläche erscheint in dieser Epoche immer unwahrscheinlicher. Rückzugsgebiete des Lebens könnten wir im Innern der wasserhaltigen porösen Gesteine oder in größeren Tiefen vermuten, wo durch innere Aufheizung regional der Permafrost aufgetaut sein könnte. Vergleichbare Extrembiotope finden wir auf der Erde in heißen und kalten Wüsten, wo Mikroorganismen sich in Gesteinsbrocken zurückgezogen haben, um so vor den extremen Temperaturschwankungen und einer intensiven Ultraviolett-Strahlung geschützt zu sein. Ein anderes Beispiel sind die Salzkrusten, die beim Austrocknen von Salzseen entstehen, und die ebenfalls von Mikroorganismen besiedelt sind.

In der letzten Epoche, die bis in die Neuzeit reicht, zeigt sich der Mars äußerst unwirtlich: Der Druck ist bis zum Tripelpunkt des Wassers gefallen; das bedeutet, dass Wasser nicht in der flüssigen Phase vorkommen kann, lediglich als Eis oder als Wasserdampf. Hier könnten Mikroorganismen nur noch in größeren Tiefen vorkommen, in Zonen, in denen flüssiges Wasser vorkommt. Nach heutigen Schätzungen müsste man mehrere Kilometer tief bohren, um diese "Grundwasserzonen" zu erreichen. Auf der Erde haben solche kilometertiefen Bohrungen eine bisher unbekannte Mikrobenwelt aufgespürt, die in dieser "Unterwelt" allein von der zur Verfügung stehenden chemischen Energie zehrt.

Diese graduelle Austrocknung der Marsoberfläche ist jedoch nicht die einzige geltende Vorstellung. Andere Modelle, die auch durch die letzten Marsbeobachtungen bestätigt worden sind, lassen auch in jüngerer Zeit kurzfristig Feuchtperioden auftreten. In diesem Fall könnte das Leben resistente Dauerformen entwickelt haben, die es ihm erlauben, die unwirtlichen Trockenperioden zu überdauern. Ein irdisches Beispiel hierfür sind die Bakteriensporen, die äußerst widerstandsfähig sind und lange "Durststrecken" überleben können. So konnten unlängst Bakteriensporen aus dominikanischem Bernstein wieder zum Leben erweckt werden, die dort etwa 25 Millionen Jahre lang im Verdauungstrakt eines eingeschlossenen Insektes überlebt haben. Umstritten sind noch die Berichte über ein noch längeres Überleben von Bakteriensporen als Einschlüsse in 250 Millionen Jahre alten Salzstöcken.

Sollte demnach auch der Mars einst von einem Mikrobenreich beherrscht worden sein, dann könnte es vielleicht noch heute seine Fingerabdrücke als Mikrofossilien in Sedimentgesteinen hinterlassen haben. Eventuell könnte es auch, in Analogie zu unserer irdischen Biosphäre, in der Lage gewesen sein, Strategien zur Anpassung an die sich allmählich wandelnden Umweltbedingungen zu entwickeln und eventuell noch heute als unterirdische Mars-Biosphäre existieren. Mikrobengesellschaften in solchen ökologischen Nischen, oder auch deren Fingerabdrücke als Mikrofossilien in Sedimentgesteinen könnte man vielleicht noch heute vorfinden. Es wird die Aufgabe von künftigen Marsmissionen sein, wie *Phoenix* und *Mars Science Laboratory* der NASA und *ExoMars* der ESA, danach zu suchen. *ExoMars*

ExoMars, fahrbares Labor auf dem Mars (ESA)

wird als erstes Landegerät auch einen Bohrer mitführen, um Proben aus Tiefen bis zu 2 Metern zu entnehmen und in dem mitgeführten Labor zu untersuchen. Es wird vor allem drei Aufgaben verfolgen: Die Suche nach Anzeichen von früherem Leben auf dem Mars, die Suche nach Anzeichen von aktuellem Leben auf dem Mars und drittens die Erforschung der Umweltfaktoren als Vorbereitung einer bemannten Mission zum Mars.

Ein „Grüngürtel" um die Riesenplaneten?

Auch außerhalb des „Grüngürtels" um die Sonne können wir auf lebensfreundliche Bedingungen treffen, z. B. in der unterirdischen Tiefsee des Jupitermondes Europa, der sich unter einer kilometerdicken Eiskruste verbirgt. Die Bilder, die von der Sonde Galileo zur Erde gefunkt wurden, zeigen, dass diese Eiskruste zahlreiche Risse aufweist, durch die das mineralhaltige Wasser aus den Tiefen nach oben dringen kann, wo es an der Oberfläche wieder gefriert. Als

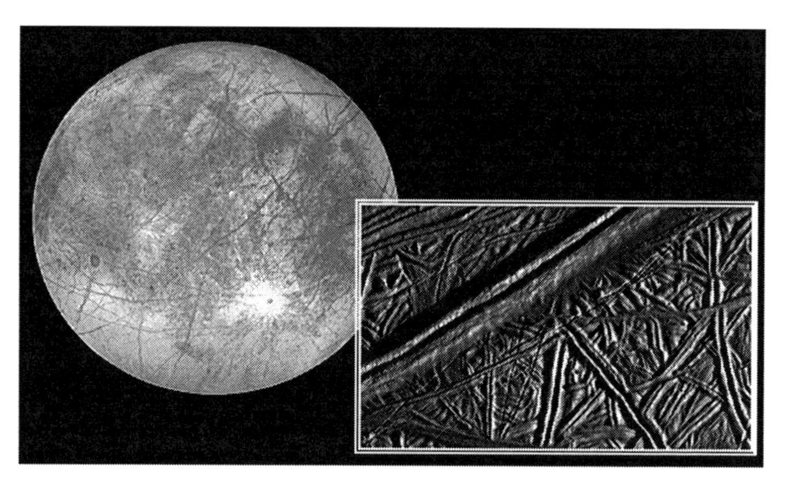

Die Oberfläche des Jupitermondes Europa ist von einer dicken Eisschicht bedeckt, unter der man einen kilometertiefen Ozean vermutet, der zeitweise, in den Spalten, auch bis zur Oberfläche reichen könnte. In diesem Ozean könnte sich eine eigene aquatische Biosphäre entwickelt haben (NASA).

Ursache vermutet man starke Gezeitenkräfte, die der riesige Gasplanet und seine Monde ausüben, und die an der Eiskruste von Europa zerren. Demnach wäre auch hier eine der wichtigsten Voraussetzungen für Leben, nämlich flüssiges Wasser, gegeben. Allerdings müsste in diesen unterirdischen Regionen die für das Leben notwendige Energie von anderen Quellen als der Sonne geliefert werden, z. B. von energiereichen chemischen Verbindungen, die in diesem Ozean gelöst sind. Inwieweit diese Bedingungen eine unterirdische aquatische Biosphäre begünstigen können, wird Gegenstand von Untersuchungen bei künftigen Expeditionen zu dem Riesenplaneten Jupiter und seinem Mond Europa sein. Auf der Erde jedenfalls spüren die Wissenschaftler immer neue unterirdische Lebensräume auf, wie die Entdeckung von aktiven Mikrobengesellschaften aus Bohrkernen mehrere Kilometer unter dem Meeresboden belegt.

Darüber hinaus bergen auch die anderen Monde der äußeren Planeten noch viele Rätsel, die wir hoffentlich bei künftigen Planetenmissionen aufdecken können. Eine äußerst bizarre Welt hat die europäische *Huygens* Sonde der internationalen *Cassini* Mission angetroffen, als sie im Januar 2005 auf dem Saturnmond Titan landete. Hier scheint der Kohlenwasserstoff Methan die Aufgaben übernommen zu haben, die dem Wasser auf der Erde zukommen: er bildet Wolken, vielleicht auch Regen und dringt aus Methanquellen an die Oberfläche und in die Atmosphäre, während bei den eisigen Temperaturen von 94 K (minus 179°C) Wasser nur als schmutzige Eisbrocken auf der Oberfläche anzutreffen ist. Da erhebt sich die Frage, ob Methan bei einer hypothetischen Titan-Biosphäre die Rolle einnehmen könnte, die Wasser für unsere irdische Biosphäre spielt. Könnte es nicht Lösungsmittel und gleichzeitig Lieferant der Biomoleküle sein? Zunächst lässt sich festhalten, dass in der Titanatmosphäre Reaktionen ablaufen, die zur Entstehung von einer Vielzahl von organischen Molekülen führen, wie verschiedenen Kohlenwasserstoffen und Nitrilen (Stickstoff-Kohlenstoffverbindungen, von denen HCN die einfachste ist). Von besonderem Interesse ist dabei Adenin, das ein Baustein der DNA ist und chemisch aus 5 HCN Molekülen besteht. Angetrieben werden diese chemischen Prozesse vor allem durch die Ultraviolettstrahlung der Sonne, die auf die obersten Schichten der

Der Landeplatz der Huygens Sonde auf dem Saturnmond Titan zeigt Brocken aus gefrorenem Wasser und Methan (ESA)

dichten Titan-Atmosphäre einwirkt. Ähnliche Prozesse könnten auf der frühen Erde abgelaufen sein, bevor die ersten Lebensformen entstanden. Zeitmaschine *Huygens* könnte uns somit unsere eigene Vergangenheit vor Augen führen, als eine aktive präbiotische Chemie auf unserem Planeten vorherrschte. Auf der Erde hat das Leben jedenfalls alle Zeitzeugen dieser frühen Phase ausgelöscht. Weitere Untersuchungen werden zeigen, ob die tiefen Temperaturen des Titan eine Weiterentwicklung zu aktiven Lebensformen verhindert haben, ob sich das Leben hier unterirdisch in tieferen Sedimentschichten entwikkelt hat – wie es einige Wissenschaftler nun auch für die Erde annehmen – oder ob die Entwicklung ganz andere Wege gegangen ist, und dem Methan eine Schlüsselrolle in einer hypothetischen Titan-Biosphäre eingeräumt hat.

Ein „Grüngürtel" um das galaktische Zentrum?

Die Entdeckung von weiteren Planetensystemen in unserer Galaxie hat uns einen wesentlichen Schritt weiter gebracht in der Abschätzung von möglichen Heimstätten extraterrestrischen Lebens. Mittlerweile hat man mehr als 200 extrasolare Planeten beschrieben. Hierbei werden mit optischen Teleskopen winzige Geschwindigkeitsschwankungen der Sterne registriert, die durch umlaufende Planeten hervorgerufen werden. Bisher konnte man allerdings mit dieser Methode selbst mit den besten Teleskopen meist nur Riesenplaneten aufspüren. Der bisher kleinste nachgewiesene Planet ist Gliese 581c mit 1,5 Erdradien und der fünffachen Erdmasse, der um einen M-Stern von 0,3 Sonnenmassen kreist. Für Gliese 581c wird eine Oberflächentemperatur von 0 °C bis 40 °C angegeben. Auch künftige Weltraumprojekte werden nach erdähnlichen Planeten suchen, die z. B. eine Sauerstoffatmosphäre besitzen. Man schätzt heute, dass etwa ein Prozent aller Sonnen in unserer Milchstraße von Planetensystemen umkreist wird. Für jeden dieser Sterne kann man eine habitable Zone beschreiben, die einen bestimmten Orbit einnimmt und die vor allem von der Masse des Sterns, seiner Leuchtkraft und der dort befindlichen Planeten abhängt: in einem solchen "Grüngürtel" um den Stern sollten moderate Oberflächentemperaturen herrschen, die für die Entwicklung eines auf Kohlenstoffchemie basierenden Lebens geeignet sind.

Darüber hinaus kann man, ähnlich wie für unser Sonnensystem sowie für weitere extrasolare Planetensysteme beschrieben, auch eine habitable Zone um das galaktische Zentrum annehmen. Die von intensiver Strahlung durchflutete Zentralregion unserer Milchstraße bietet vermutlich kaum Bedingungen, die Leben begünstigen. In den äußeren Regionen der Spiralarme stehen vermutlich nicht genügend schwerere Elemente zur Verfügung, um die für das Leben notwendige Biomasse aufzubauen. So vermutet man einen mittleren „Grüngürtel“ um das galaktische Zentrum, in dem die Bedingungen für die Entstehung und Evolution von Leben begünstigt sind. Unser Sonnensystem befindet sich in dieser galaktischen habitablen Zone.

Habitable Zone um das galaktische Zentrum unserer Milchstraße

Leben, ein kosmisches Phänomen?

Um dem Geheimnis von „Leben“ auf die Spur zu kommen, ist es wichtig, die Prozesse, die zum Auftreten und zur Evolution von Leben führen, nicht als terrestrischen Einzelfall zu betrachten, sondern eingebettet in die Prozesse der kosmischen Evolution. Entscheidende Schritte in diese Richtung werden in letzter Zeit bereits eingeschlagen: Die Astronomen entdecken zunehmend extrasolare Planetensysteme, die auch als Heimstätten extraterrestrischen Lebens in Frage kommen könnten, und in den interstellaren Wolken komplexe organische Moleküle, die als Vorstufen des Lebens angesehen werden. Die Planeten und Monde unseres Sonnensystems werden von Sonden besucht, die uns Daten über die „Lebensfreundlichkeit“ dieser Himmelskörper, sei es noch heute oder in der Vergangenheit, liefern. Mit einer solchen konzertierten Aktion aller beteiligten Disziplinen, wie Astronomie, Planetenforschung, Chemie, Biologie, Biochemie und Paläontologie, wird es eher gelingen, schon bald Lebenszeichen außerhalb der Erde aufzustöbern und damit auch die Geschichte unserer eigenen Biosphäre besser zu verstehen. Zu diesem Unterfangen trägt vor allem die sich in letzter Zeit formierte Astrobiologie entscheidend bei. In ihr arbeiten Wissenschaftler verschiedenster Disziplinen zusammen, um die Vorgänge aufzuklären, die mit der Entstehung, Evolution und Ausbreitung des Lebens verbunden sind, hier auf der Erde und darüber hinaus im Universum.

Körperinformation: Fortschritt und Grenzen der Medizin

Jens Georg Reich

Der Mensch erlebt seinen Körper von innen und von außen. Die Außensicht vermittelt vor allem der Gesichtssinn, entweder direkt oder indirekt (etwa über den Spiegel vermittelt). Das Innere ist nahezu unsichtbar. Von den Sinnen hilft uns hier am ehesten noch der Tastsinn. Vor allem aber erfahren wir das Innere unseres Körpers über unser Nervensystem, das zwischen Körper und Gehirn Information hin und her sendet und damit die Einheit des Ich als „mein Körper" und „mein Bewusstsein" herstellt.

Den Menschen als biologische Spezies zeichnet es aus, dass er mehr als andere Tierarten den eigenen Körper nicht nur erfährt, sondern auch formt. Diese Fähigkeit, den eigenen Körper zum Objekt zu machen, ist im Tierreich selbstverständlich bereits vorhanden (die Katze zum Beispiel putzt ihr Fell sehr intensiv), der Mensch allerdings verwandelt die Pflege und Ertüchtigung des eigenen Körpers bereits seit vorgeschichtlicher Zeit in eine technische Manipulation. Die Ethnologen erzählen lange Geschichten, welche Methoden der Zurichtung des eigenen Körpers durch Schmuck, Training, Verformung und chemische Beeinflussung in den Urgesellschaften gepflegt wurden. Im Extremfall kann das sehr drastisch sein (etwa riesige durch die Nase getriebene Ringe), aber es bleibt dabei letztlich äußerlich, verändert nicht die biologische Konstitution. Brille, Krücke und Hörrohr sind Modelle dafür, wie wir die Reichweite unserer Körperfunktionen erweitern, ohne ins Wesentliche einzugreifen. Die kosmetische Manipulation verändert den Sinneseindruck, den wir abstrahlen (wirkt auf Gesichtssinn und Geruchssinn), aber eben nicht unser Wesen.

Das alles hat sich nun seit einiger Zeit drastisch verändert. Mit dem Aufkommen der modernen Medizin hat der Mensch begonnen, die Konstitution des eigenen Körpers in technische Konstruktion und Nutzung zu nehmen. Künstliche Zähne, laserkorrigierte Hornhautkrümmung, Hüftgelenksplastiken aus Edelmetall, künstliche Herzklappen, sogar natürliche Herzklappen vom Schwein gespendet, Herzschrittmacher, Hirnimplantate, Blutdialyse mittels künstlicher Nieren und schließlich die chirurgische Transplantation lebenswichtiger Organe wie Herz, Leber und Niere bezeugen diesen Trend.

Hier erleben wir heute den Übergang zur technischen Machbarkeit der Innenkonstruktion des menschlichen Körpers. Es ist ein entscheidender qualitativer Schritt, wenn nicht nur einzelne Organe oder Gewebe und Zellen, sondern mit der genetischen Ausstattung der Organismus als Ganzes „modelliert" wird, nicht nur gewisse Teile von ihm und dies auch noch in unwiderruflicher Weise. Es wird nicht das in irgendeinem Sinne Äußerliche, „Akzidentelle", sondern das Wesen, die „Essenz", unseres Körpers modelliert.

Den Menschen als Schöpfer seiner selbst dazustellen, ist eine Sichtweise, die unter dem Einfluss theologischer Lehren lange Zeit, als eine Art Frevel angesehen wurde. Nach christlicher Tradition sind wir von Gott geschaffen und sollten Gott nicht ins Handwerk pfuschen.

Aber als Nebenstrom abendländischer Selbsterkenntnis gab es auch stets die Lehre, dass der Mensch auf die Erde entlassen wurde, um sich selbst und seine Natur aufzubauen, zu konstruieren, zu benutzen, sich selbst zu definieren. Besonders in der Renaissance-Zeit war dieses Konzept weit verbreitet. Ein eindrucksvolles Beispiel ist die Schrift „Von der Würde des Menschen" des Philosophen Giovanni Pico della Mirandola, der im 15. Jahrhundert lebte. Er sieht die Würde des Menschen darin begründet, dass Gott den Menschen in die Welt gestellt hat, ohne ihn festzulegen. Er kann sich frei zu göttlichem oder zu teuflischem Dasein entscheiden, anders als Tiere und Pflanzen, die weitgehend festgelegt sind. In einer solchen Sicht ist die Neukonstruktion des Menschen aus seiner genetischen und molekularen Konstitution eine selbstverständliche Weiterentwicklung. Man erkennt, dass die grundsätzliche Einstellung zum biologischen Fortschritt des 21. Jahrhunderts eine tief liegende weltanschauliche Frage ist.

Die technische Umkonstruktion des Körpers verändert zwingend auch unser Verhältnis zum Körper, die Information die wir von ihm haben, und schließlich unser Selbstbewusstsein, das wir als ein Ich in einem eigenen Körper erleben. Ohne seinen Körper bleibt der Begriff des Ich ein Abstraktum. Nicht umsonst verspricht der christliche Glaube für den Jüngsten Tag die Auferstehung des Leibes. Die enge Bindung des Bewusstseins unserer Selbst an das Erlebnis des eigenen Körpers zeigt sich drastisch in manchen einschlägigen Störungen. Ein drastisches Beispiel ist das Phantomerlebnis eines verlorenen Gliedes: Bei manchen Menschen weigert sich das Ich, den Verlust etwa eines amputierten Beines anzuerkennen. Phantomempfindungen, etwa Schmerzen oder Juckreiz im verlorenen Bein kann so stark sein, so existenziell dramatisch, dass keine Vernunftüberlegung und kein Augenschein uns vom Gegenteil überzeugen können: Der Juckreiz im verlorenen Glied etwa kann bei Manchen so unerträglich sein wie nur irgendein anderer Juckreiz an der Haut eines vorhandenen Körperteils.

Der Neurologe hat keine prinzipiellen Erkenntnisprobleme bei der Beurteilung solcher Phänomene. Er wird einräumen, dass der Phantomschmerz deshalb so überzeugend ist, weil er auf den gleichen Nervenleitungen das Gehirn erreicht wie ein Reiz von einem vorhandenen Körperteil. Die sensiblen Nerven des amputierten Gliedes sind ja ebenfalls „gestutzt“ und enden irgendwo im Stumpf. Und Reizungen in der Stumpfgegend werden wie eh und je über das Rückenmark auf den sensorischen Bahnen ins Gehirn geleitet und dort in gewohnter Weise unbewusst dem zugehörigen Körperteil zugeordnet und ebenso unbewusst in den Mittelhirnregionen mit emotionaler

Färbung versehen wie zuvor für das vorhandene Organ. Wir müssen uns klarmachen, dass „das Ich“ sich eine Vorstellung, eine „Repräsentation“ von seinem Körper konstruiert und weiterhin, dass die Identität dieses Ich in entscheidender Weise von dieser Information aus dem Körper abhängt.

Nun besitzt jede der ungefähr 100 Billionen Zellen unseres Körpers einen Informationsbestand, der ursprünglich für die Entwicklung unseres Körpers im embryonalen und später fetalen Lebensstadium unabdingbar war. Ohne diese Information wären wir nie auf die Welt gekommen. Sie war aber weiterhin ebenso notwendig, während der kindlichen Entwicklung, über die Pubertät, bis ins erwachsene Alter, und für viele unter uns darüber hinaus in die dritte Lebensphase des Altwerdens. Die Entwicklung, Bildung unseres Organismus ebenso wie seine Aufrechterhaltung und Erneuerung sind unmöglich ohne den Informationsbestand, der im Wesentlichen in der DNS jeder Zelle gespeichert ist. In jeder Zelle ist etwas eingetragen, was man in nicht völlig zutreffender, aber doch das Wesentliche treffender Weise als Informationsbestand, als große Datei bezeichnen könnte.

Dieser Informationsbestand unseres Körpers, der als Genom bezeichnet wird und, nachdem es mit gentechnischen Methoden gelungen ist ihn zu dekodieren, textlich in Datensammlungen dargestellt wird, ist unabdingbar für die Existenz. Man kann einwenden, dass unsere Gene nicht alles sind, das ist vollkommen zutreffend. Nach einer verbreiteten Redewendung sind sie zwar nicht alles, aber ohne sie ist nichts. Jedenfalls war dieser Informationsbestand, der den Bauplan eines menschlichen Körpers und die Instruktionen zu seiner Erhaltung über einige Jahrzehnte (falls nichts dazwischen kommt) festlegt, für Jahrtausende ein Geheimnis geblieben. Jetzt ist daraus ein banaler Text geworden, der entziffert und in Datenbanken „abgelegt“ ist, obwohl wir uns bei seiner Interpretationen, beim Verständnis, noch sehr schwer tun.

Ungeachtet unserer Verständnisschwierigkeiten wird es in zehn, vielleicht zwanzig Jahren möglich sein, den gesamten Genomtext zu entziffern. Nicht nur den Textteil, den alle Menschen gemeinsam haben, sondern auch den individuellen Anteil, diejenigen Textvarianten, die uns von Anderen unterscheiden (wenn der Andere kein eineiiger Zwilling ist), werden auf einem Genchip oder einem analogen Speicher verzeichnet sein. Wir werden unser individuelles Genom in einem Speicher mit uns herumtragen können wie einen mp3-Player mit Hunderten, Tausenden von Musiktiteln. Wenn wir ernsthaft krank werden, wird die erste diagnostische Handlung des Arztes die Analyse unseres Genoms sein. Die Therapie wird auf diese ur-individuellen Eigenschaften abgestimmt werden. Es mag sein, dass die genetischen Besonderheiten etwa eines Krebsgeschwulstes (Krebs unterscheidet sich durch erworbene genetische Mutationen entscheidend von der gesunden Zelle) abgelesen und zur Behandlung ausgenutzt werden. Es gibt heute bereits erfolgreiche Ansätze einer solchen somatischen Gentherapie bei einzelnen Krebsarten.

Was ich hier mit einigen Beispielen skizziert habe, ließe sich als Realutopie ausmalen und vertiefen. Ich bin überzeugt, dass wir in ein Zeitalter eingetreten sind, in dem unsere physische Identität nicht mehr nur durch anatomisch beschriebene Organe und Gewebe und auch nicht mehr nur durch die mikroskopisch sichtbaren Zellen dieser Organe und Gewebe, sondern durch die spezielle Ausprägung unserer Gene und der Eiweißkörper und anderer Makromoleküle charakterisiert wird. Dies wird in Zahlen und Zeichenfolgend außerordentlich detailliert und konkret, aber als Information über unseren Körper (ganz anders als der seit Jahrtausenden geübte Blick in den Spiegel) vollkommen abstrakt sein, wie aus einer anderen Welt. Es wird uns nicht im Inneren, in unserem Sein berühren und doch konstituierend für dieses Sein werden. Ich spekuliere jetzt, aber mir scheint, dass unser Menschenbild durch diese Entwicklung entscheidend verändert werden wird.

Ob diese Entwicklung uns Menschen bekömmlich sein wird oder nicht – ich kann keine Voraussage machen. Es gibt für alle Überlegungen vage Analogien und Vorbilder. So hat sich vor Jahrhunderten niemand ernsthaft vorstellen können, dass die Menschen einst mit 300 Stundenkilometer im ICE gleiten oder mit 800 Stundenkilometern in der Stratosphäre an ihr Ziel rasen würden oder von Maschinen gefüttert, beheizt, bewegt, für viele Nachmittags- und Abendstunden von elektronisch gesteuerten Fluoreszenzen gefesselt, dann medizinisch behandelt, beschädigt, geheilt und schließlich sogar kremiert werden würden. Die Natur des Menschen, sein „Wesen“ hat die technische Entwicklung bislang nicht entscheidend verändern, nicht brechen können. Deshalb sind wir nach wie vor fasziniert von den Statuen des Praxitieles, Myron und Phidias, begeistert von den Gemälden Tizians, Raffaels und Tintorettos, zu Tränen gerührt durch die Musik Mozarts, Beethovens oder Verdis, und bezaubert von den schönsten Filmen Fellinis und Renoirs. Wie werden unsere Nachkommen sich fühlen, wenn sie einst das gen- und neurotechnische Konstrukt ihrer selbst sind – ich weiß es nicht. Und ich werde es auch nicht erleben.

Biowissenschaften – Biotechnologie Konflikte und Regelungsgrenzen

Spiros Simitis

Vorbemerkung

Kaum ein anderer Wissenschaftszweig hat in den vergangenen Jahren so im Mittelpunkt der öffentlichen Aufmerksamkeit gestanden wie die Biowissenschaften. Stammzellen und Genforschung sind mittlerweile Markenzeichen einer wissenschaftlichen Aktivität, die von der immer deutlicher ausgeprägten Hoffnung begleitet wird, endlich therapeutische Erfolge besonders dort zu erzielen, wo bislang alle Anstrengungen versagt haben. Nichts scheint daher wichtiger zu sein als die weitere Forschung zu fördern, zumal in einer Gesellschaft, die allein schon mit Rücksicht auf die steigende Lebensdauer ein elementares Interesse daran hat, typische Alterskrankheiten, wie etwa Parkinson und Alzheimer, zu bekämpfen. Ebenso steht aber fest: Biowissenschaften vervielfachen die Möglichkeiten manipulativer Eingriffe in die Konstitution und das Verhalten der Menschen. Sie sind so gesehen auch und gerade Prüfstein der Bedingungen und Grenzen rechtlicher Interventions- und Regelungschancen.

Illustrationen

2002 stellte die Amerikanische Gynäkologische Gesellschaft öffentlich fest: Höchstaltersgrenzen bei der Geburt von Kindern gäbe es nicht mehr. Auch Frauen über sechzig könnten selbstverständlich Kinder bekommen. Und wie um genau diese Aussage zu bestätigen, gab die sechzigjährige Psychotherapeutin Frieda Birnbaum, Mutter dreier Kinder von bereits 33, 29 und 6 Jahren, im April 2007 in New Jersey bekannt, nach einer in Südafrika vorgenommenen In-vitro-Befruchtung Zwillinge geboren zu haben. Nur wenige Monate später brachte eine vierundsechzigjährige Türkin, die bereits mehrere Fehlgeburten erlitten hatte, in Aschaffenburg ein Kind zur Welt. Ihr war im Ausland ein von einer Fünfundzwanzigjährigen gespendetes, im Reagenzglas mit Spermien ihres ebenfalls vierundsechzigjährigen alten Ehemannes befruchtetes Ei eingesetzt worden.

Ende 2005 sprachen sich französische Forscher dafür aus, Kinder unmittelbar nach der Geburt oder noch besser schon im embryonalen Zustand auf ihre mögliche Aggressivität zu untersuchen und gegebenenfalls sofort therapeutische Maßnahmen einzuleiten, um kriminogenen Tendenzen entgegenzuwirken. Ähnliche Erwartungen, finden sich mittlerweile, wenn auch nicht so detailliert, in einer immer größeren Anzahl von Vorschlägen und Projekten wieder. So unterschiedlich sie im Einzelnen sind, durchweg geht es um präventive Untersuchungen Jugendlicher mit dem Ziel, kriminellen Aktivitäten rechtzeitig zuvorzukommen.

Implantierte Elektroden bieten inzwischen gelähmten Patienten mehr und mehr die Chance, ihre Kommunikationsmöglichkeiten über einen Cursor nachhaltig zu verbessern, der durch die Nervenzellen geleitet wird. Doch damit ist zugleich der Weg für Gehirnimplantate gebahnt, die es erlauben könnten, Reaktionen ihrer Träger besonders in komplizierten und unübersichtlichen Konstellationen mit Hilfe eines eigens implantierten Gedächtnis-Chips zu steuern.

Schließlich: Was lange pures Phantasiegebilde zu sein schien, nimmt immer konkretere Gestalt an: hybride Embryonen, also eine Mischung menschlicher und tierischer Stammzellen. Und wo einst Ungläubigkeit und eindeutige Ablehnung vorherrschten, mehren sich die positiven Reaktionen. Noch 2004 warnte der Bioethikrat des Präsidenten der Vereinigten Staaten nachdrücklich davor, die Erzeugung menschlich-nicht-menschlicher Embryonen hinzunehmen und sich damit darauf einzulassen, den menschlichen Charakter oder den moralischen Wert hybrider Wesen zu beurteilen. Nur drei Jahre später heißt es im 2007 vorgelegten Bericht des Wissenschafts- und Technologieausschusses des Britischen House of Commons: „die Herstellung menschlich-tierischer Chimären oder hybrider Embryonen … ist notwendig, um beispielsweise das Wissen über die genetische Grundlage von Krankheiten und die Einbeziehung von Stammzellen in künftigen zellorientierten Therapien auszubauen."

Dilemmata

1. Die Machbarkeit des Menschen

Kinder sind seit jeher das Wahrzeichen der Familie und ihre Geburt deshalb ein Vorgang, der gar nicht natürlicher sein könnte. Kaum verwunderlich, wenn daher Kinderlosigkeit und noch präziser, die Unfähigkeit sich fortzupflanzen, traditionell zu den Aufhebungsgründen einer Ehe zählen. „Fruchtbarkeit" wird genauso wie das „Geboren-Haben" als „körperliches Merkmal" wahrgenommen und ebenso klar den „persönliche Eigenschaften" zugerechnet. Impotenz des Mannes oder der Frau, Sterilität des Mannes oder Unfruchtbarkeit der Frau berechtigten so gesehen wie selbstverständlich zunächst zur Anfechtung der Eheschließung (§ 1333 BGB) und später zur Aufhebung der Ehe (§ 32 EheG). Dabei ist es auch geblieben, seit die Aufhebung nur zulässig ist, wenn ein Umstand vorliegt, der bei „richtiger Würdigung des Wesens der Ehe" von einer Heirat abgehalten hätte, dessen Verschweigen also einer arglistige Täuschung gleichkommt (§1314 II Nr. 3 BGB) oder sich aus eben diesen Überlegungen als möglicher Scheidungsgrund anbietet (§ 1565 BGB).

So überrascht es nicht weiter, dass die künstliche Fortpflanzung und vor allem die in-vitro-Fertilisation zwar unverändert auf Vorbehalte stößt, wie etwa das Beispiel des Embryonenschutzgesetzes (§§ 1 I

Nr. 2, 6, 7; 9) zeigt, durchweg aber als Gegenmittel zur Kinderlosigkeit betrachtet wird, das der Frau die Chance einräumt, ihrer spezifischen Rolle nachzukommen und den ansonsten versperrten Zugang zur Familie freigibt. Nichts liegt deshalb in der Tat näher als der Schluss: „Die Befruchtung im Wege der künstlichen Insemination, der in-vitro-Fertilisation oder der Mikroinjektion steht der natürlichen Zeugung gleich". Nur: die künstliche Fortpflanzung ist entschieden mehr als eine willkommene Hilfsmaßnahme, die letztlich lediglich den normalen Übergang der Ehe in eine Familie sicherstellt. Sie markiert in Wirklichkeit das Ende einer ausschließlich natürlichen Fortpflanzung und den Beginn einer immer konsequenter angestrebten Machbarkeit des Menschen. Kinderlosigkeit ist kein Schicksal mehr und die Geburt von Kindern kein Geschenk der Natur, sondern ein durchaus lösbares technisches Problem.

In dem Maße, im dem sich genau diese Entwicklung abzeichnet, verschiebt sich zugleich der Akzent aller Überlegungen. Im Vordergrund steht anders als früher nicht die Frage, welche Folgen die Kinderlosigkeit für die Beteiligten hat und wie deshalb mit ihr umgegangen werden soll, vielmehr das Bestreben, den Erwartungen der jeweiligen Eltern soweit wie nur möglich entgegenzukommen. Symptomatisch dafür ist schon die radikale Revision der Altersgrenzen bei der Gebärfähigkeit. Dem Kinderwunsch potentieller Mütter mag damit, und zwar ohne Rücksicht auf ihr Alter, entsprochen werden; doch der ganz auf die Mutter gerichtete Blick verdrängt jede Reflexion über die Folgen für das Kind. Seine Lage und besonders die Bedeutung einer stabilen sowie dauerhaften Beziehung gerade in den ersten Jahren nach seiner Geburt für den Aufbau seiner Identität werden gar nicht erst bedacht. Überhaupt, vom „Kindeswohl" und der Verpflichtung, es bei jeder auch das Kind betreffenden Entscheidung als Richtschnur und Maßstab anzusehen, ist keine Rede mehr.

Reaktionen wie diese sind umso unverständlicher als dort, wo ein gleichsam „unnatürlicher" Weg, die Adoption eines Kindes, gewählt wird, das Alter der Annehmenden, durchaus relevant ist. Der

Gesetzgeber schreibt lediglich ein Mindestalter vor (§ 1743 BGB), verzichtet also ausdrücklich darauf ein Höchstalter festzulegen. Nicht so die Jugendämter. Wohl weigern sie sich ebenfalls, eine generell verbindliche Altersgrenze vorzusehen, heben aber in ihren Empfehlungen gleichzeitig hervor, dass die Eltern gerade in den für die Entwicklung des Kindes ausnehmend wichtigen Perioden, wie der Zeit zwischen dem ersten und dem vierten Jahr sowie der Pubertät, hinreichend belastbar sein müssen. Der Altersabstand dürfte daher höchstens vierzig Jahre betragen. Durchaus vergleichbar sind die Gerichte vorgegangen. Genau diese aus der Kindesperspektive so zentralen Gesichtspunkte werden durch die schlichte Gleichstellung „natürlicher" und „künstlicher" Fortpflanzung verleugnet.

Die künstliche Fortpflanzung verhilft freilich keineswegs nur dazu, den ansonsten illusorischen Kinderwunsch zu verwirklichen. Extrakorporale Befruchtungen wie die In-vitro-Fertilisation sind zugleich Vorstufe einer Selektion, deren Ablauf durch die Präimplantationsdiagnostik bestimmt wird. Kein Zweifel, der Streit um ihre Anwendung dauert unverändert an. Die unmissverständliche Ablehnung wird nach wie vor ebenso gefordert wie eine überaus unterschiedliche Anwendungsbreite, angefangen bei einer grundsätzlich generellen Tolerierung, etwa in Belgien, Finnland, Großbritannien und den Niederlanden, bis hin zu einer auf wenige, nicht zuletzt gesetzlich definierte Fälle beschränkter Zulassungen, wie in Dänemark, Frankreich, Norwegen und Schweden.

Ein gemeinsames Merkmal gibt es dennoch: Die Präimplantationsdiagnostik ist ausnahmslos Selektionsinstrument, und zwar im doppelten Sinn. Sie erlaubt einerseits auf eine Fortpflanzung mit Rükksicht auf die genetischen Defekte aller im Einzelfall untersuchten Embryonen zu verzichten und bietet andererseits die Chance, jeweils die Embryonen auszuwählen, welche das Risiko der Geburt genetisch belasteter oder behinderter Kinder ausschließen. Die Präimplantationsdiagnostik ist infolgedessen partiell Vorstufe zum Schwangerschaftsabbruch, signalisiert aber ansonsten die Wende zum „Design-Baby", kurzum zu einem Kind, das spezifischen, von den Eltern formulierten Erwartungen genügen muss. Die Wortwahl mag befremden, ist allerdings nicht zufällig. Sie spiegelt auch und vor allem das immer nachdrücklicher verteidigte Vorrecht der Eltern wider, auf die genetisch bedingten Eigenschaften ihrer Kinder Einfluss zu nehmen.

Alan und Louise Masterton hatten schon drei Söhne als ihre dreijährige Tochter 1999 verunglückte. Beide waren sich schnell einig, dass ein Mädchen unbedingt wieder in die Familie gehörte. Beide waren sich jedoch genauso darüber im Klaren: Ihr Wunsch nur mit Hilfe einer extrakorporalen Befruchtung erfüllt werden könnte. Sie wandten sich deshalb an die Human Fertilisation and Embryology Authority (HFEA), ohne deren Genehmigung in Großbritannien keine Präimplantationsdiagnostik stattfinden darf. Die Aussichten auf eine positive Reaktion waren nicht ungünstig. Die HFEA hatte immerhin eine Geschlechtswahl in Fällen zugelassen, in denen geschlechtsspezifische Krankheiten vermieden werden sollten. Der Antrag der Mastertons wurde trotzdem abgelehnt. Die HFEA wolle, so ihre Vorsitzende, Ruth Deech, nicht das Tor für Entscheidungen aufstoßen, die keinerlei medizinischen Kontext, wie etwa beim bereits akzeptierten Ausschluss des Krebsrisikos oder der noch offenen Verhinderung der Geburt autistischer Kinder, hätten, eine Aussage die später ausdrücklich bestätigt wurde.

Anders ausgedrückt: Die HFEA sperrt sich nicht dagegen, die Präimplantationsdiagnostik gezielt dazu nutzen, einzelne Eigenschaften der Kinder vorzubestimmen. Sie behält sich lediglich vor, die Verwendungszwecke zu definieren. Ganz in diesem Sinn hat sie, um ein weiteres Beispiel zu nehmen, eine Präimplantationsdiagnostik bei einem Ehepaar, das sich ein Kind nur wünschte, um mit dessen Hilfe genetische Defekte seiner Geschwister zu korrigieren, durchaus akzeptiert. Die Grenze zu einer bewusst in Kauf genommenen „Konstruktion“ der Kinder ist so gesehen längst überschritten. Die Mastertons haben übrigens ihren Familienplan keineswegs aufgegeben, sondern wie viele andere Paare die beiden Länder aufgesucht, in denen das gemacht werden kann, was ihnen in Großbritannien verwehrt wurde, Italien und die Vereinigten Staaten. Fast die Hälfte aller Infertilitätskliniken in den USA bietet mittlerweile selbst dann die Möglichkeit einer Geschlechtswahl, wenn keine medizinischen Gründe vorliegen.

Mehr noch: Wie intensiv die Präimplantationsdiagnostik genutzt wird, um genau die Kinder zu bekommen, die man möchte, illustriert die Ende März 2007 bekannt gewordene Beteiligung homosexueller Männerpaare aus Großbritannien am Programm eines in Los Angeles angesiedelten Fertilitätsinstituts für Zwei-Väter-Familien. Interessenten können ihre Präferenz, Jungen oder Mädchen, im Voraus bestimmen. Drei-Viertel entscheiden sich für Jungen. Eispenderinnen sind generell Universitätsstudentinnen. Die Eier werden allerdings ebenso durchgängig anderen Frauen implantiert, die auch die Kinder austragen. Motiviert wird die konsequente Aufteilung durch den Wunsch nach genauso gesunden wie intelligenten Kindern. Eispenderinnen sind daher immer Studentinnen im Alter zwischen 18 und 27, die weder für sich noch für Dritte ein Kind zur Welt bringen möchten. Als Leihmütter fungieren dagegen vorzugsweise Frauen aus Arbeiterfamilien, die zwar durchaus bereit sind, diese Aufgabe zu übernehmen, aber nicht für eine „optimale Eiwahl“ in Betracht kommen. Die Gesamtkosten betragen 33.000 Pfund. Davon gehen 13.000 bis 18.000 Pfund an die Leihmütter.

Die Beispiele ließen sich leicht vermehren. Durchweg illustrieren sie eine Entwicklung, deren Ende nicht abzusehen ist. Durchweg bestätigt sich allerdings auch, dass Vorstellungen, die einst als schlechte Science-Fiction abgetan wurden, inzwischen handfeste Realität geworden sind und als absolut unseriös disqualifizierte Erwartungen auf einmal immer konkrete Konturen annehmen. So eröffnet die erfolgreiche Zurückverwandlung von Hautzellen in induzierte, den embryonalen Stammzellen ähnelnde pluripotente Stammzellen nicht nur eine Alternative zur embryonalen Stammzellforschung und bietet zudem der Transplantationsmedizin völlig neue Chancen. Je besser vielmehr die Umwandlung adulter, ausgewachsener Stammzellen in andere Zellarten gelingt, desto näher läge es, genauso zu verfahren, um Eizellen und Spermien zu gewinnen.

Frauen wären dann dank der Spermien, die ihren Stammzellen entstammen würden, bei der Geburt von Kindern überhaupt nicht mehr auf Männer angewiesen. Deutlicher könnte der Abschied von der „Natur" kaum sein. Der einzige Nachteil: Weil sich in weiblichen Zellen keine männlichen Y-Chromosome als Erbgut finden, sondern lediglich X-Chromosome, wären die Kinder stets Töchter. Männer müssten dagegen eine solche Einschränkung nicht in Kauf nehmen, da ihre Zellen beide Chromosome enthalten. Im Übrigen, keines dieser Kinder wäre geklont. Ihr Erbgut würde zwar auf eine einzige Person zurückzuführen sein, sich jedoch aus neu konfigurierten und nicht spiegelbildlich wiedergegebenen Elementen zusammensetzen.

Phantasien wie diese mögen, jedenfalls noch, wirklichkeitsfremd sein. Sie verdeutlichen aber einmal mehr, wie unannehmbar es ist, sich nur für die Eltern zu interessieren und nach den Folgen für die Kinder gar nicht erst zu fragen. Wenn etwa in Großbritannien, den Vereinigten Staaten oder Schweden Kinder gezeugt werden, nur um genetische Mängel ihrer Geschwister zu beheben, geht damit zwangsläufig eine ebenso konsequente wie eindeutige Instrumentalisierung der Fortpflanzung einher. Sie kommt lediglich solange in Betracht wie auch die Chance der Geburt eines Kindes besteht, das die Voraussetzungen der angestrebten Korrektur mitbringt. Zugegeben, Entscheidungsmaßstab ist die anders nicht mögliche Hilfe für die Geschwister. Trotzdem sind Reflexionen über die Konsequenzen einer so manifest fremdorientierten Geburt für die Entwicklung des Kindes weder überflüssig noch fehl am Platz. Die Vorgeschichte der Geburt und ihre besonderen Umstände wirken sich, sei es nur unbewusst, auf das Verhältnis der Eltern zum Kind genauso aus wie auf dessen Selbstverständnis und Identitätsfindung und dürfen deshalb nicht einfach übergangen werden.

Die exakt geplante, auf bestimmte Eigenschaften zugeschnittene Geschwistergeburt ist zugleich eine eindringliche Mahnung, sich bei einer immer offener gesteuerten Fortpflanzung nicht auf weitere Entwicklungen einzulassen, ohne von Anfang an die Konsequenzen für das Kind ausdrücklich anzusprechen. Allein schon Reflexionen wie die Überlegungen zur Möglichkeit einer Reduktion der gesamten Fortpflanzung auf eine einzige Person, zwingen deshalb förmlich dazu, danach zu fragen, was sich dadurch am Verhältnis zum Kind ändert und damit vor allem an dessen Chancen, über die Beziehung zur Elternperson zu sich selbst zu finden. Die schlichte Übertragung der Situation allein erziehender Eltern verbietet sich bereits wegen der weit reichenden Sachverhaltsunterschiede. Ansatz- und Orientierungspunkt sämtlicher Reaktionen müssen vielmehr die besondere Gestaltung der Fortpflanzung sein, die auch in der Einstellung zum Kind nicht folgenlos bleiben kann, sowie eine Beziehungsstruktur des Kindes, die kein anderes Elternteil mehr kennt.

2. Verhaltenssteuerung

a. Eine Biotechnologie, so meinte der Bioethikrat des Präsidenten der Vereinigten Staaten in seinem 2003 vorgelegten Bericht, deren Produkte sich keineswegs auf therapeutische Ziele beschränken, steigert, nicht zuletzt mit Hilfe verhaltenssteuernder Drogen, den Druck, sich gesellschaftlichen Normalitätsanforderungen anzupassen, in einem bislang nie da gewesenen Maß. Anders und schärfer ausgedrückt: Keine Gesellschaft ist wohl ohne solche Erwartungen ausgekommen, nie zuvor hat sich aber die Chance eines besonderen, wirklich individuellen Verhaltens so nachhaltig verkleinert. Nie zuvor waren zudem die Pressionen auf Kinder so groß, sich auf einer vorgezeichneten, an präzise Erwartungen gebundenen Entwicklungsbahn zu bewegen. Gerade dieser, ganz vom Wunsch „bessere Kinder“ zu haben, beherrschte Anspruch, der auch die Bereitschaft fördert auf die „Hilfsmittel“ der Biotechnologie zurückzugreifen, führt, um noch einmal den Bioethikrat zu zitieren, mehr und mehr zu einer Kindheit ohne Kindlichkeit.

Nicht von ungefähr ist deshalb „enhancement“ zum universellen Stichwort für die Kombination von künstlichem Antrieb und genauso künstlicher Steigerung avanciert. Stimulationsmittel, wie Methylphenidate und Amphetaminen, besser bekannt unter Markennamen, wie Ritalin oder Concerta, und Beruhigungsmittel, wie Prozac, Paxil oder

Celexa, werden in wachsendem Maße eingenommen, um steigenden schulischen und universitären Erwartungen zu genügen sowie zugleich, dank der „Glückspille“, gegen Enttäuschungen und Depressionen anzugehen. Gewiss, die Erfahrungen sind von Land zu Land unterschiedlich. Nach wie vor wird zudem über 70 Prozent der weltweiten Produktion von Methypheldinaten in den Vereinigten Staaten konsumiert. Die Entwicklung in den USA ist freilich, wie sich mittlerweile deutlich zeigt, keineswegs singulär. Umso lehrreicher sind die amerikanischen Erfahrungen. So hat die amerikanische Arzneimittelbehörde vor dem Hintergrund einer immer häufiger konstatierten „Hyperaktivität“ die Verschreibung solcher Medikamente bereits für Kinder ab sechs zugelassen. Stimulanz- und Beruhigungsmittel werden allerdings inzwischen schon Kindern in der vorschulischen Zeit, ja sogar Dreijährigen, verabreicht.

Anders jedoch als der Konsum stagniert die Reflexion über die Folgen. Den Ton geben vielmehr nach wie vor pharma-ökonomische Überlegungen an, die eindeutig an der Effizienz der einzelnen Präparate ausgerichtet sind. Dass pharmazeutische Unternehmen nicht gerade an einer fortlaufenden minutiösen Analyse vor allem der langfristigen Konsequenzen für die Betroffenen interessiert sind, leuchtet ein. Dass aber ansonsten nicht beharrlich gefragt wird, welche Auswirkungen eine nahezu automatisierte Einnahme solcher Mittel ebenso hat wie die dahinter stehenden Verhaltenserwartungen und der damit verbundene Konformitätsdruck, ob sich also Individualität unter diesen Umständen überhaupt entfalten, geschweige denn bewähren kann, befremdet. Zudem: Wenn es um Kinder geht, die drei Jahre oder jünger sind, verbietet sich erst recht, die Auseinandersetzung mit den Folgen eines Präparatenkonsums zu vernachlässigen, der ausgerechnet in der Zeit stattfindet, in der sich das Gehirn voll entwickelt.

b. Das Bonner Hirnforschungszentrum Life & Brain und das Siegfried Vögele Institut der Deutschen Post Worldnet AG haben gemeinsam eine Reihe werbepsychologischer Hypothesen sowie die Veranschaulichung psychologischer Zusammenhänge durch Bildgebung auf ihre Bedeutung für das „Neuromarketing“, einem Teilgebiet der „Neuroökonomie“, geprüft. Dabei stellten sie unter anderem durch Kernspintomographien fest, dass Gesichter weit besser als Logos dazu verhelfen, die erwünschte hirnphysiologische Wirkung zu erzielen. Emotional besonders positive Gesichtsausdrücke übten zudem einen das Gedächtnis stark beeinflussenden Werbereiz aus. Gesichter bekannter Personen aktivierten schließlich die linke Hirnhälfte, genauer, deren sprachassoziierte Areale und erhöhten so entschieden die Aufmerksamkeit für das jeweilige Produkt.

Alles Beobachtungen, die einen durchaus realen Hintergrund haben: die Kaufentscheidung. Sicherlich, um mehr als eine kleine Auswahl relevanter Faktoren sowie bestimmter genau registrierbarer Prozesse handelt es sich nicht. Schon die erwähnten Reaktionen demonstrieren allerdings, dass die Hirnforschung dazu beitragen könnte, den Entscheidungsvorgang besser zu verstehen und nachzuvollziehen. Sie würde damit einer Markt- und Werbestrategie entgegenkommen, die ohnehin dazu übergegangen ist, ihre Aktionspläne auf der Grundlage einer immer größeren Anzahl konsequent ausgewerteter Daten zu den aktuellen und potentiellen Kunden zu entwerfen und es so ermöglicht hat, die Kunden aus der Anonymität herauszuholen und sie als Ansprechpartner zu individualisieren.

Kurzum: „Neuromarketing“ nährt die Erwartung, die Unternehmenspolitik auf eine rationale, wissenschaftlich abgestützte Grundlage zu stellen und bestärkt so die Hoffnung, das Verhalten der jeweils interessierenden Personen antizipieren und steuern zu können. Wohlgemerkt, manipulative Eingriffe in das Gehirn sind keineswegs beabsichtigt. Absatzstrategien, die auf die Hirnforschung rekurrieren, sind jedoch ihrer ganzen Struktur und Intention nach durchaus manipulativ. Genau daran können Reflexionen über Voraussetzungen und Konsequenzen der Hirnforschung nicht vorbei.

c. Die eingangs erwähnte Studie des Institut National de la santé et de la recherche médicale (Inserm) über Verhaltensschwierigkeiten von Kindern und Jugendlichen spricht sich dafür aus, in erster Linie sehr junge Mütter, drogensüchtige Eltern sowie Familien mit einer kriminalitätsbelasteten oder psychiatrischen Geschichte zu beobachten. Anzeichen exzessiver Motorik, impulsives Verhalten und fehlende Empathie sollten sofort festgehalten sowie sorgfältig evaluiert werden.

Beides, die Konzentration auf einen konkreten Personenkreis und die kontinuierliche Observation, sind Teil einer ganz auf Prävention bedachten Intervention. Beides bestätigt überdies eine allgemeine Erfahrung. Gleichviel, ob gesundheits- oder sicherheitspolitische Fragen auf dem Spiel stehen, der Akzent verschiebt sich überall offenkundig auf die Vorbeugung. Durchweg wiederholt sich zudem: Prävention beginnt bei einer möglichst minutiösen Information über die Betroffenen, setzt sich über eine konsequente Bobachtung fort und mündet in eindeutig verhaltenssteuernden Vorkehrungen. Nahezu durchgehend werden ferner sowohl die Observation als auch die damit zusammenhängenden Maßnahmen in einen wissenschaftlichen Kontext eingeordnet, der die strikte Objektivität ebenso wie die Alternativlosigkeit beider bekunden soll.

Die mittlerweile unübersehbare Sonderrolle der Biowissenschaften und der Biotechnologie illustriert genau diesen Vorgang. Biometrische Angaben und besonders der genetische Fingerabdruck sowie eine Vielzahl weiterer genetischer Daten sind Anknüpfungspunkte, die in so unterschiedlichen, aber für die Betroffenen überaus wichtigen Zusammenhängen, wie ihren Beschäftigungschancen, ihren Versicherungsmöglichkeiten oder ihrer Berücksichtigung bei Sozialleistungen, entscheidungsrelevante Faktoren festlegen. Biowissenschaften und Biotechnologie erweisen sich freilich zugleich wieder und wieder als Instrumente einer Sonderbehandlung, wenn nicht sogar Ausgrenzung, die sich in Zeiten wachsender Gesundheitskosten, volatiler Arbeitsbeziehungen und einer betont restriktiven Einwanderungspolitik sehr schnell nachhaltig auswirken kann.

So sieht ein gerade verabschiedetes französisches Gesetz vor, dass Kinder von Immigrantenfamilien nur nach einem Vergleich ihrer genetischen Fingerabdrücke mit denen der bereits in Frankreich befindlichen Eltern nachziehen dürfen. Vorweg und um jedem Missverständnis zuvorzukommen: eine in Deutschland ebenfalls gängige Praxis, für die es allerdings keine gesetzliche Grundlage gibt und die daher mit einer „Einwilligung“ der Betroffenen gerechtfertigt wird. Auf den ersten Blick eine streng objektive und nicht zuletzt deshalb einleuchtende Regelung. Frankreichs Nationale Ethikkommission hat freilich schon im Vorstadium des Gesetzes auf die Unvereinbarkeit solcher Vorschriften mit dem Stand des Familienrechts hingewiesen und vor den Folgen eines grenzenlosen Biologismus gewarnt. Die einst eindeutig biologische Betrachtungsweise der Eltern-Kind Beziehung ist einem Verständnis gewichen, das sich an der psychologischen Verbindung orientiert und „eigene“ Kinder eben nicht mehr ausschließlich unter biologischen Gesichtspunkten beurteilt. Nur dann lassen sich Verhaltenserwartungen formulieren, die auf die Kindesentwicklung Rücksicht nehmen und zudem bei allen Kindern bedacht werden müssen, gleichwohl also, ob sie biologisch verwandt, angenommen oder lediglich von Pflegeeltern aufgenommen sind. Ein ausschließlich an der verlässlichsten Authentifizierung der Kinder ausgerichtete Entscheidung würde insofern die für ihre Identitätsfindung maßgeblichen Bedingungen ignorieren und damit ganz auf Kosten echter Familienbeziehungen erfolgen.

Wie komplex die Konsequenzen der Biowissenschaften sind, lässt sich an den Biobanken ermessen. Schon die ersten, im Juni 1999 diskutierten und vier Jahre später publizierten Pläne für eine britische Biobank sind exemplarisch dafür. Sie ist vor allem unter dem Eindruck der wachsenden Verbreitung von Krankheiten konzipiert worden, die für eine Gesellschaft typisch sind, in der das Lebensalter ständig zunimmt, und soll ab 2007 dazu beitragen, die Krankheitsursachen genauer zu erkennen, damit aber auch den Weg für eine bessere Prävention, Diagnose und Bekämpfung bahnen.

Unstreitig ist sicherlich so viel: Medizinische und erst recht genetische Daten mögen dabei eine besondere Rolle spielen, reichen jedoch nicht aus. Genauso erforderlich ist eine Vielzahl ebenfalls eindeutig personenbezogener Angaben, ohne die es ein möglichst exaktes, dezidiert individualisiertes Bild der potentiell Betroffenen, letztlich also der gesamten Gesellschaft, nicht geben kann. Daten zur Familie, zur beruflichen Entwicklung und Betätigung, zu den Wohnungsbedingungen oder zu Umwelteinflüssen zählen daher genauso zum unverzichtbaren Grundbestand. Beabsichtigt ist, Informationen über etwa 500.000 Personen im Alter zwischen 45 und 69 Jahren zu verarbeiten, die regelmäßig befragt und deren Angaben in erster Linie mit ihren medizinischen Unterlagen sowie in verschiedenen Registern aufgenommenen Daten abgeglichen werden sollen.

Je näher der Verarbeitungsbeginn rückte, desto mehr veränderte sich auch das Spektrum derjenigen, die sich für ihre Unterlagen interessieren. Pharmazeutische Unternehmen und Versicherungen gehören inzwischen ebenso dazu wie Gesundheits- und Sicherheitsbehörden. Eigentlich, alles andere als verwunderlich. Vergleichbar detaillierte, aus so vielen überaus aussagekräftigen Daten zusammengesetzte persönlichen Profile finden sich nur selten. Die Biobank reizt so gesehen zu einer konsequent multifunktionalen Verwendung ihrer Bestände.

So nahe jedoch die Reaktion, zumindest in Fällen wie etwa dem der britischen Biobank, liegt, die Verarbeitung der Daten unmissverständlich auf Forschungszwecke zu beschränken, so groß sind offensichtlich die Widerstände. Statt einer ebenso klaren wie verbindlichen Vorgabe wird ausgiebig der Respekt vor der Privatsphäre der Betroffenen betont, die Notwendigkeit einer aus genau diesem Grund gezielt erhöhten Datensicherheit hervorgehoben, die Verpflichtung, das Einverständnis der Betroffenen einzuholen und sie dabei ausgiebig über die Ziele der Biobank zu informieren, gleich mehrmals erwähnt, das Recht der Betroffenen, sich jederzeit zurükkzuziehen, ausdrücklich unterstrichen und die starke Stellung des eigens eingerichteten „Ethics and Governance Council“ ausführlich beschrieben sowie kategorisch festgestellt, dass es eben dieser Rat ist, der die britische Biobank zum „world leader in innovative, gold standard approaches to ethical governance.“ macht.

Wenn freilich sehr schnell Zweifel an Äußerungen wie dieser aufkommen, so weil „forschungsfremde" Aktivitäten keineswegs ausbleiben müssen. Wohl wird von den Betroffenen ausdrücklich erwartet, auf wirtschaftliche Vorteile auch und besonders in den Fällen zu verzichten, in denen die Forschungsarbeiten der Biobank zu neuen, kommerziell genutzten Behandlungsverfahren führen. Ebenso nachdrücklich wird aber zugleich der Biobank das Recht zugestanden, ihre Informationsbestände kommerziell zu nutzen und den Betroffenen lediglich die Möglichkeit zugestanden, ihre Kooperation zu verweigern. Erst recht lässt die Feststellung aufhorchen, die Biobank sei zwar verpflichtet, die Betroffenen abzuschirmen, die Polizei könne allerdings durchaus einzelne Daten einsehen, wenngleich nur auf der Grundlage einer richterlichen Entscheidung, der sich jedoch die Biobank stets „rigoros widersetzen" würde.

Die britische Biobank illustriert so gesehen das doppelte Dilemma vor dem alle vergleichbaren Institutionen stehen: Umfang und Relevanz ihrer Informationen begünstigen durchweg Kommerzialisierungstendenzen. Beides mobilisiert zudem Stellen, welche – sei es im Rahmen einer primär auf Prävention bedachten Sicherheitspolitik – an jeder Angabe interessiert sind, die dazu beitragen könnte, potentielle Täterinnen und Täter rechtzeitig auszumachen und, sei es in Anbetracht einer nicht minder präventiven Gesundheitspolitik, alle aus ihrer Sicht wichtigen Hinweise haben möchten. Gleichwohl jedoch, ob Kommerzialisierungstendenzen oder Informationserwartungen einer besonders auf Vorbeugung bedachten Politik die Zugriffsabsichten motivieren, die Verbindung der Datenverarbeitung mit ihrem eigentlichen und entscheidenden Legitimationsgrund, dem ursprünglichen Erhebungszweck, wird irreparabel gelöst. Gerade deshalb hat der Nationale Ethikrat seine Bereitschaft, die Einrichtung von Biobanken zu befürworten, an eine strikte Zweckbindung geknüpft. Forschung legitimiert, anders und präziser ausgedrückt, nicht nur den Zugang zu den Daten, sie schränkt ihn ebenso deutlich ein. Das Beispiel der britischen Biobank zeigt, dass an der Auseinandersetzung mit dieser für den Aufbau von Biobanken so zentralen Frage kein Weg vorbeiführt.

Wie unentbehrlich im Übrigen die Zweckbindung ist, bestätigt das ungebrochene Interesse der Versicherungsgesellschaften an der Britischen Biobank. Die dort erarbeiteten persönlichen Profile werden von ihnen vor allem wegen der konsequenten Einbeziehung von Gesundheits-, genetischen und Lifestyle-Daten als der bestmögliche Anknüpfungspunkt einer laufenden Überprüfung der von den Versicherten gemachten Angaben betrachtet und damit als ideales Mittel, sich rechtzeitig vor vermeidbaren Folgen zu schützen. Umso mehr als die unter Umständen ebenfalls vorhandenen Informationen über andere Familienmitglieder es erlauben könnten, Risiken verlässlich abzuschätzen, die etwa Versicherungsleistungen für Kinder betreffen. Eine Weitergabe der gewünschten Daten verträgt sich allerdings einmal mehr nicht mit einem genauso ernst genommenen wie allein maßgeblichen Forschungszweck. Er mag die Verarbeitung legitimieren, ist aber kein Generalschlüssel für beliebig viele Verwendungen.

3. Der "posthumane Körper"

Herzschrittmacher, Stimulatoren zur Schmerzbekämpfung bei Tumorpatienten oder zur Tremorbehandlung bei Parkinsonpatienten, Simulatoren zur Wiederherstellung der Greiffunktion bei einer Lähmung der Arme, der Beine und des Rumpfs sowie implantierbare Neurostimulationsgeräte sind allesamt eindrucksvolle Stationen in der gar nicht so langen Geschichte der Informations- und Kommunikationstechnologie (IKT)-Implantate. Fast immer haben dabei ebenso evidente wie unschwer nachvollziehbare medizinische Zwecke im Vordergrund gestanden. Und genauso allgegenwärtig war der Anreiz, den Implantaten eine zunehmend größere Bedeutung beizumessen. So konzentrieren sich bei der Hirnforschung die Hoffnungen, bislang für unheilbar gehaltene Erkrankungen doch noch einschränken oder gar überwinden zu können, offenkundig mehr und mehr auf Implantate. Eines der Beispiele dafür ist der Hirnchip, der das Gedächtnis restituieren oder sichern kann.

Die spontane Akzeptanz der Implantate weicht jedoch einer merklich ansteigenden Zurückhaltung, sobald sich der medizinisch-therapeutische Bezug verflüchtigt. Reiskorngroße „VeriChips" markieren den Scheideweg. Die Verbindung zur Medizin bleibt zwar, zumindest vordergründig, erhalten, wenn sie Patienten implantiert werden, die in einem Krankenhaus verschiedene Abteilungen aufsuchen müssen. Der Chip hat dabei eine doppelte Funktion. Er dient zum einen der Identifizierung der Patienten und ermöglicht es zum anderen sofort, ihre medizinischen Daten aufzurufen, nicht zuletzt um richtige Diagnosen zu gewährleisten und Fehlbehandlungen auszuschließen. Nicht anders ist es bei Implantaten, die besonders bei so unterschiedlichen chronischen Krankheiten wie Diabetes und Demenz eingesetzt werden.

Beides, die Identifikation und der Rückgriff auf einen bestimmten Datenbestand, sind indessen keineswegs Eigenschaften, die ausschließlich unter medizinischen Aspekten eine Rolle spielen und deshalb lediglich im Rahmen einer ärztlichen Behandlung zur Geltung kommen. Beides ist im Gegenteil grundsätzlich kontextneutral. „VeriChips" lassen sich also in den verschiedensten Zusammenhängen nutzen. So wird über einen implantierten „VeriChip" sowohl der Aufenthalt von Kindern oder auf Bewährung freigelassener Strafgefangenen ermittelt als auch die Verlässlichkeit finanzieller Informationen überprüft. Doch damit nicht genug. Projekte, „intelligente Schusswaffen" zu produzieren, die nur reagieren, wenn ein Chip in der Hand ihres Trägers implantiert ist, sind bereits so weit gediehen, dass New Jersey in einem eigens verabschiedeten Gesetz seine Absicht bekundet hat, lediglich den Verkauf von Waffen zuzulassen, die über eine solche Technologie verfügen. Wie ausgeprägt inzwischen die Bemühungen sind, fremdgeleitete Verhaltensmaßnahmen auszubauen, dokumentiert das Projekt, Reaktionen von Piloten in besonders schwierigen Situationen über eigens implantierte Gedächtnis-Chips zu lenken.

Gleichviel welches dieser Beispiele man nimmt, die Chips erfüllen durchgehend eine, allerdings unterschiedlich ausgeprägte Steuerungsfunktion. Das Verhalten der Chipträger soll sich nach Vorgaben richten, die eben nicht von ihnen, sondern von Außenstehenden programmiert werden. Genauso mithin wie sich über einen durch die Nervenzellen geleiteten Cursor die Kommunikationsmöglichkeiten gelähmter Personen mit Hilfe implantierter Elektroden wiederherstellen lassen, wird auch ansonsten systematisch gelenkt, aber nicht, um einen in der physisch-psychischen Konstitution der jeweils betroffenen Personen angelegten Defekt auszugleichen. Maßgeblich sind vielmehr Erwartungen Dritter, die ihre Informations- und Handlungsziele konkretisieren. Eine kontinuierliche, letztlich weltweite Aufenthaltsermittlung, die eine rechtzeitige Intervention bei ersten „gefährlichen" Anzeichen ermöglichen und so die Prävention von Straftaten sichern soll, gehört ebenso dazu, wie der sofortige Abruf einer beliebig variierbaren Art und Menge von Angaben zu einer ebenfalls beliebigen Anzahl von Personen.

Die Folge ist eine nachhaltige Instrumentalisierung des menschlichen Körpers. Die Implantate sind Wahrzeichen einer konsequent angestrebten Verwandlung des Körpers in einen „Cybernetic organism" (Cyborg). Der Körper ist nur noch „Rohstoff", der um bestimmter Vorstellungen Dritter willen technologisch verfeinert wird. Implantate die eine präzise Identifikation erlauben oder den Zugriff auf finanzielle sowie sonstige Daten gewährleisten, ordnen die Betroffenen in organisatorische Schemata ein und passen sie den damit verbundenen Erwartungen an, negieren aber dadurch die Autonomie der involvierten Menschen. Der kybernetisierte Organismus signalisiert so gesehen, um eine Formulierung der Europäischen Ethikgruppe aufzugreifen, nicht mehr und nicht weniger als den Übergang zu einem verselbstständigten „posthumanen" Körper.

Notwendigkeit und Ambivalenz einer Regelung

1. Die „Verrechtlichungsfalle"

a. Erfahrungen, wie die eben geschilderten, fordern Reaktionen heraus. Ebenso klar scheint zu sein, dass sich alle weiteren Überlegungen an den Gesetzgeber richten müssen. Zu elementar sind die Eingriffe und zu offensichtlich ist die Kollision mit Grundrechten, um eine legislative Intervention hintanzustellen oder gar auszuschließen. So verwundert es nicht, wenn das britische Centre of Bioethics seine Empfehlung, die Herstellung transgener „Wesen“ mit äußerster Vorsicht zu behandeln, um eine lange Verbotsliste ergänzt. Die Untersagung, lebende nicht-menschliche Embryonen Frauen zu übertragen, zählt genauso dazu wie das Verbot, nicht-menschliche Spermien Frauen einzupflanzen oder Embryonen mit Zellen zu schaffen, die sowohl menschliche als auch nicht-menschliche Chromosome enthalten.

Gesetzliche Vorgaben sind allerdings, wie besonders die Erfahrungen mit neuen Technologien nur zu gut zeigen, ein durchaus ambivalentes Regelungsmittel. Der Grund dafür ist in ihrer Struktur angelegt. Verbote sind zumeist mit der Legalisierung einzelner Anwendungsmöglichkeiten verknüpft. So werden mit den eben erwähnten Verbotsforderungen des britischen Centre of Bioethics Erwartungen wie die verbunden, nicht-menschliche Gene für präventive, diagnostische oder therapeutische Zwecke gezielt in die Genome von Menschen solange einfügen zu dürfen wie keine Änderungen der Genome von Abkömmlingen intendiert sind. Kurzum: an die dezidierte Ablehnung schließen sich nicht minder deutlich formulierten Konzessionen an. Wie fragil das Regelungsgerüst ist, demonstriert zudem der interpretatorische Spielraum den allein schon die verschiedenen, bewusst allgemein gehaltenen Einfügungszwecke einräumen.

Genau genommen wiederholt sich eine bei der Informations- und Kommunikationstechnologie, vor allem in den Datenschutzgesetzen, vorexerzierte Regelungstechnik. Die unklare Sprache hatte zunächst einen durchaus verständlichen Sinn. Der schwierige Umgang mit einer nicht nur neuen, vielmehr sich auch immer schneller entwikkelnden Technologie sollte durch eine Sprache erleichtert werden, die dank ihrer mangelnden Klarheit gerade die Reaktionsmöglichkeiten und überhaupt den Handlungsspielraum der Kontrollinstanzen vergrößerte. Doch die Vorzeichen änderten sich bald. Aus einem Mittel, das primär einen besseren Datenschutz sichern sollte, wurde ein überaus willkommener Weg, einen möglichst offenen Zugriff auf die Daten anzubahnen.

Konsequenterweise fallen Datenschutzgesetze allein schon wegen der Ansammlung äußerst allgemein gehaltener und deshalb auch ungemein interpretationsfähiger Formulierungen auf. Von nicht näher umschriebenen „berechtigten Interessen", die eine Verarbeitung legitimieren, ist allen Versicherungen zum Trotz, einen eindeutig restriktiven Umgang mit personenbezogenen Daten festschreiben zu wollen, ebenso ritualisiert die Rede wie von „wichtigen öffentlichen Interessen" oder von möglichen „Nachteilen für das Gemeinwohl", die einen Datenzugang gleichfalls rechtfertigten. Jede dieser Formeln veranschaulicht die „Verrechtlichungsfalle": Unter dem Deckmantel der Datenschutzgesetze wird die Verwendung der Angaben für bestimmte Verarbeitungsinteressenten freigegeben.

Nicht anders ist es bei der Biotechnologie. Der Streit um die Zwekkbindung der von Biobanken benutzten Daten, die bereits anerkannten Zugangsansprüche der Sicherheitsbehörden sowie die Selbstverständlichkeit mit der die in Biobanken erarbeiteten Profile zu unentbehrlichen Informationsquellen einer durch und durch präventiven Gesundheitspolitik erklärt wurden, die ganz im Zeichen der nicht zuletzt von den Gesundheitskarten tagtäglich vorgeführten Automatisierungsbestrebungen und multifunktionalen Datenverwendungen steht, illustrieren die Kehrtwende. Alles in allem, die so eindringlich verlangte Verrechtlichung erweist sich wiederum als Grundlage tendenziell uneingeschränkter Verwendungen der von den Biowissenschaften und der Biotechnologie ermittelten und genutzten Daten. Einmal mehr darf es deshalb nicht bei bloßen Anmahnungen gesetzlicher Vorschriften bleiben.

b. Gesetzlichen Regelungen haftet noch ein mindestens ebenso gravierender Mangel an. Gleichviel, ob es um die Informations- oder die Biotechnologie geht, legislative Vorgaben und „informierte Einwilligung" werden auf eine Ebene gestellt. Die betroffenen Personen können sich so gesehen mit der Verarbeitung ihrer Daten ebenso einverstanden erklären wie mit der Einbeziehung in ein biowissenschaftliches Projekt. Im einen wie im anderen Fall gibt der Respekt vor ihrer Autonomie den Ausschlag, rechtfertigt es also, ihrer Reaktion genau die Wirkung einzuräumen, die auch eine gesetzliche Regelung hat. Durchweg allerdings unter zwei Bedingungen: Die Betroffenen, und zwar alle, ohne Rücksicht also auf die Modalitäten des Auswahlprozesses wie etwa die für eine Zufallsauswahl typischen Abfolgen, müssen, erstens im Voraus und ausreichend über den Anlass, die Ziele einschließlich der damit verbundenen finanziellen Intentionen und die möglichen Folgen der mit ihren Daten oder ihrer Person geplanten Aktivitäten informiert werden. Erforderlich ist, zweitens ein ausdrückliches Einverständnis. Eine Verdrängung der Betroffenen über die Projektion der Vorstellungen Dritter in wie auch immer formulierte mutmaßliche Einwilligungen verbietet sich daher.

Allzu leicht verleitet freilich eine genauso generelle wie unkritische Verweisung auf die Autonomie dazu, die Rolle der Einwilligung zu überschätzen. Was sie wirklich leisten kann, lässt sich erst überzeugend beurteilen, wenn der Einwilligungskontext sowie seine Auswirkungen auf die Betroffenen sorgfältig bedacht werden. Mit anderen Worten: Die ohnehin idealisierte Einwilligung gerät, ohne Rücksicht darauf, wie sie im Einzelnen gestaltet wird, dort unweigerlich zur Fiktion, wo die Begleitumstände eine Reflexion über Tragweite und Konsequenzen eines Einverständnisses, geschweige denn eine negative Reaktion beträchtlich erschweren oder von vornherein verhindern. Allein schon der Sog, den noch so entfernte, von den Betroffenen kaum ernsthaft zu beurteilende therapeutische Aussichten auslösen, verfälscht die Einwilligungsbedingungen, vom Einfluss wirtschaftlicher oder sonstiger Gegenleistungen bei Test-Personen einmal abgesehen.

Wie problematisch die informierte Einwilligung ist, erweist sich erst recht bei Minderjährigen oder einwilligungsunfähigen Personen. Die immer noch vorherrschende Meinung, ein Einverständnis der gesetzlichen Vertreter genüge vollauf, setzt sich schlicht über alle Bestrebungen hinweg, die Einwilligung auch und vor allem als zentrale Voraussetzung einer genuinen Partizipation der unmittelbar Betroffenen sicherzustellen. Starre Altergrenzen haben ihren Absolutheitsanspruch ohnehin eingebüßt. Den Ausschlag gibt vielmehr die Fähigkeit der betroffenen Personen, den konkret zu beurteilenden Vorgang nachzuvollziehen und sich dazu zu äußern. Formale Kriterien rücken aber damit notwendigerweise in den Hintergrund. Die Aufmerksamkeit konzentriert sich stattdessen auf Kommunikationsmethoden, die in Kenntnis und unter Berücksichtigung aller Schwierigkeiten den Betroffenen die Chance einräumen, sich aktiv zu beteiligen. Die Flucht in die juristische Partizipations- und Entscheidungsalternative weicht einem Ansatz, der eben nicht an den Betroffenen vorbeiführt, sondern die Verständigung mit ihnen bewusst in den Mittelpunkt stellt. Zunächst und vor allem gilt es deshalb den Weg zu einer gemeinsamen „Sprache“ zu finden und erst danach die unverändert erforderlichen Entscheidungen zu treffen.

Regelungen die nicht mehr bringen als den Hinweis, dass der Meinung von Kindern und Jugendlichen mit „zunehmendem Alter und zunehmender Reife immer mehr entscheidendes Gewicht“ zukommt, spielen deshalb bestenfalls auf die eigentliche Aufgabe an, sind aber weit davon entfernt, sie verlässlich zu umschreiben.

Bei der unmittelbaren, an eine Einwilligung gekoppelten Verständigung muss es auch bei fremdnützigen Forschungsprojekten bleiben, einer Forschung also, die sich nicht auf die unmittelbar einbezogenen Person konzentriert, sondern etwa das ihnen entnommene Blut verwendet, um bestimmten bei Dritten vorkommenden Krankheiten nachzugehen. In Betracht kommen allerdings im Prinzip lediglich Projekte, die nur mit einem „minimalen Risiko“ und einer „minimalen Belastung“ für die konkret betroffenen Personen verbunden sind. Je deutlicher aber die Fremdnützigkeit in den Vordergrund rückt, desto mehr wächst auch die Gefahr einer bei Kindern wie bei Erwachsenen unhaltbaren Instrumentalisierung.

Bezeichnenderweise hat gerade im Umfeld der Versuche, international anwendbare Grundsätze zu finden, eine Diskussion erneut eingesetzt, die gerade unter Berufung auf die etwa bei einmaligen Blutentnahmen „minimalen Risiken und Belastungen" sowie den Grundsatz der Verhältnismäßigkeit, die Anforderungen an eine Einwilligung herunterspielt. Der Reflexions- und Entscheidunkschwerpunkt verschiebt sich damit ganz auf das Forschungsprojekt. Ist einmal die wissenschaftliche Relevanz bejaht, bestimmen seine Ziele und die mit ihnen verbundenen Erwartungen den Umgang mit der Einwilligung und verdrängen so die restriktiven Konsequenzen einer aktiven Beteiligung der Betroffenen. Eine umso erstaunlichere Einstellung als nicht einmal im Ansatz kompensatorische Maßnahmen, in erster Linie also eine verbindliche Begrenzung der Verwendung aller Daten auf Forschungszwecke versucht wurde, obwohl sie sich allein schon wegen der im Bereich der Forschung unstreitig notwendigen Nutzung über ein spezifisches Projekt hinaus fast von selbst aufdrängt.

c. Je deutlicher sich die singuläre Funktion gesetzlicher Vorschriften abzeichnet, desto dringlicher erscheint es, die Anforderungen zu bestimmen, denen sie genügen müssen. Unüblich aber unvermeidlich: eine ebenso kritische wie nachhaltige Korrektur der Gesetzessprache. Anders als bisher gilt es, die intendierten Verwendungen ausnahmslos, erst recht also auch und vor allem dann, wenn Biowissenschaften und Biotechnologie für gesundheits- oder sicherheitspolitische Zwecke genutzt werden sollen, exakt zu umschreiben, die Verwendungsbedingungen genau zu definieren und eine strikte Zweckbindung klar vorzuschreiben.

Gesetzliche Vorgaben zur Biotechnologie können sich wie jede Vorschrift, die technologiespezifische Fragen aufgreift, immer nur am jeweiligen Technologiestand orientieren. Wo sich freilich der Stand, wie bei der Bio- oder auch der Informationstechnologie, genauso konstant wie schnell ändert, läuft jede gesetzliche Regelung Gefahr genauso rasch überholt zu werden. Wirklich effizient können unter diesen Umständen nur Regeln sein, deren Vorläufigkeit von vornherein einkalkuliert wird. Konsequenterweise müssen geplante Vorschriften um eine Bestimmung ergänzt werden, die ausdrücklich dazu verpflichtet, die gesetzlichen Vorkehrungen zu einem genau festgelegten Termin zu überprüfen, eine Erwartung der besonders die Datenschutzgesetze der skandinavischen Länder bereits seit längerem entsprochen haben. Die Befristung leitet einen von Anfang an offenen und konstant weiterzuführenden Gesetzgebungsprozess ein, der dazu zwingt, sich nicht nur mit den Defiziten der bisherigen Regelung, vielmehr zuvorderst mit einem veränderten Technologiekontext und dessen Auswirkungen auseinander zu setzen. Richtig entfalten kann sich die Debatte freilich erst vor dem Hintergrund einer breiten öffentlichen, auch und besonders von den Interventionen Nationaler Ethikräte angeregten Diskussion.

Wie nötig ein fortlaufender parlamentarischer Diskurs ist, beweist die Kontroverse über das Stammzellengesetz vom 28. Juni 2002 und die dort vorgesehene Befristung der Stichtagsregelung. Keine fünf Jahre nach seiner Verabschiedung und noch vor Ablauf der Frist kristallisierten sich unter dem Einfluss neuer Forschungsansätze Verfahren heraus, die letztlich jeden Rückriff auf embryonale Stammzellen überflüssig machen und so der kategorisch vertretenen Alternativlosigkeit ihrer Gewinnung ein Ende bereiten könnten. Die anfangs nicht zuletzt auf adulte Stammzellen gerichteten Hoffnungen verlagern sich so, selbst wenn der Weg noch lang ist, immer überzeugender auf induzierte Stammzellen, die auf Pluripotenz reprogrammiert wurden. Eindrucksvoller ließen sich Akzeleration und Intensität des Technologiewandels schwerlich demonstrieren, aber auch die Notwendigkeit einer verbindlichen Verknüpfung gesetzlicher Regelungen mir einer fortwährenden Verarbeitung neuer Erkenntnisse im Technologiebereich.

Ganz in diesem Sinn hat der französische Gesetzgeber 2004 die Forschung an Embryonen zwar für zulässig erklärt, allerdings nur für die darauf folgenden fünf Jahre, um dann vor dem Hintergrund der gewonnenen Erfahrungen erneut Stellung zu nehmen. Im zwei Jahre später, am 6. Februar 2006, ergangenen Dekret, das die Forschung legalisiert und zugleich den rechtlichen Rahmen dafür festlegt, deutet sich zwar eine wahrscheinlich schwer revidierbare Tendenz an. Das Dekret signalisiert trotzdem keine endgültige Entscheidung, weil es genauso wie jede weitere mit dem Gesetz von 2004 zusammenhängende Regelung 2009 überprüft werden muss. Hinzu kommt, dass erste Revisionsvorschläge bereits vorliegen. Die Befristung ist mit anderen Worten eine generelle, lediglich an der Notwendigkeit, die Entwicklung der Biowissenschaften und der Biotechnologie kontinuierlich zu verfolgen, ausgerichtete Vorgabe und daher eindeutig regelungsunabhängig.

Dass eine befristete Regelung ebenso gut auch ein Mittel sein kann, um eine bereits getroffene Entscheidung besser durchzusetzen, zeigt das Niederländische Embryonengesetz von 2002. Auf den ersten Blick verbietet es kategorisch die Erzeugung von Embryonen für wissenschaftliche Zwecke und beschränkt sie ebenso klar auf die Fortpflanzung. Der Gesetzgeber beließ es jedoch nicht dabei, sondern ermächtigte zugleich die Regierung, genau diese Einschränkung mit einer Verordnung aufzuheben, der eine parlamentarische Debatte vorausgehen müsste (Art. 33.2). Erwartet wurde indessen keine ergebnisoffene Diskussion, vielmehr lediglich eine ausreichende Information über die bevorstehende Entscheidung. Die Regierung hätte aber ihre Absicht spätestens bis zu einem ebenfalls festgelegten Zeitpunkt, den 1. September 2007, bekannt geben müssen, zog es allerdings vor, die gegenwärtig geltenden Vorschriften nicht zu ändern

2. Informationsverzicht

Was noch vor etwas mehr als drei Jahrzehnten, in den Anfangszeiten der automatisierten Verarbeitung personenbezogener Daten, unvorstellbar erschien, ist längst Realität: Speicherungsgrenzen gibt es, technisch gesehen, nicht mehr. Überdies: Die einst für selbstverständlich gehaltene Einrichtung immer zahlreicherer und größerer Datenbanken gehört genauso der Vergangenheit an. Die Vernetzung beherrscht das Feld. Sie sichert den Zugang zu den Daten, wo immer sie sich befinden und ohne Rücksicht darauf, von wem sie wann wofür erhoben und verarbeitet wurden.

Idealer könnten die Voraussetzungen für eine multifunktionale Verwendung der Daten schwerlich sein. Der ursprüngliche Verarbeitungszweck rückt zunehmend in den Hintergrund. Genau genommen ist er nur noch der Auslöser einer Nutzung für eine tendenziell unendliche Anzahl von Zielen. Die Daten verwandeln sich damit endgültig in ein eigenständiges Informationskapital, das insbesondere durch das wachsende Interesse Dritter an den nicht auf ihre Initiative und ohne ihr Zutun erhobenen Angaben gesichert und vermehrt wird.

Die unaufhaltsame Verbreitung von Kundenkarten, eine entschieden personalisierte Werbung, die manifeste, zuletzt durch die Sondervorschriften zur Erhebung von Telekommunikationsdaten illustrierte Bereitschaft, personenbezogene Angaben auf Vorrat zu sammeln, die weit über den öffentlichen Bereich hinausreichende Anwendung der Biometrie oder die wachsende Verarbeitung medizinischer und genetischer Daten zu individuellen Profilen dokumentieren eine Entwicklung, die auf eine allgegenwärtige, jede nur gewünschte Information bietende Nutzung hindeutet.

Vor diesem Hintergrund gewinnt die Entscheidung des Nationalen Ethikrates, die Zulassung von Biobanken an die Bedingung zu knüpfen, ihren Datenbestand einzig und allein für Zwecke der wissenschaftlichen Forschung zu verwenden, eine ganz neue Bedeutung. Sie formuliert weit mehr als nur eine Forderung, die sich ausschließlich auf einen Spezialbereich bezieht. Der Nationale Ethikrat hat mit seiner Reaktion den Umgang mit personenbezogenen Daten auf eine neue Grundlage gestellt. Anders als früher geht es nicht mehr an, zu fragen, ob gewisse Angaben überhaupt erhoben werden dürfen. In einer Gesellschaft, in der nahezu alle personenbezogene Daten schon gespeichert und tendenziell jederzeit zugänglich sind, lautet vielmehr die ausschlaggebende Frage, ob auf bestimmte

Daten nicht verzichtet werden muss, obwohl sie erreichbar und deshalb auch verwendbar wären. Nur ein verbindlicher Verzicht könnte etwa latente Versuche inhibieren, die Hirnforschung als allzeit nutzbare Datenquelle eines flächendeckenden sowie für die unterschiedlichsten Zwecke einsetzbaren Neuroscreenings auszugeben und entsprechend mit ihr umzugehen. Kurzum: die technische Erreichbarkeit muss einer normativen Unzugänglichkeit weichen.

Die Tragweite einer solchen Forderung braucht wohl nicht besonders erläutert zu werden. Informationswünsche öffentlicher und nichtöffentlicher Stellen müssen gleichermaßen an einem konsequenten Informationsverzicht scheitern. Die üblichen Generalklauseln zum Vorrang der öffentlichen Sicherheit oder zur Bekämpfung schwerer, organisierter oder sonstiger Kriminalität helfen zudem ebenso wenig weiter wie noch so nachdrücklich vorgebrachte gesundheits- und versicherungspolitische Argumente. Kein Zweifel, Erwartungen, die Widerstände förmlich provozieren. Wer einen absoluten Informationsverzicht scheut, handelt sich aber, ob er es will oder nicht, eine genauso unüberschaubare wie unkontrollierbare, mehr und mehr auch und gerade zur manipulativen Steuerung des Einzelnen genutzte Verarbeitung personenbezogener Daten ein.

3. Kommerzialisierung

Auseinandersetzungen wie die anhaltende Kontroverse über die Zulässigkeit von Genpatenten spiegeln keineswegs nur spezifische Vorstellungen der Bioindustrie wider. Forscher haben ein ebenso offenkundiges Interesse an ihnen. Und wie bei der Industrie manifestiert sich dieses Interesse im Versuch, möglichst breit angelegte, betont strategisch konzipierte Patente anzumelden. Sie sichern ein langes Verwertungsmonopol und bieten deshalb auch die besten Chancen auf hohe Einnahmen. Die ungewöhnliche Anzahl problematischer Ansprüche im Rahmen der 2005 in den Vereinigten Staaten vorgenommenen Patentanmeldungen ist eine typische Folge genau dieser Erwartung.

Die Folgen sind kaum zu übersehen. Struktur und Bedingungen der Forschung ändern sich zunehmend. Die Aufmerksamkeit der Forscher richtet sich deutlicher denn je auf die potentiellen Anwendungen ihrer Arbeit, die sich daher mehr und mehr in das letztlich entscheidende Kriterium für die Auswahl des Forschungsgegenstandes verwandeln. Konsequenterweise verlagert eine steigende Anzahl von Forschern ihre Aktivitäten in private, ganz auf ihre spezifischen Interessen zugeschnittene, zumeist von ihnen gegründete oder mitgetragene Unternehmen. Selbst dort schließlich, wo, anders als in den Vereinigten Staaten, das Nutzungsmonopol von Patenten, wie in § 11 PatG, zugunsten der Forschung eingeschränkt wird, zeigt sich, dass die Patentierungsmöglichkeit die Kommunikation unter Forschern sichtlich begrenzt und so den wissenschaftlichen Diskurs nachhaltig belastet. Patentinhaber sind abgesehen davon deutlich bestrebt, rechtzeitig Verbindung zu den an konkreten Patenten interessierten Wissenschaftlern aufzunehmen, um weitere Forschungsaktivitäten von Anfang an durch gezielte, schon bei der ersten Information ansetzende Maßnahmen genau verfolgen, ja sich an ihnen beteiligen zu können.

Mehrere Mitglieder des Nationalen Ethikrates haben angesichts dieser Erfahrungen im Rahmen der 2004 vorgelegten Stellungnahme des Rates zur Patentierung biotechnologischer Erfindungen eine Reihe von Forderungen formuliert, die allerdings bei dem wenig später, am 21. Januar 2005, verkündeten Gesetz zur Umsetzung der Richtlinie von 1998 über den rechtlichen Schutz biotechnologischer Erfindungen nicht oder nur höchst unzureichend berücksichtigt wurden. Der Gesetzgeber, so stellten sie fest, dürfe keinen Zweifel daran lassen, dass insbesondere Verfahren zur Bildung von Mischwesen unter Verwendung menschlicher Keimzellen und zur Parthenogenese nicht patentierbar sind. Genauso gelte es, ausdrücklich vorzuschreiben, die Herkunft der jeweils verwendeten biologischen Substanzen menschlichen und nicht-menschlichen Ursprungs nachzuweisen. Bei der Patenterteilung müssten schließlich stets auch die Auswirkungen der Patentierung bedacht und gerade deshalb die Voraussetzungen für die Vergabe von Zwangslizenzen systematisch neu gestaltet werden, um die Patentfolgen vor allem in Fällen, in denen sich die Patentierung auf diagnostische oder therapeutische Verfahren auswirken könnte, so weit wie möglich auszugleichen.

Schlussbemerkung

In einem 2001 unter dem Titel „Ist die Technologie eine Bedrohung der Liberalen Gesellschaft?" publizierten Aufsatz meinte Irving Kristol: „Wissenschaftler und Ingenieure ... neigen dazu, anzunehmen, dass die Welt voller ‚Probleme' ist, für die sie ‚Lösungen' finden müssten. Die Welt ist aber nicht voller Probleme; sie ist voll von anderen Menschen. Das ist kein Problem, sondern die Grundbedingung jeder weiteren Reflexion. Politik ist ja gerade notwendig, weil die Welt voll von anderen Menschen ist. Diese anderen Menschen haben Ideen, verschiedene Lebensarten, unterschiedliche Vorlieben, und so kann es am Ende keine ‚Lösung' zur Existenz anderer Menschen geben. Alles was man zu tun vermag, ist, sich ein zivilisiertes Miteinander auszudenken".

Gewiss, eine in vielerlei Beziehung entschieden zu einfache, wenn nicht gar vorschnelle Aussage, allein schon deshalb, weil es durchaus „Probleme" gibt In einer Beziehung trifft sie freilich uneingeschränkt zu: Ganz gleich welche der von hier angesprochenen Fragen man nimmt, durchweg geht es um Menschen und noch präziser, um ihre Würde und den Respekt den man ihr in einer Gesellschaft schuldet, die für sich in Anspruch nimmt, sich genau darauf zu gründen und sich auch durch sie zu legitimieren, und zwar gerade dann, wenn Notwendigkeit, Grenzen und Konsequenzen rechtlicher Regelungen zur Debatte stehen.

Die humane Information: Woher kommt der Mensch, wohin geht der Mensch?

Friedemann Schrenk

Einleitung

Bis heute ist das Wissen um die Menschwerdung sehr lückenhaft. Nur einige tausend Hominiden-Fragmente aus hunderttausenden Generationen stehen uns zur Verfügung zur Beantwortung der Fragen nach dem letzten gemeinsamen Vorfahren der Menschen und der Menschenaffen, dem Ursprung des aufrechten Gangs, dem Beginn der Kultur und dem Ursprung unserer eigenen Art *Homo sapiens*. Daher ist die Paläoanthropologie auf die interdisziplinäre Zusammenarbeit mit anderen Wissenschaften angewiesen. Hierbei stehen die Umweltwissenschaften seit einiger Zeit sehr im Vordergrund. Durch die erhebliche Erweiterung der Datenbasis vor allem auf den Gebieten der Paläoökologie und der Paläoklimatologie wird ein Zusammenhang zwischen dem Klima und den entscheidenden Phasen der Menschheitsentwicklung, vor allem für die Entstehung des aufrechten Gangs vor 8 bis 6 Millionen Jahren und den Beginn der Kultur zwischen 3 und 2 Millionen Jahren, deutlich, ebenso für die Ausbreitung früher Hominiden von Afrika aus nach Asien und Europa.

Anfänge der Paläoanthropologie

Die ersten Funde fossiler Menschen in Europa fallen in eine Zeit des wissenschaftlichen Umbruchs. Die Idee der Evolution wurde gerade geboren. Nur drei Jahre nach dem ersten deutschen Neandertaler-Fund, 1859, war es Charles Darwin, der nur mit einer einzigen Bemerkung in seiner „Entstehung der Arten“ erneut die

Frage nach der Menschwerdung aufwarf: „Licht wird auch fallen auf den Ursprung des Menschen und seine Geschichte". Ein ketzerischer Satz, den der erste deutsche Übersetzer des Werks noch so anstößig fand, dass er ihn nicht übersetzte. Die verdeckte These Darwins, dass der Mensch, wie alle anderen Arten auch, das Ergebnis eines evolutionären Prozesses und nicht eines einmaligen göttlichen Aktes sein müsse, war revolutionär. In Deutschland war es dann Ernst Haeckel, der der Evolutionstheorie den Weg in die Wissenschaft ebnete. 1863 hielt er einen Vortrag, in dem er behauptete es müsse ein ausgestorbenes Bindeglied zwischen Affen und Menschen geben. Er taufte dieses „Missing link" auf den Namen *Pithecanthropus alalus* – der „sprachlose Affenmensch" – und prophezeite, dass man fossile Reste dieses Urahnen in Südostasien finden werde.

Der junge holländische Arzt Eugène Dubois war von den prophetischen Aussagen Haeckels nachhaltig beeindruckt. Mit dem Ziel Reste dieses Affenmenschen zu entdecken, ließ er sich als Militärarzt 1877 nach Sumatra versetzen. Er suchte in einem Gebiet, in dem im Umkreis von tausenden von Kilometern noch nie zuvor auch nur die kleinste Andeutung von Resten eines Urmenschen gefunden wurde – und er grub auf den Zentimeter genau an der richtigen Stelle: am Ufer des Solo-Flusses bei Trinil auf Java fand er zwischen 1890 und 1892 erste Reste des „Pithecanthropus", heute als *Homo erectus* klassifiziert. Diese Funde schienen zunächst das Rätsel um den geographischen Ursprungsort der Menschen gelöst zu haben. Die Kontroversen, die nach Dubois' Rückkehr nach Europa und der Präsentation seiner Funde um die Jahrhundertwende herum einsetzten, sind Zeugnis dafür, dass man sich über die morphologische und systematische Einordnung der Funde kaum einig war. Doch die eigentliche Frage, die es zu beantworten galt, war die nach der Chronologie: War das Fossil alt genug, um dem des Missing Links zu entsprechen? Dubois hatte den Fund in das frühe bis mittlere Pleistozän eingeordnet und diese Datierung wurde durch Gustav Heinrich Ralph von Koenigswald, der die Arbeiten von Dubois fortsetzte, bestätigt. Das Fossil war zwar alt, aber nicht alt genug, wie sich in einem ganz anderen Erdteil herausstellen sollte.

Die Wiege der Menschheit stand in Afrika

Im südafrikanischen Taung hatten Steinbrucharbeiter im Jahr 1924 einen fossilen Kinderschädel geborgen, der von dem Johannesburger Anatomieprofessor Raymond Dart unter der Bezeichnung *Australopithecus africanus*, (afrikanischer Südaffe) (Abb. 1) der skeptischen Fachwelt vorgestellt wurde. Das rund 2 Millionen Jahre alte Fossil bestach vor allem durch die tiefe Lage des Foramen magnum, der Austrittsstelle des Rückenmarks aus dem Schädel, ein Zeichen dafür, dass der aufrechte Gang bereits entwickelt war. Das Gehirn war jedoch nicht größer als bei Schimpansen und die Eckzähne waren im Gegensatz zu Menschenaffen sehr stark verkleinert. Diese Merkmale, damals noch in direktem Widerspruch zur herrschenden Lehrmeinung, haben sich in den vergangenen Jahrzehnten durch eine große Anzahl weiterer Funde im südlichen, östlichen und kürzlich auch im westlichen Afrika bestätigt. Lange Zeit wurde das sogenannte „Taung-Baby“ jedoch von einflussreichen Anthropologen als Schimpansen-Kind angesehen. Kaum ein Wissenschaftler wollte die Vorfahren des Menschen in Afrika vermuten – ein solches Fossil hätte man ja schließlich eher in Asien erwartet – daher wurde ihm zunächst keine größere Beachtung geschenkt.

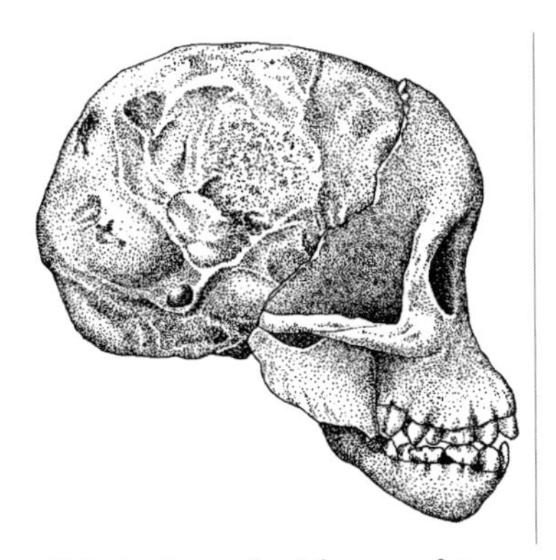

Abb. 1: Australopithecus africanus "Taung Baby" aus Taung, Südafrika (Alter ca. 2 Mio. J.) (Zeichnung: Christine Hemm)

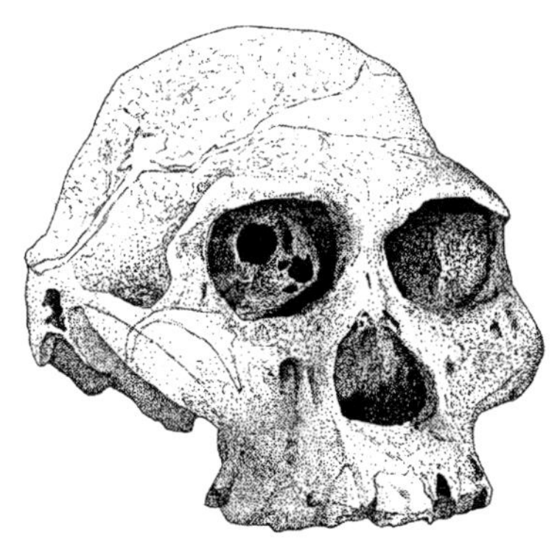

Abb. 2: Australopithecus africanus " Mrs. Ples ", Schädel STS 5 aus Sterkfontein, Südafrika (Alter ca. 2,5 Mio. J.) (Zeichnung: Christine Hemm)

Einer glaubte allerdings an die These Darts. Robert Broom, gebürtiger Schotte, Weltenbummler und paläontologischer Querkopf, war einer der wenigen bedeutenden Wissenschaftler, der die Hypothese Darts, es handele sich bei dem Fund um die Entdeckung eines Vorfahren des modernen Menschen, über Jahre hinweg unterstützte. Er fand 1936 in einer Höhle bei Sterkfontein, rund 50 Kilometer südwestlich von Johannesburg, erstmals einen Schädel, der von einem erwachsenen *Australopithecinen* stammte (Abb 2). Bis heute wurden allein in Sterkfontein durch Phillip Tobias und sein Team mehr als 500 Überreste von *Australopithecinen* gefunden, kürzlich sogar ein zu fast 100 Prozent vollständiges Skelett eines Vormenschen inklusive Schädel – was mit dem von Ron Clarke in Sammlungskisten entdeckten „Little Foot" begann, endete nach einer Suche in den Höhlenwänden mit einem kompletten Skelett, das auf den Namen „Cinderella" getauft wurde! In Sichtweite von Sterkfontein liegen die Höhlen von Kromdraai und Swartkrans. In Kromdraai gelang Broom 1938 ein zweiter großer Coup: Er zeigte, dass es unter den *Australopithecinen* einen zweiten Typus gab, der wesentlich robuster war, als die Funde von Sterkfontein. Seine Hypothese, nach der die Vormenschen in eine auf vegetarische Nahrung spezialisierte robuste und in eine alles fressende grazile Linie getrennt sind, hat sich durch viele weitere Funde bis heute bestätigt.

Neben Südafrika waren es auch die kenianischen und tansanischen Fundstellen, die die Paläoanthropologenwelt in Atem hielten (Abb. 3). Seit Beginn der 1930er Jahre war Louis Leakey hier auf der Suche nach Zeugnissen der Existenz menschlicher Vorfahren; vor allem suchte er Steinwerkzeuge. In der Olduvaischlucht begann er seine leidenschaftliche archäologische und paläontologische Forschungstätigkeit. Doch es war seine Ehefrau Mary, der schließlich 1959 der entscheidende Hominiden-Fund in Ostafrika gelang. Bis dahin stammte das Wissen um die frühesten Phasen der Evolution des Menschen ausschließlich aus dem südlichen Afrika. Mit dem Schädel des von Mary Leakey gefundenen „Nussknacker-Menschen" – *Zinjanthropus boisei* – (Abb. 4) begann nicht nur in Olduvai Gorge eine außergewöhnliche Serie von Hominiden-Funden, sondern im gesamten östlichen und

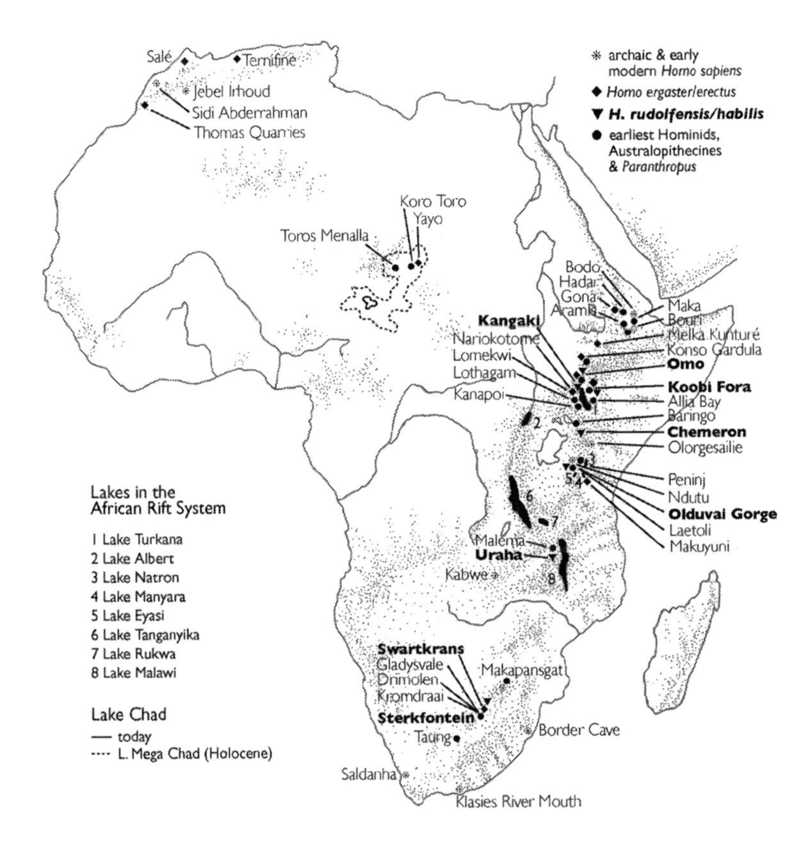

Abb. 3: Wichtige Hominiden-Fundstellen im Plio-Pleistozän Afrikas (Grafik: F. Schrenk)

nordöstlichen Afrika. In den gleichen Schichten fand man 1964 die damals älteste Art der Gattung Homo (*Homo habilis*) und damit jenen Urmenschen, der womöglich der Benutzer der Steinwerkzeuge war. Damit war klar, dass auch in Olduvai robuste Vormenschen wie *Zinjanthropus* und frühe Urmenschen gemeinsam nebeneinander lebten. Eine weitere weltbekannte Fundstelle ist das 1935 von Louis und Mary Leakey entdeckte Laetoli. Der Ethnologe Ludwig Kohl-Larsen fand dort 1939 ein Oberkieferfragment mit zwei Zähnen und

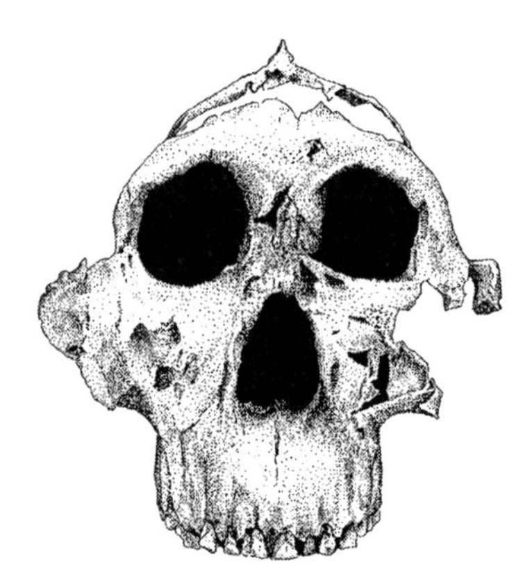

Abb. 4: „Zinjanthropus", Schädel OH5 aus Olduvai Gorge, Tanzania (Alter ca. 1,8 Mio. J.), Australopithecus boisei (Zeichnung: Christine Hemm)

einen einzelnen Schneidezahn. Zusammen mit weiteren von Mary Leakey gefundenen Resten werden sie heute zu *Australopithecus afarensis* gezählt. Eine der wichtigsten Entdeckungen der paläoanthropologischen Forschung gelang Mary Leakeys Team jedoch 1978 mit der Freilegung der Laetoli-footprints, Fußabdrükken von *Australopithecinen* (Abb. 5). Sie belegen, dass der aufrechte Gang der Vormenschen bereits vor circa 3,6 Millionen Jahren voll entwickelt war.

Die Forschungsarbeiten von Richard Leakey, dem Sohn von Louis und Mary, am östlichen Ufer des Turkana Sees in Kenia (Koobi Fora) brachten seit 1972 mehr als 120 Schädelfragmente, Zähne und Skeletteile vor allem von robusten *Australopithecinen* und Angehörigen der Gattung *Homo* zum Vorschein. Durch das Koobi Fora Research Project wurde die Fundstelle zur bis heute bestuntersuchten Hominidenfundregion Afrikas. Einen Wettlauf der besonderen Art lieferten sich die Hominidenjäger in Kenia mit den Kollegen in Äthiopien. Dort hatte eine amerikanisch-französische Expedition unter Leitung von Donald Johanson und Yves Coppens im November 1974 das Skelett einer zusammen mit den Fossilien aus Laetoli /Tanzania als *Australopithecus afarensis* beschriebenen Art – die berühmte „Lucy" gefunden (Abb. 6). Die Paläoanthropologie der siebziger und achtziger Jahre war geprägt durch immer wieder neue Sensationsmeldungen des ältesten oder ersten Vormenschen aus einer der beiden Fundregionen. Auch in Äthiopien kommen bis zum heutigen Tag vor allem aus dem Gebiet des Middle Awash und angrenzender Regionen immer wieder neue Funde. Die geologisch ältesten Reste von dort sind Zähne von *Ardipithecus* über 5 Millionen Jahren Alter (s. u.). Auch Meave Leakey, die Frau von Richard Leakey, und ihr Team entdeckten 1994 und 1995 in Kanapoi am Westufer des Turkana-Sees mehrere 4 Millionen Jahre alte Unter- und Oberkiefer sowie Einzelzähne von Hominiden, die als *Australopithecus* anamensis bezeichnet wurden. Anam bedeutet See in der Sprache der Turkanas.

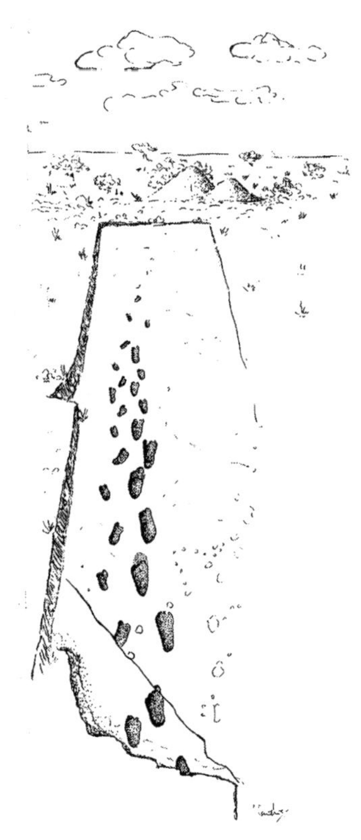

Abb. 5: Laetoli Footprints: Älteste bekannte Fußabdrücke der Vormenschen von Laetoli, Tanzania (Länge der Strecke ca. 20 m, Alter 3,6 Mio. J.) (Zeichnung: Christine Hemm)

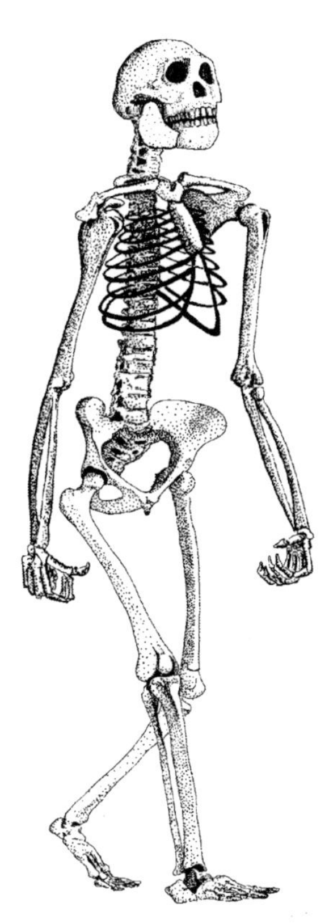

Abb. 6: Rekonstruktion von Lucy (Australopithecus afarensis) (Größe ca. 1,20m), Äthiopien (Alter ca. 3 Mio. J.) (Zeichnung: Claudia Schnubel)

Die ältesten Hominiden

Wenn es demnach keine Zweifel daran gibt, dass die Wiege der Menschheit in Afrika stand, so bleibt doch die Frage: wo in Afrika? Als der Streit zwischen dem östlichen und nordöstlichen Afrika um den ältesten Fund so richtig begann, meldete sich der südafrikanische Paläoanthropologe Phillip Tobias mit der Ansicht zu Wort: „The birth of the hominids was a pan-African phenomenon. The uncovering of those birth-stages requires a pan-African approach, free of regional or territorial preconceptions and predilections". Obwohl die Fossilüberlieferung naturgemäß lückenhaft bleiben muss, ist die geographische Position der Fundstellen in der Tat ein wichtiger Ansatz um über große Zusammenhänge nachzudenken und mindestens ebenso bedeutend, wie die Chronologie, also die

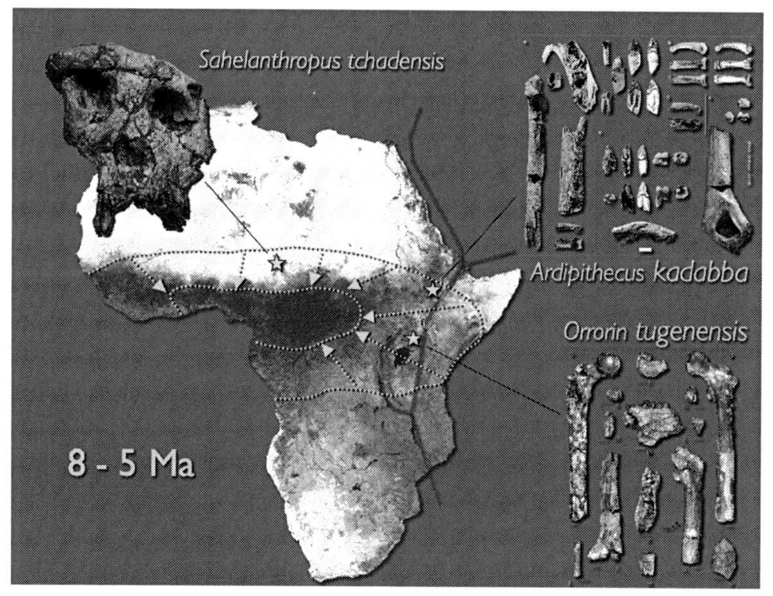

Abb. 7: Ursprüngliche und heutige Verbreitung des afrikanischen tropischen Regenwalds und Fundstellen frühester Hominiden im Ober-Miozän. Rot: Verlauf des Afrikanischen Rifts (Grafik: F. Schrenk)

Datierung der Funde und ihre anatomische Beschaffenheit. Aber mit dieser Aussage bewies Phillip Tobias einen großartigen Weitblick: Seine pan-afrikanische Sichtweise hat sich durch die Funde der jüngsten Zeit die gleichzeitig die geologisch ältesten sind, eindrucksvoll bestätigt (Abb 7).

In das Dunkel des ältesten Abschnitts des Stammbaums der Menschen fiel dann Ende 2000 ein erster Lichtstrahl, als in 6 Millionen Jahre alten Schichten Kenias der aufrecht gehende „Millenium Mensch“ (*Orrorin tugenensis*) entdeckt wurde. Kurz darauf kamen in Äthiopien bis 5,8 Millionen Jahre alte Funde von *Ardipithecus kadabba* zum Vorschein. Diese unerwarteten Belege aus der Anfangszeit der Vormenschen bekamen 2002 spektakulären Zuwachs: Michel Brunet und das Team der Mission „Paléoanthropologique Franco Tchadienne" (MPFT) entdeckten die mit ca. 6 bis 7 Millionen Jahren bislang ältesten Hominidenreste (*Sahelanthropus tchadensis*) im Tschadbecken.

Auch wenn die Finder selbst den Tschad-Fund für das langgesuchte „missing link“ halten, so beweist er bei näherer Betrachtung genau das Gegenteil: es gab kein „missing link“ sondern eine Verflechtung unterschiedlicher geographischer Varianten der ersten Vormenschen in Zeit und Raum entlang der Grenzen des tropischen Regenwaldes. Dieser hatte sich ursprünglich von der West- bis zur Ostküste Afrikas erstreckt, und schrumpfte vor 9 bis 7 Millionen Jahren aufgrund globaler und regionaler Klimaveränderungen auf breiter Front auf seine heutigen Grenzen (Abb 7). Als unmittelbare Folge davon entstand eine breite Peripherie mit Busch- und Flusslandschaften an allen Rändern des tropischen Regenwalds. Dies war das ideale Entstehungsgebiet für den aufrechten Gang. Bei einer geographischen Ausdehnung von wenigstens 5 Millionen Quadratkilometern ist es unwahrscheinlich, dass nur eine einzige Form des aufrechten Gangs entstand. Vielmehr ist anzunehmen, dass sich unterschiedliche geographische Varianten frühester zweibeiniger Vormenschen entwickelten (*Australopithecus, Kenyanthropus*).

Vormenschen und Nussknackermenschen

Die Vormenschen (*Australopithecinen*) behielten eine enge Verbindung zu den breiten Uferzonen- Habitaten bei, die sich seit ca. 4 Millionen Jahren stark ausbreiteten. Besonders in gemäßigten Klimaten am äußersten Rand des Verbreitungsgebietes war dies der Fall. Durch passive Migration entstanden so schließlich mehrere geographische Varianten der *Australopithecinen*, zunächst im nordöstlichen und westlichen Afrika, und – bis vor etwas mehr als 3 Millionen Jahren – auch im südlichen Afrika (Abb. 8). Der Nahrungserwerb dürfte relativ unspezialisiert gewesen sein: Früchte, Beeren, Nüsse, Samen, Sprösslinge, Knospen und Pilze standen den Vormenschen zur Verfügung. Aber auch kleine Reptilien, Jungvögel, Eier, Weichtiere, Insekten und kleine Säugetiere standen, je nach Jahreszeit, auf dem vormenschlichen Speiseplan.

Interessant ist die weitere Entwicklung der Vormenschen, denn vor etwa 2,8 Millionen Jahren begann eine Phase starker Klimaschwankungen in Afrika, die zur Ausbildung von mosaikartigen Lebensräumen führten. Die offenen Lebensräume mit einem höheren Anteil an hartfaserigen und hartschaligen Pflanzen dehnten sich aus, die verbleibenden Flussauewälder wurden schmaler. Der Selektionsdruck dieser Habitatänderung erhöhte die Chancen für Säugetiere mit großen Mahlzähnen, die sich das härtere Nahrungsangebot der Savannen erschließen konnten. Dies galt für frühe Hominiden ebenso wie für zahlreiche andere afrikanische Säugetiere, zum Beispiel Antilopen, vor ca. 2,5 Millionen Jahren.

Dieser Druck war groß genug, um eine Aufspaltung des bis dahin – von geographischen Varianten abgesehen – einheitlichen *Australopithecinen* (Vormenschen)-Stammes in die Gattungen *Paranthropus* („Nussknackermenschen, „robuste Australopithecinen“) (Abb. 4) und Homo (Urmenschen) vor ca. 2,5 Millionen Jahren hervorzurufen. Die Koexistenz dieser zwei Linien ist vor ca. 2 Millionen Jahren aus Olduvai Gorge (Tansania), aus Koobi Fora (Kenia) und aus Konso (Äthiopien) bekannt. Der älteste Nachweis hierfür (2,6 – 2,4

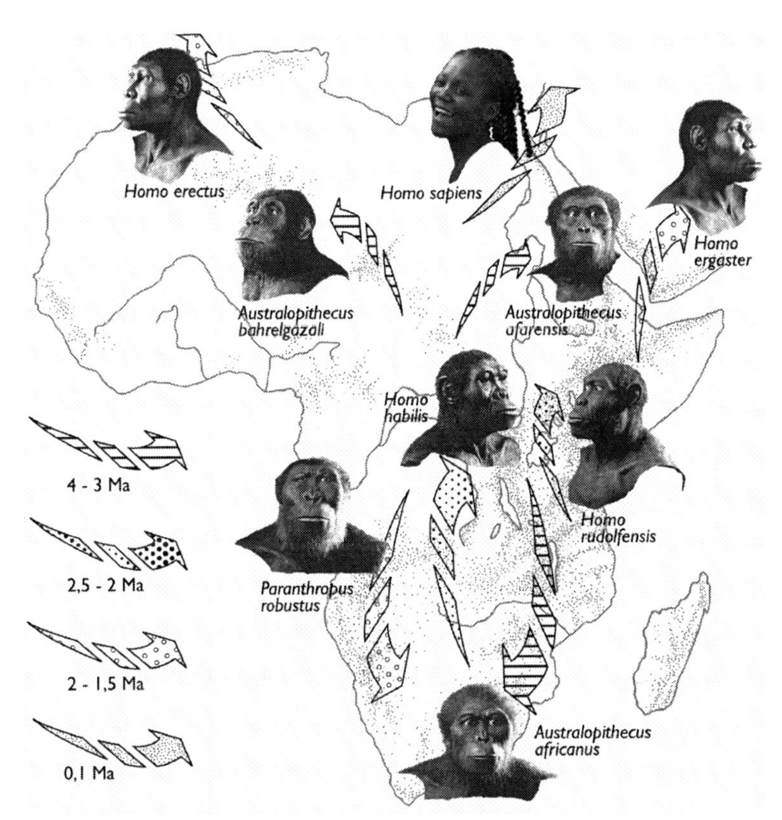

Abb. 8: Klimaabhängige Migrationen der frühen Hominiden in Afrika (Grafik: F. Schrenk, Hominiden-Rekonstruktionen: WildLifeArt Nina Kieser & Wolfgang Schnaubelt)

Millionen Jahre) stammt aus Nord-Malawi. Die eine Linie führt zu *Homo sapiens*, die andere starb mit den robusten *Australopithecinen* vor ca. einer Million Jahre aus.

Allen robusten *Australopithecinen*, die im Allgemeinen zur Gattung *Paranthropus* zusammengefasst werden, sind wesentliche Merkmale in der Konstruktion des Schädels und der Bezahnung gemeinsam: Der Gesichtsschädel ist sehr breit. Die Jochbögen sind sehr kräftig und weit ausladend. Am auffälligsten ist allerdings die Ausbildung eines Scheitelkammes an der Oberseite des Schädels aufgrund stark vergrößerter seitlicher Kaumuskulatur. Diese Merkmale und auch die megadonte Bezahnung deuten darauf hin, dass vor allem harte und grobe pflanzliche Nahrung, zum Beispiel Samen und harte Pflanzenfasern zerkaut wurden.

Die robusten *Australopithecinen*, hielten Verbindung zu den früchtereichen wasserführenden Zonen, besonders während den Trockenzeiten. Ihnen ging wahrscheinlich nie die ursprüngliche Verbindung zu den geschlossenen Habitaten ihres Lebensraumes verloren, da dieser „Wohnraum" nach wie vor Schutz, Schlafplätze und ein gewisses Maß an Nahrung bereithielt. Die Nussknackermenschen starben vor ca. 1 Million Jahren aus – wahrscheinlich nicht wegen Konkurrenz mit den Frühmenschen (*Homo erectus*), sondern mit anderen spezialisierten Pflanzenfressern wie Antilopen und Schweinen.

Ursprung der Gattung Mensch

Wenn auch der aufrechte Gang vielleicht mehrmals unabhängig voneinander entstanden ist, so widerspricht jedenfalls kein einziger Fund der Auffassung, dass der Beginn der Menschwerdung der aufrechte Gang war und nicht die Vergrößerung des Gehirns. Durch den Stand auf zwei Beinen konnten unsere Vorfahren erstmals ihre Hände benutzen. Dies schuf die Voraussetzung dafür, dass Werkzeugkulturen entstanden und mit dem Einsatz dieser Hilfsmittel ein größeres Nahrungsangebot erschlossen werden konnte – günstige Faktoren für das vor 2 Millionen Jahren einsetzende Wachstum des Gehirns. Neugierde und eine beginnende ‚vorausschauende' Lebensweise könnten an dieser Wegmarke der Entwicklungsgeschichte unserer Vorfahren erstmals eine Rolle gespielt haben. Einer der ersten „Vorausschauer" war der Werkzeugbenutzer *Homo rudolfensis*.

Das bislang älteste Fundstück dieses ältesten Angehörigen der Gattung Mensch stammt aus Uraha im Karonga Distrikt Nord-Malawis. Der 2,5 Millionen Jahre alte Unterkiefer (Abb. 9) schloss mit seiner Entdekkung durch das Team des „Hominid Corridor Research Projects – HCRP“ die Forschungslücke zwischen den Hominidenfundstellen Ost- und Südafrikas – eine weitere Prophezeiung von Phillip Tobias wurde wahr. Die Fundstelle liegt am nordwestlichen Ufer des Malawisees in Zentralafrika und damit inmitten des noch heute aktiven Afrikanischen Rifts, das voller Überraschungen und Fossilien steckt. Als Senkungszone verläuft er von Jordanien durch das Rote Meer, weiter durch Nordost- und Ostafrika und schließlich bis an seine südlichste Stelle zum Malawi-Rift. Der berühmte Malawisee – von seinem Buntbarschbestand her einer der artenreichsten Seen der Welt – ist ein typisches Produkt des Afrikanischen Grabens. Als Riftsee markiert er ein überaus wichtiges Ablagerungsgebiet des mehr als 2 Milliarden Jahre alten Kontinents Afrika.

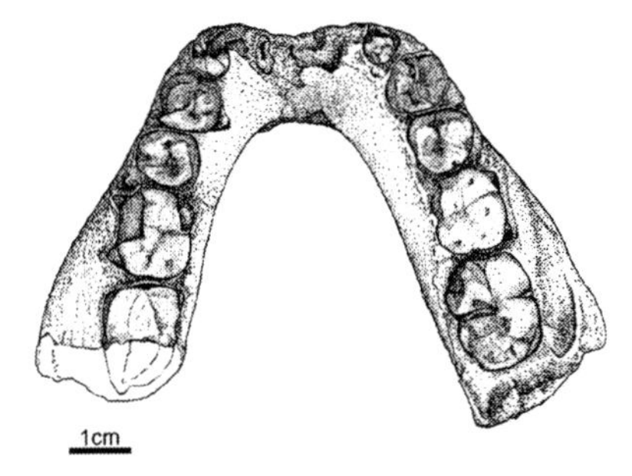

Abb. 9: Homo rudolfensis, Unterkiefer, UR 501, Nord-Malawi, Alter ca. 2,5 Mio. J. (Zeichnung: Claudia Schnubel)

Ein solches Sedimentationsgebiet mit tausenden von Knochenfragmenten, zusammengespült auf engstem Raum, befindet sich 60 Kilometer nördlich der *Homo rudolfensis*-Fundstelle beim Dorf Malema. Durch das Abtragen von insgesamt 1.800 Tonnen Gestein wurde ein Knochenbett freigelegt, das einen weiteren Hominidenfund bereithielt: das Fragment des Oberkiefers eines robusten *Australopithecinen* namens *Paranthropus boisei*, ebenfalls 2,5 Millionen Jahre alt. Durch die zahlreichen Tierfunde konnte das Lebensumfeld unserer Urahnen rekonstruiert und mit neuen Techniken wie 3-D-Vermessung von fossilen Zähnen sogar ein Blick auf den Speiseplan unserer Vorfahren geworfen werden. Die robusten Nussknakkermenschen weisen beispielsweise im Zahnschmelz der Backenzähne Furchen und Kerben auf, die bei der Zermalung von Pflanzen, die immer mit der Aufnahme von harten Partikeln wie etwa Quarzteilchen verbunden ist, entstehen können.

Aus der Gleichzeitigkeit der Entstehung der robusten Nussknacker-Menschen und der Gattung Homo ergab sich eine spannende Frage auf die es nur eine Antwort geben konnte: Ist diese Gleichzeitigkeit nur Zufall oder Notwendigkeit aufgrund ökologischer Rahmenbedingungen? Gab es zur Entwicklung der megadonten Zähne der robusten *Australopithecinen* eine Alternative? Es musste eine gegeben haben, wie sonst ließen sich das Aussterben der Nussknackermenschen und das Überleben der Gattung *Homo* erklären? Diese Alternative musste der Beginn der Werkzeugkultur gewesen sein, deren erste Anfänge ebenfalls – wie die der Gattung Homo – 2,5 Millionen Jahre alt sind. Werkzeuge, die den vorausschauenden Menschen, wie *Homo rudolfensis*, haben überleben lassen.

Das erste Besteck der Gattung Mensch waren weder Messer, Gabel oder steinerner Löffel sondern einfache Steine, die zum Zermalen der Nahrung benutzt wurden. Unter dem Druck der Umweltveränderungen zu jener Zeit war es eben gerade die Fähigkeit der Hominiden zu kulturellem Verhalten, die die Gattung *Homo* entstehen ließ. Im Gegensatz zu den robusten Vormenschen legten unsere Vorfahren eine größere Flexibilität des Verhaltens an den Tag – eine Entwicklung die letztlich auch zu einem größeren und leistungsfähigeren Gehirn führte.

Out of Africa

Vor ca. 2 Millionen Jahren begann in Afrika die Entwicklung zu Hominidentypen mit kräftigerem und größerem Skelett und massivem Knochenbau im Schädel, den typischen Merkmalen von *Homo erectus* (Abb. 10). Kennzeichnend sind eine recht niedrige Stirn und die Ausbildung von kräftigen Augenüberwülsten, über deren Funktion man bis heute rätselt. Vor allem die Hüften und die Bein- und Fußknochen sind sehr kräftig ausgebildet. Der massive Knochenbau lässt darauf schließen, dass *Homo erectus* hohe Kraft und Ausdauer beim Tragen von Material und Nahrung zu den Wohnorten aufbrachte. Bei *Homo erectus* ist eine Zunahme des Gehirnvolumens feststellbar. Es beträgt bei den ältesten Schädeln (knapp 2 Millionen

Jahre alt) ca. 800–900 ccm. Vor einer Millionen Jahren werden Werte von ca. 900–1.000 ccm erreicht und vor 0,5 Millionen Jahren Werte von über 1.100–1.200 ccm. Sowohl die Fähigkeit das Feuer zu nutzen, als auch entwickelte Jagdtechniken waren wichtige Voraussetzungen, Afrika zu verlassen. Möglicherweise war die Jagd eine wichtige Triebkraft, um in entfernteren Gebieten nach Beute zu suchen und den Lebensbereich langsam auszudehnen.

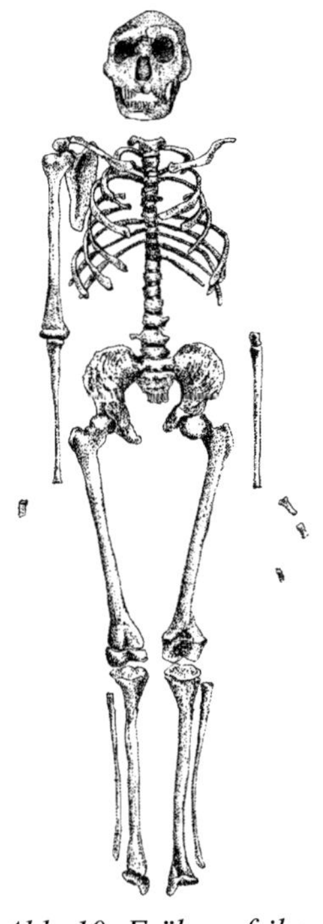

Abb. 10: Früher afrikanischer Homo erectus (Homo ergaster) "Turkana Boy", Skelett KNM-WT 15000 aus Nariokotome, West-Turkana, Kenia (Alter ca. 1,6 Mio. J.) (Zeichnung: Christine Hemm)

Diese Frühmenschen breiteten sich von Afrika bis nach Asien und Europa aus. Die ältesten Nachweise der Besiedlung Javas (Mojokerto) und Chinas (Longgupo) gehen bis ca. 1,8 Millionen Jahre zurück. Ein ebenso hohes Alter weisen die inzwischen über 20 Hominidenfragmente, darunter mehrere Schädel und Unterkiefer aus Dmanisi in Georgien auf, die dort seit 1991 ergraben wurden. Kennzeichnend für diese ältesten Eurasier, die morphologisch dem frühen afrikanischen *Homo erectus (Homo ergaster)* sehr nahe stehen, ist das noch recht geringe Hirnvolumen von ca. 700 ccm.

Spätestens vor 2 Millionen Jahren verließen demnach die ersten Frühmenschen den afrikanischen Kontinent. Dies stimmt gut überein mit klimageographischen Daten aus dem Gebiet der Levante, die für diese Zeit die Ausdehnung der an Nahrung reichen Lebensräume belegen, die zunächst zu einer langsamen Ausbreitung der Frühmenschen geführt haben dürfte. Insbesondere die ressourcenreichen Flusstäler erlaubten später ein rasches Vordringen der

Hominiden auch in steppenartige Landschaften Asiens. Vor allem die mannigfaltige Vegetation und der Wildreichtum der Tränkstellen sicherten dort ihr Überleben.

Kultur und Entwicklung

Neben der Entstehung des aufrechten Ganges vor mehr als 6 Millionen Jahren ist der Beginn der Abkoppelung aus direkten Umweltabhängigkeiten durch eine sich allmählich entwickelnde Werkzeugkultur vor ca. 2,5 Millionen Jahren das wichtigste Ereignis in der Geschichte der Menschwerdung. Die Kontinuität der Benutzung von Werkzeugen, angefangen mit den ersten Steinwerkzeugen vor 2,5 Millionen Jahren bis hin zu hoch differenzierten Kommunikationssystemen, Computern, Autos und Mobiliar, ist bis heute das verbindende Element der Evolution des modernen Menschen. Doch ist es das wirklich?

Die so genannten „Länder des Südens“, allen voran der Kontinent, auf dem einst die Wiege der Menschheit stand, nehmen an der zunehmenden Technisierung der Welt des modernen Menschen schon lange nicht mehr teil. „Erfand“ *Homo erectus* das Feuer noch auf dem „schwarzen Kontinent“, so zog er bereits 1,5 Millionen Jahre nach der Erfindung des ersten Steinwerkzeuges von dannen und eroberte Asien, Europa und später die ganze Welt. Wir, in unserer Welt des Wissens, mit Zugang zu den Wohlstandsinformationsquellen wie Internet, Radio und Fernsehen, gehen heute davon aus, dass dieses für die Menschheit so wichtige Wissen um den eigenen Ursprung, teilbar ist. Teilbar mit allen Nachkommen des ersten Vorausschauers – *Homo rudolfensis*. Doch in Afrika, dem Ausgangspunkt der Vor-, Ur- und Modernen Menschen ist es schlecht bestellt um beides – den Fortschritt durch die Erfindungen des Menschen und das Wissen um seine genuine Herkunft.

Als Forschungsprojekt im Herzen Afrikas versuchen wir deshalb - unterstützt von der Europäischen Union, der Gesellschaft für Technische Zusammenarbeit, dem Deutschen Entwicklungsdienst und

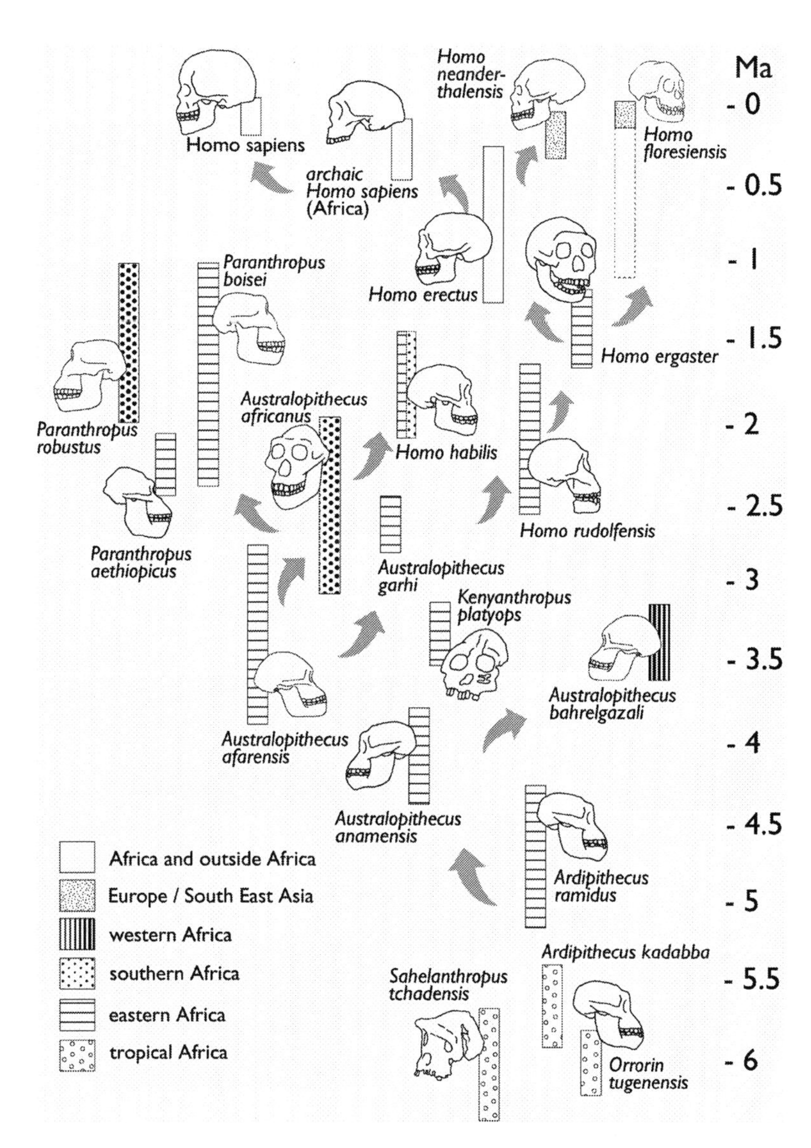

Abb. 11: Chronologie der frühen Hominiden auf biogeographischer Grundlage (Grafik: F. Schrenk, M. Blume)

vielen weiteren privaten und öffentlichen Institutionen – Wissen dort zu vermitteln, wo es mit unserer Geschichte angefangen hat. Um in einem Land, das 30 Jahre diktatorisch regiert wurde, Wissen zu schaffen, eine kulturelle und historische Identität aufzubauen hatte sich die Uraha Foundation Malawi & Germany gegründet um mit der Entstehung eines Kultur- und Museumszentrums in Karonga ein Zeichen für Bildung, Fortschritt und Wissen um Traditionen zu setzen. 240 Millionen Jahre Erdgeschichte zum Anfassen: „From Dinosaurs to Democracy". Demokratisierung von Wissen in einem Land, in dem die Wiege der Menschheit stand.

Abb. 12: 6 Millionen Jahre Menschheitsentwicklung. In der Ahnengalerie befinden sich oben von links nach rechts Australopithecus afarensis, Australopithecus boisei, Homo habilis und Homo neanderthalensis. In der unten Reihe befinden sich ebenfalls von links nach rechts Australopithecus africanus, Homo erectus, Australopithecus anamensis und Homo rudolfensis. (Hominiden-Rekonstruktionen: WildLife Art Wolfgang Schnaubelt & Nina Kieser, Foto: Thomas Ernsting)

Mit der Entstehung des Museums, angegliederter Ausbildungsräumlichkeiten für Schreiner und Präparatoren sowie Bildungseinrichtungen wie dem Evolutions- und Geschichtslehrpfad und einem Grabungscamp in Malema, einem der Hominiden-Fundorte, wurde für die nationalen und internationalen Besucher ein Ort der Begegnung und des Lernens geschaffen, der beispiellos in Südostafrika ist.

Kultur- und speziell Museumsarbeit in Afrika kann aber auch bedeutende Impulse für die gesamtgesellschaftliche Auseinandersetzung bzw. Entwicklung bieten. Regionale naturhistorische Museen in Afrika, so lassen verschiedene Beispiele aus Malawi, Tansania und Kenia vermuten, eröffnen über die Auseinandersetzung mit der lokalen Geschichte neue Zugänge zu Wissen und Bildung. Unter günstigen Voraussetzungen werden sie dabei als eine Art „öffentlicher Raum" der Aneignung von Kultur genutzt, der weitere kulturelle Dynamiken hervorbringt. So gründete sich z. B. in Karonga/Malawi im naturhistorischen Museum eine Umweltgruppe und das örtliche Theatre for Development spielte im Hof des Museums Stücke, die deren Anliegen unterstützten. In Arusha/Tansania wurde das betreffende Museum zum Kristallisationspunkt eines panafrikanischen Musikfestivals, das Gesundheit und Krankheit und den Umgang mit HIV/Aids öffentlich thematisiert.

Ausgehend von der Evolutionsgeschichte des Menschen, über die Einbettung dieser Prozesse in die ganzheitliche Betrachtung der biologischen Evolution und der Umwelt- und Klimaentwicklung bietet die Paläoanthropologie somit auch Perspektiven für innovative, multidisziplinäre Ansätze der Erforschung und Gestaltung von Entwicklungsprozessen des modernen *Homo sapiens*.

Weiterführende Literatur:

Bromage, T. u. Schrenk, F. (Hrsg.) 1999: African Biogeography, Climate Change and Early Hominid Evolution, 1–498. Oxford University Press, New York.

Henke, W. & Rothe, H. (2000): Stammesgeschichte des Menschen. Eine Einführung. Springer Verlag, Berlin, Heidelberg.

Leakey, R. E. (1999): Die ersten Spuren. Über den Ursprung des Menschen. Goldmann, München.

Niemitz, C. (2004): Das Geheimnis des aufrechten Gangs. Unsere Evolution verlief anders; C. H. Beck Verlag, München.

Schrenk, F., Bromage, T.G. & Müller, S. (2002): Adams Eltern – Expeditionen in die Welt der Frühmenschen, Schrenk, F. & Bromage, T.G., 254 S., C.H. Beck, München.

Schrenk, F. (2003): Die Frühzeit des Menschen – Der Weg zum Homo sapiens. – C.H.Beck Wissen, München: Verlag C.H.Beck.

Schrenk, F. & Müller, S (2005): Die Neandertaler, C.H.Beck Wissen, Verlag C.H.Beck, München.

Schrenk, F. & Müller, S. (2006): Die 101 wichtigsten Fragen: Urzeit. Verlag C.H.Beck, München

Wissenschaft verantworten: Was heißt wissenschaftlicher Fortschritt zu Beginn des 21. Jahrhunderts?

Bischof Wolfgang Huber

Sehr geehrter Herr Vorsitzender Professor Döring,
sehr geehrter Herr Stadtverordnetenvorsteher Freiherr von Bethmann,
sehr geehrter Herr Bürgermeister Helm,
lieber Propst Rink,
meine sehr verehrten Damen und Herren,

es ist beeindruckend, vor Ihnen zu stehen und sich klar zu machen, dass dies der 271. Vortrag in dieser Reihe ist; und sie macht immer noch einen dynamischen und neugierigen Eindruck, wie ich es in Ihren Gesichtern sehe.

Herr Professor Zürn hat mir das Programm dieser Reihe in die Hand gedrückt und ein Motto hinzugefügt, dass er offenbar mir speziell zugedacht hat, nämlich einen Satz von Werner Heisenberg, der heißt: „Der erste Schluck aus dem Becher der Wissenschaft macht atheistisch, aber auf dem Grund wartet Gott."

Diese Worte beschreiben den Horizont gut, vor dem meine Überlegungen am heutigen Abend stehen sollen. Sie sind davon bestimmt, das Erkenntnisstreben der Wissenschaft ernst zu nehmen und ihre Fortschritte zu würdigen, aber zugleich die Überhöhung der Wissenschaft zu einem Glauben an sich selbst in Frage zu stellen und deutlich zu machen, dass Wissenschaft sich nur dann treu bleibt, wenn sie auch ihre eigenen Grenzen kennt.

In diesem Rahmen will ich Ihnen heute Abend einige Überlegungen zu einem Thema vortragen, das Monat für Monat neue Perspektiven eröffnet. Die Erfahrung, dass derjenige, der sich um ethische Reflexion bemüht, immer ein Lernender bleibt, gilt in keinem anderen Bereich so sehr wie im Bereich der Ethik der Wissenschaften.

I.

„Und sie bewegt sich doch" – „E pur si muove". Galileo Galilei wird dieser Satz zugeschrieben. Dass er ihn so nicht gesagt hat, gilt als ziemlich sicher; und doch markiert dieser Satz an der Wende zwischen Mittelalter und Neuzeit einen symbolträchtigen Punkt im Verhältnis zwischen den damals führenden Wissenschaften der Theologie und der Philosophie einerseits und den aufkommenden Erfahrungs- und Naturwissenschaften andererseits. Galilei wollte damals seine Kirche für das heliozentrische Weltbild gewinnen. Um des Glaubens willen mahnte er seine Kirche, der Vernunft ihr Recht zu lassen. Für Galilei war in diesem Sinn die Unterscheidung zwischen Glauben und Vernunft eine Bedingung dafür, dass beide vereinbar bleiben konnten. Auch seine Kritiker verfolgten ein vergleichbares Ziel; sie wollten Glauben und Vernunft vereinbar halten in einer Zeit, in der die Fragen der Kosmologie auf das Äußerste umstritten waren. Es muss ja immer wieder daran erinnert werden, dass ein wirklicher Beweis für die Thesen des Kopernikus, die Galilei verteidigte, erst Jahrhunderte später ausformuliert wurde. Es ist demnach zu kurz gegriffen, wenn behauptet wird, am Fall Galileo Galileis habe sich ein garstig breiter Graben zwischen Glaube und Vernunft geöffnet und es läge in diesem Konflikt eine Motivation für den epochemachenden wissenschaftlichen Fortschritt der Neuzeit begründet.

Die weitere Entwicklung zeigte freilich zugleich, wie falsch es sein kann, den christlichen Glauben mit einem bestimmten Bild des Kosmos gleichzusetzen, selbst wenn das naturwissenschaftlich so gut abgesichert ist, wie das unter den Bedingungen der jeweiligen Zeit nur möglich ist. Wenn man den biblischen Schöpfungsbericht anschaut, muss man, wenn man ihn mit Texten aus der Umwelt vergleicht, zugeben, dass er „naturwissenschaftlich" unter den Bedingungen seiner Zeit fortschrittlich und ideologiekritisch formuliert wurde. Die Gestirne, die die Umwelt für Götter hielt, sieht dieser Bericht als Geschöpfe Gottes an. Dennoch lässt sich an diesem Beispiel sehen, dass, wer den weltbildhaften Charakter dieses Berichts mit seinen Inhalten gleichsetzen würde, die Glaubensaussage an ein vergangenes Weltbild knüpfte.

Dies bietet ein gutes Beispiel dafür, wie gefährlich es ist, wenn man den christlichen Glauben mit einem bestimmten Bild des Kosmos gleichsetzt, das sich mit den Fortschritten wissenschaftlicher Erkenntnisse doch notwendiger- oder doch zumindest möglicherweise wandelt und weiterentwickelt. Heute sehen wir beispielsweise, dass das heliozentrische Weltbild des Kopernikus, für das Galilei so nachdrücklich kämpfte, gar nicht mehr ungebrochen gilt. Wir erkennen unsere Galaxie als eine Randerscheinung in der expandierenden Weite des Universums. Ein solcher Wandel des Weltbildes wird heute interessanterweise auch von denen mitvollzogen die in anderer Hinsicht ein nach ihrer Auffassung wörtliches Verständnis der biblischen Schöpfungsberichte einfordern, sich aber hinsichtlich der Kosmologie nicht trauen, das wirklich zu verlangen.

So mutet es nur scheinbar ungewöhnlich an, angesichts der Frage nach dem wissenschaftlichen Fortschritt am Beginn des 21. Jahrhunderts an Auseinandersetzungen von vor über dreihundert Jahren zu erinnern. Denn, so scheint es durch manchen Diskussionsbeitrag unserer Tage nahe zu liegen, man kann gegenwärtig geradezu den Eindruck gewinnen, das Rad des wissenschaftlichen Fortschritts solle in die Zeit der Entdeckungen der Himmelsphysik zurückgedreht werden.

Unter dem Namen des ‚Kreationismus' und des ‚Intelligent Design' werden Debatten angestoßen, die längst überwunden schienen. Dabei wird mit biblischen Texten in einer Weise umgegangen, als habe es die Entwicklung der Theologie, insbesondere in ihrer durch die Reformation angestoßenen wissenschaftlichen Gestalt, nie gegeben. Dies geschieht unter anderem auf die Weise, dass die biblischen

Schöpfungsberichte zu einer quasi wissenschaftlichen Welterklärungstheorie gemacht werden. Dieser Glaube selbst soll nämlich das zutreffende Wissen über die Entstehung und Entwicklung der Welt bereithalten und vermitteln, die Welt müsse von Anfang so intelligent konzipiert sein, dass es zur Entstehung des Lebens und zur Entwicklung des Menschen als der Krone der Schöpfung kam. Damit wird nun Gott freilich den Ursachen in Raum und Zeit gleichgesetzt. Die Frage, was der Existenz dieses intelligenten Urhebers vorausging, lauert um die Ecke. Mit der Verwechslung des Glaubens an den Schöpfer mit einer Form der Welterklärung hat freilich die Christenheit immer wieder Schiffbruch erlitten. Auch heute liegt Vergleichbares nicht fern.

Wenn ein zur Weltanschauung missdeuteter Glaube an die Stelle der wissenschaftlichen Vernunft tritt, wird das Bündnis von Glaube und Vernunft nicht etwa gefestigt, sondern eher in Gefahr gebracht. Es kann nicht verwundern – und in diesen Wochen sind wir Zeugen des Vorgangs, den ich beschreiben will – wenn einer weltanschaulichen Verwendung des christlichen Schöpfungsglaubens spiegelbildlich ein Missbrauch entspricht, der meint, wissenschaftlichen Fortschritt durch eine Leugnung Gottes und durch die Verpflichtung auf einen kämpferischen Atheismus geltend machen zu können. Der Evolutionsbiologe Richard Dawkins, der sich mit seinem Buch „Der Gotteswahn" an die Spitze dieser Bewegung gesetzt hat, sei dafür beispielhaft genannt. Dawkins restauriert ein Weltbild, nach welchem Glaube und Religion einem vorwissenschaftlichen Zeitalter angehören. Sie kämen, so heißt die Folgerung, mit dem Siegeszug des wissenschaftlichen Bewusstseins zum Verschwinden. Dazu allerdings muss man dem wissenschaftlichen Bewusstsein eine quasi-religiöse Bedeutung zuerkennen. Die wichtigste Frage überhaupt, sagt Dawkins, ist die Frage, ob es Gott gibt. Gott aber, so ist er überzeugt, gibt es nur, wenn man ihn im Deutungshorizont der Wissenschaften als den Anfang aller Erfahrung zwingend nachweisen kann. Und damit wird, wenn ich es vereinfacht ausdrücken soll, Darwin dafür verantwortlich gemacht, ob es Gott gibt oder nicht. Der Streit geht dann um die Frage, ob Darwin und die Evolutionsbiologie beweisen, dass es Gott gibt, oder eben beweisen, dass es ihn nicht gibt. Der grundlegende Fehler in dieser Debatte liegt darin, dass in ihr der Schöpfungsgedanke nicht als Thema des Glaubens, sondern der wissenschaftlichen Vernunft angesehen wird.

Solchen Vorstellungen liegt eine Denkweise zugrunde, die der Philosoph Immanuel Kant gerade überwinden wollte, als er erklärte, er habe „das Wissen aufheben" müssen, „um zum Glauben Platz zu bekommen". Er meinte damit, dass er den Gottesbegriff aus der Umklammerung durch das an die Kategorien von Raum und Zeit gebundene Erfahrungswissen befreien musste, damit der Begriff Gottes als der alles umfassenden Wirklichkeit überhaupt wieder zur Geltung kommen konnte. Hinter dieser Befreiung Gottes aus der Vorherrschaft des Erfahrungswissens fällt wieder zurück, wer die Notwendigkeit des Gottesbegriffs auf dieser Ebene des Erfahrungswissens festzuhalten oder zu beweisen versucht.

Der Glaube, so will ich mit dieser Überlegung deutlich machen, bleibt auf die Vernunft angewiesen, aber Glaube und Vernunft sind bewusst voneinander zu unterscheiden. Sie treten jedoch damit nicht beziehungslos nebeneinander, sie werden nicht voneinander getrennt, sondern sie interpretieren sich wechselseitig. Eine große theologische Tradition, die auf Anselm von Canterbury zurückgeht, hat deshalb den Glauben als diejenige Bewegung beschrieben, die auf der Suche nach Erkenntnis ist. Die Erkenntnis sei eine Bewegung des menschlichen Verstandes, die auf der Suche nach Glauben ist, auf der Suche nach der Tiefe des Bechers, um das Zitat von Werner Heisenberg noch einmal aufzugreifen.

Wer Gott allein mit den Mitteln der Naturwissenschaft zu erfassen sucht, bringt sich, so betrachtet, um die Möglichkeit einer Begegnung mit dem befreienden Wort Gottes. Zugleich überschätzt er die Naturwissenschaft, indem er der Meinung ist, sie allein könne Antwort geben auf alle Grundfragen der menschlichen Existenz, auch auf die Frage, warum es die Welt, in der ich lebe, gibt und warum es mich in dieser Welt überhaupt gibt.

II.

Es ist dieser große Horizont, der gerade in den Diskussionen des Jahres 2007 wieder stärker ins Bewusstsein getreten ist. Die große Auseinandersetzung um die Fragen der Wissenschaft reduziert sich eben, so betrachtet, nicht auf Fragen der Ethik, der Anwendung von Forschungsergebnissen, des Handelns. Sondern sie hat es auch mit einem Wettstreit, einem Konflikt auch um die großen Fragen der Weltdeutung zu tun, in die die Wissenschaft immer wieder hineingezogen wird. Denn zu den Charakteristika des wissenschaftlichen Fortschritts in der Neuzeit gehört es gerade, dass die Wissenschaft mit immer weiterreichenden Deutungsansprüchen verbunden wurde und dass sie sich immer schwerer damit tat, die Einsicht in ihre eigenen Grenzen zu akzeptieren und zur Geltung zu bringen. Aber zugleich gewinnen auch ethische Fragen dramatisch an Bedeutung. Fragen meine ich damit vor allem, die mit dem Umgang mit menschlichem Leben, mit dem Leben überhaupt zu tun haben. Die Frage bricht auf, ob wir angesichts der wissenschaftlichen Möglichkeiten, in menschliches Leben einzugreifen, mit einer Veränderung unseres Bildes vom Menschen konfrontiert werden.

Dafür skizziere ich zwei aktuelle Beispiele.

Das eine: Im vergangenen Jahr hat sich die Europäische Union dazu entschlossen, die verbrauchende Forschung mit menschlichen Embryonen finanziell zu unterstützen. Seitdem beteiligen sich auch diejenigen Mitgliedsstaaten der Europäischen Union, die für sich selbst weit restriktivere Regeln festgesetzt haben, darunter auch Deutschland, auf dem Weg über das 7. Forschungsrahmenprogramm der Europäischen Union an der Finanzierung von Forschungsprojekten, die in ihren eigenen Ländern verboten sind. Das ist ein Teil des Dilemmas, das wir gegenwärtig im Blick auf die Forschung mit embryonalen Stammzellen diskutieren.

Die Debatte hat es damit zu tun, ob eigentlich die Regelungen, die wir selber in Deutschland im Jahre 2002 gefunden haben, auch angesichts der Weiterentwicklung der Wissenschaft noch Bestand haben können. Der Kompromiss des Stammzellgesetzes vom 28. Juni 2002, das nach einer denkwürdigen Bundestagsdebatte Ende Januar jenes Jahres zustande gekommen war, lässt die Forschung mit embryonalen Stammzellen nur dann zu, wenn erstens die hochrangige Bedeutung dieser Forschung anerkannt ist und wenn zweitens Stammzelllinien verwendet werden, die vor dem 1. Januar 2002 gewonnen wurden. Damit soll sichergestellt sein, dass nicht menschliche Embryonen hergestellt und getötet werden, um Forschungsprojekten zu dienen, die in Deutschland unternommen werden.

Nun sind seit dem November 2006 vermehrt Stimmen laut geworden, die sagen, diese bisher in Deutschland geltende Stichtagsregelung solle aufgehoben werden. Der Grund liegt darin, dass nach dem Jahre 2002 neue Stammzelllinien entwickelt wurden, die nicht mehr auf einer tierischen Basis beruhen, also nicht wie die Forscher sagen, durch Mäusezellen kontaminiert sind, sondern menschliches embryonales Stammzellgut rein repräsentieren und deswegen auch zu Zwecken der Grundlagenforschung wesentlich besser geeignet sind. Auf diese Situation reagieren die einen mit der Forderung, die Stichtagsregelung zu Gunsten solcher Forschung vollständig aufzuheben, um auch in die Zukunft hinein am wissenschaftlichen Fortschritt weiter partizipieren zu können. Die anderen, zu denen ich mich auch selber zähle, räumen als äußerste Möglichkeit ein, für den Fall, dass dies um der Grundlagenforschung willen unumgänglich notwendig ist, mit einer einmaligen Verschiebung des Stichtags auf einen, von heute aus betrachtet erneut zurückliegenden Stichtag den Erfordernissen hochrangiger, in ihrem Ziel auf die Verbesserung von Heilungschancen gerichteter Forschung zu entsprechen, aber damit zugleich sicher zu stellen, dass auch in Zukunft nicht menschliche Embryonen zu Forschungszwecken hergestellt und verbraucht werden, weil das mit unserem Respekt vor der Würde des Menschen und vor allen Stufen menschlichen Lebens nicht vereinbar ist.

Diese Kontroverse führt in sehr grundlegende Fragen des Menschenbildes hinein. Hat der menschliche Embryo von Anfang an Anteil an der menschlichen Würde oder können wir, wie etwa in Großbritannien gesagt wird, in der Entwicklung des menschlichen Embryos Stufen festlegen, von denen an erst eine solche Teilhabe an der menschlichen Würde anerkannt wird? Ich bin persönlich davon überzeugt, dass der menschliche Embryo von Anfang an – also mit der Verschmelzung von Eizelle und Samenzelle – an der Würde des menschlichen Lebens Anteil hat. Denn so sehr der menschliche Embryo natürlich bis zur Geburt eine Entwicklung durchläuft, so wenig kann man in dieser Entwicklung eine bestimmte Stufe eindeutig bestimmen, die einen solchen Qualitätssprung innerhalb dieser Entwicklung bedeuten würde, dass erst von diesem Zeitpunkt an dem menschlichen Embryo die Zugehörigkeit zum Menschsein zuerkannt werden könnte. Deswegen haben wir auch in den Kirchen gemeinsam gesagt, der Schutz des menschlichen Embryos müsse so weit reichen wie unsere Einwirkung auf diesen Embryo überhaupt. Deshalb muss er im Fall der In-Vitro-Fertilisation, der künstlichen Herstellung eines menschlichen Embryos, von Anfang an besonderen Schutzpflichten unterliegen.

Die Entwicklung, die ich beschrieben habe, hat es mit der sehr schwierigen Frage zu tun, wie wir diese hohe Achtung vor der Würde menschlichen Lebens von Anfang an in Verbindung bringen können mit legitimen, auch hochrangigen Gütern, die es mit der Forschungsfreiheit und mit der Förderung hochrangiger auf Heilungsmöglichkeiten gerichteter Forschung zu tun haben. Eine besonders schwierige Seite dieses Problemkomplexes deute ich wenigstens an.

Viele treten in Deutschland dafür ein, wir sollten den Vorrang ganz und gar auf die Forschung mit adulten Stammzellen legen, also mit Stammzellen, die aus bereits geborenem menschlichem Leben gewonnen sind und deren Gewinnung keine Zerstörung menschlichen Lebens zur Folge hat; auch Stammzellen aus dem Blut der Nabelschnur spielen in diesem Zusammenhang eine große Rolle. Die Hoffnung richtet sich darauf, dass sich aus dieser Forschung eines Tages vielleicht Heilungsmöglichkeiten für Krankheiten ergeben, die wir bisher nicht heilen können. Viele Forscher bekräftigen diesen Weg, fügen aber hinzu: Damit wir das Funktionieren von adulten Stammzellen verstehen und die Möglichkeiten der Reprogrammierung wirklich einsetzen können, muss man zunächst einmal das Funktionieren dieses ganzen Prozesses unter Einbezug embryonaler Stammzellen erforscht haben. Nehme ich an, dass das stimmt – und wer wäre ich als Theologe, dass ich behaupten könnte, das stimme nicht – , dann kann ich offenbar gar nicht so einfach vorschlagen, der Forschung mit adulten Stammzellen den Vorrang zu geben und die embryonalen Stammzellen gänzlich auf sich beruhen zu lassen. Denn offenbar braucht es einen Schritt der Forschung mit embryonalen Stammzellen, damit die Forschung mit adulten Stammzellen überhaupt an ihr Ziel kommen kann. Wer der Forschung mit adulten Stammzellen den Vorrang gibt, weil diese nicht auf Kosten menschlichen Lebens geht, kann diese Forschung nicht in der Weise, wie dies häufig geschieht, gegen die Forschung mit embryonalen Stammzellen ausspielen.

Ich will mit dieser Problemskizze nur noch einmal unterstreichen, warum es auch auf der Basis einer sehr prinzipiellen ethischen Aussage zum Schutz des menschlichen Lebens von Anfang an zur Suche nach einem Kompromiss kommen kann, ja kommen muss, der sich darum bemüht, die beteiligten hochrangigen ethischen Güter miteinander in einen Ausgleich zu bringen. In solche sehr grundlegenden ethischen Fragen führt es hinein, wenn man sich diesem Beispiel genauer zuwendet.

Doch nun vergleichen wir dies mit dem anderen Beispiel, das in noch stärkeren Maß in den letzten Tagen und Wochen unsere Zeitungen bestimmt hat.

III.

Die Schweizer Organisation Dignitas provoziert damit Aufmerksamkeit, dass sie angekündigt hat, einem schwerkranken Menschen bei seinem Suizid in Deutschland zu assistieren. Ihr Ziel ist es dadurch einen Prozess auszulösen, der die Frage des assistierten Suizids und seiner rechtlichen Zulässigkeit durch alle Instanzen in Deutschland hindurchfechten und einer Änderung der Rechtslage in Deutschland vorarbeiten soll.

Der Nationale Ethikrat hat zu diesem Fragenkreis im vergangenen Jahr eine Stellungnahme unter dem Titel: „Selbstbestimmung und Fürsorge am Lebensende“ veröffentlicht. Er hat sich den umstrittenen Fragen im Umkreis des menschlichen Sterbens zugewandt, die dadurch entstehen, dass Menschen dank der Fortschritte der Medizin nicht nur länger leben, sondern unter Umständen auch länger leiden. Der Nationale Ethikrat hat dabei einen wichtigen Beitrag zur ethischen Klärung geleistet, indem er die gebräuchliche Begrifflichkeit, die zwischen „aktiver“, „passiver“ und „indirekter“ Sterbehilfe unterscheidet, grundsätzlich in Frage gestellt hat. Denn weder lassen sich die so bezeichneten Handlungsweisen immer klar voneinander unterscheiden noch wird ihre ethische Problematik durch die gewählten Begriffe deutlich gemacht. Der Nationale Ethikrat unterscheidet stattdessen zwischen Sterbebegleitung, Therapie am Lebensende, Sterbenlassen, Beihilfe zur Selbsttötung und Tötung auf Verlangen. Doch in den damit genauer bezeichneten, besonders problematischen Fällen der Beihilfe zur Selbsttötung und der Tötung auf Verlangen kommt der Nationale Ethikrat nicht mehr zu einer gemeinsamen ethischen Position.

Jeder muss sich klarmachen, dass hier Grundfragen des ärztlichen Ethos auf dem Spiel stehen. Der ärztliche Beruf gehört zu den großen und wichtigen Vertrauensberufen in unserer Gesellschaft. Sein Ethos beruht auf der Vorstellung, dass der Grundsatz niemandem zu schaden, das oberste Gebot ist und dass dieses Gebot sich nach der hippokratischen Tradition darin äußert, dass die gewaltsame Beendigung eines menschlichen Lebens oder die Beihilfe dazu außerhalb der Möglichkeiten des ärztlichen Ethos steht. Es reicht auch nicht, an dieser in Stelle hinzuzufügen, in Deutschland müssten wir wegen der dunklen Seiten unserer Geschichte politische Rücksichten nehmen. Denn es geht an dieser Stelle nicht nur um eine politische, sondern ebenso um eine moralische Rücksicht, nämlich die Rücksicht auf die Integrität des menschlichen Lebens. Es ist eine außerordentlich gewichtige Situation, in der wir uns befinden. Es hängt nach meiner Überzeugung sehr viel an der Frage, ob es gelingt Palliativmedizin, Hospizarbeit, einen guten und besonnenen Umgang mit Patientenverfügungen und vorsorgenden Vollmachten so weiterzuentwickeln, dass Menschen, die sich vor einer von ihnen als sinnlos empfundenen Verlängerung des Leidens fürchten, ein Zutrauen dazu entwickeln können, dass auch das Sterben als ein Teil des Lebens verstanden wird, und deswegen die letzte Lebensstrecke eines Menschen so gestaltet wird, dass Menschen die Möglichkeit haben, sie in Würde und nicht mit unsäglichem Leiden zu begehen.

Alternativen zur Tötung auf Verlangen oder zur Beihilfe zum Suizid so zu entwickeln, dass Menschen diese Furcht genommen wird und so zu vermeiden, dass eine der großen Segnungen unserer Zeit, nämlich der Fortschritt der Medizin, in eine Belastung der letzten Lebensphase umschlägt – das ist die große Aufgabe vor der wir stehen. Es besteht kein Zweifel, dass in kaum einem anderen Bereich in den Lebenswissenschaften insgesamt und in ihrem Rahmen in der Medizin gegenwärtig die Fortschritte der Wissenschaft von Jahr zu Jahr mehr Staunen und auch mehr Fragen wecken müssen. Denn so sehr wir die Fortschritte in der Lebenserhaltung und Lebensverlängerung würdigen, so sind wir doch im Blick auf die Anwendung dieser Fortschritte mit guten Gründen sehr unsicher. Wir brauchen eine Verständigung und auch eine Gewissheit darüber, wie diese Fortschritte im Einzelfall angewandt werden, so dass sie wirklich dem menschlichen Leben dienen, es fördern und der Lebensqualität zugute kommen – aber so, dass die menschliche Würde auch noch in der letzten Stunde des menschlichen Lebens geachtet wird.

IV.

Nach diesen beiden Beispielen will ich fragen, in welchen Horizont wir solche Fragen im Umgang mit dem wissenschaftlichen Fortschritt am Beginn des 21. Jahrhunderts rücken. In solchen Zusammenhängen wird immer wieder von der Verantwortung der Wissenschaft geredet. Prägend ist dafür bis zum heutigen Tag der philosophische Vorstoß, den Hans Jonas im Jahre 1978 mit seinem „Prinzip Verantwortung" unternommen hat. Jonas hat damals die Verantwortung, die er als leitendes Prinzip nicht nur der Wissenschaft selbst, sondern alles Handeln im wissenschaftlich-technischen Zeitalter betrachtet, konsequent als Folgeverantwortung konzipiert: „Handle so, dass die Folgen deines Handelns vereinbar sind, mit der Permanenz echten menschlichen Lebens auf Erden", so hieß sein kategorischer Imperativ, sein moralisches Credo.

Angesichts der Dynamik wissenschaftlich-technischer Fortschritte hat dieser Imperativ eine hohe Plausibilität. Doch davor, ihn absolut zusetzen, muss man gleichwohl warnen. Denn in ihm spielt der Begriff der zukünftigen Folgen eines Handelns eine große Rolle. Künftige Folgen jetzigen Handelns kann man aber immer nur mit einer großen Unsicherheit voraussagen. Deshalb wandelt sich dieses Kriterium, wenn es absolut gesetzt wird, sehr schnell so, dass die wissenschaftsethische Diskussion die Gestalt eines Streits über die Folgenabschätzung annimmt. Und immer wieder tritt dann eine Situation ein, die sich, um ein anderes Beispiel wie die Klimadiskussion nur zu erwähnen, so abgebildet findet, dass die einen hinsichtlich der Folgen vor einem Alarmismus warnen und die anderen meinen, es werde Verharmlosung betrieben. Wir können an der Klimadiskussion wie an der Diskussion über die grüne Gentechnologie oder über viele andere Themen sehen, dass angesichts einer Unschärfe, die im Blick auf Zukunftsprognosen bleibt, die einen dem Gedanken der Annahme des schlimmsten Falls folgen, während die andern sagen, es werde der Wissenschaft auf dem Weg dahin schon noch irgendetwas Neues einfallen, um die Folgen abzuschwächen. Vor allem könne man doch sowieso nicht vorhersagen, ob alles so schlimm kommt, wie man heute denkt. Auf diese Weise stehen wir wieder vor einer Debatte über Alarmismus oder Verharmlosung als Zentraldebatte über die Ethik der Wissenschaft. Aus diesem Grund lassen sich wissenschaftliche Entscheidungen nicht nur unter dem Gesichtspunkt ihrer künftigen Folgen betrachten. Es muss vielmehr zugleich gefragt werden, ob sie in sich selbst gerechtfertigt werden können. Deswegen brauchen wir eine Wissenschaftsethik, die auch andere Elemente in sich enthält als nur die Folgenabschätzung, so wichtig das Element der Folgenabschätzung auch ist.

Seit es Wissenschaft gibt, gibt es auch eine Wissenschaftsethik. Die Wissenschaftstheorie schließt schon immer auch ethische Implikationen ein. In besonderem Maß gilt das für diejenige Wissenschaftstheorie, die an der Wahrheitserkenntnis um ihrer selbst willen ausgerichtet ist. In diese Tradition hat sich noch ganz bewusst der große Soziologe Max Weber hineingestellt, als er im Kriegsjahr 1917 in einem außerordentlich berühmt gewordenen Vortrag unter dem Titel „Wissenschaft als Beruf" elementare Grundlinien einer Wissenschaftsethik dargestellt hat. „Schlichte intellektuelle Rechtschaffenheit" war die einzige Tugend, die er im Hörsaal gelten lassen wollte. Eine möglichst weitgehende Zurückhaltung in allen Werturteilen und der Verzicht auf alle politische Parteinahme waren die für ihn unausweichlichen Konsequenzen. Wissenschaftliche Objektivität schloss und schließt insofern zugleich ein hohes Ethos der Selbstdisziplin, ja der Selbstzurücknahme ein. Ein Wissenschaftler darf sich im Horizont seiner Wissenschaft nicht einbilden, er könne über alles und jedes reden. Wenn ich den Grund angeben sollte, warum mich das Buch „Der Gotteswahn" von Richard Dawkins innerlich so erregt hat, dann ist es die Verletzung der wissenschaftlichen Selbstdisziplin,die mir in ihm entgegengetreten ist.

Da findet sich beispielsweise ein ganzer Abschnitt, in dem sich der Autor ausdrücklich mit Kritikern auseinandersetzt, die ihm vorwerfen, er rede mit der allergrößten Unbefangenheit über Fragen, von denen er nichts verstehe, wie zum Beispiel über die Überlieferungsgeschichte biblischer Texte und deren Deutung. Hierzu schreibt Dawkins nun ausdrücklich, dass man von ihm auch nicht verlangen könne, dass er etwas davon verstehe; zudem sei auch nicht einzusehen, warum er sich nur dann dazu äußern dürfe, wenn er wissenschaftlich davon etwas verstehen würde. Darin aber sehe ich eine Verletzung jener Selbstdisziplin und Selbstzurücknahme, die ein unermesslich wichtiges Kriterium für gute Wissenschaft und in sich selbst ein hohes wissenschaftsethisches Gut ist.

Das Ethos forschender Objektivität um der Wahrheit willen ist nun aber zugleich an die Bedingungen menschlicher Freiheit gebunden. Das Ideal der Objektivität lässt sich nur aufrechterhalten, wenn der Prozess des Forschens von fremder Bestimmungsmacht freigehalten werden kann. Doch die Zusammengehörigkeit von Forschung und Freiheit wurde in der Neuzeit darüber hinaus auch darin gesehen, dass die Fortschritte der Forschung der Entfaltung menschlicher Freiheit zugute kommen. Die Freiheit des Menschen wurde in der Neuzeit als Unabhängigkeit von den Zwängen der Natur definiert. Der entscheidende Maßstab für den Fortschritt der Erkenntnis wurde darin gesehen, ob er die Menschen von den Mühseligkeiten der menschlichen Existenz befreie, wie Bertolt Brecht das in seinem „Leben des Galileo Galilei" nannte. Von dieser Verknüpfung der Forschung mit der Freiheit, die in der Neuzeit so empathisch behauptet wurde, ist vor allem das Postulat der Forschungsfreiheit übrig geblieben. Die innere und äußere Freiheit in der Definition seines Untersuchungsgegenstandes und in der Wahl des Forschungsweges wie auch im Recht zur Veröffentlichung der Untersuchungsergebnisse ist heute als forschungsethisches Prinzip weithin anerkannt, ja, es hat bei uns verfassungsrechtlichen Rang als Grundrecht gewonnen.

Gleichwohl muss man zugeben, dass sich mit diesen beiden Grundsätzen der Wissenschaftsethik – der Objektivität um der Wahrheit willen und der Forschungsfreiheit – diejenigen Probleme, mit denen wir uns heute auseinander setzen müssen, noch nicht zureichend in den Blick nehmen lassen. Dies hat im Grunde eine sehr einfache Ursache. Solche Grundsätze gelten insbesondere für prozesshaft verfahrende Wissenschaften, die einen bestimmten Gegenstand erforschen, ohne zu wissen, was dabei herauskommt. Heute haben wir es aber in einem hohen Maß mit resultathaft verfahrenden Wissenschaften zu tun, die eine bestimmte Zielsetzung verfolgen und Wege zu diesem Ziel erkunden. Zu einem vorweg definierten Resultat soll durch Entdeckung und Experiment der günstigste Weg gefunden werden. Damit ist Wissenschaft aber nicht mehr generell dem Ziel der Wahrheitserkenntnis zugeordnet, sondern an bestimmten Zwekken orientiert. Dabei kommt der ökonomischen Verwertbarkeit der wissenschaftlich entwickelten Mittel zu diesen Zwecken ein hoher Rang zu. Die Wissenschaft wird auf diese Weise voll hineingezogen in die Konkurrenzbedingungen, die in der Zeit der Globalisierung herrschen; Wissenschaft operiert weltweit, sie steht auch in wissenschaftsethischer Hinsicht vor der Frage, was denn passiert, wenn in unterschiedlichen Ländern unterschiedliche Regelungen gelten. In dieser Situation entsteht nun angesichts der größeren Reichweite wissenschaftlichen Handelns unter den Bedingungen weltweiter Konkurrenz eine ganz neue Debatte über die Ethik der Wissenschaften. Ich bin davon überzeugt, dass in diese Debatte christliche Theologie und christliche Ethik wichtige Einsichten einbringen können.

V.

Das will ich am Schluss ganz kurz skizzieren: Natürlich gilt auch für die christliche Theologie, dass die Wahrheit ein hohes Gut ist; insofern kann sie dem Streben nach der Wahrheit in der Wissenschaft nur zustimmen. Aber christliches Denken ist in dieser Hinsicht von der Einsicht bestimmt, dass die Wahrheit des Ganzen stets größer bleibt als die vom Menschen je erkannte Wahrheit. Kein wissenschaftlicher Fortschritt kann diese Differenz zwischen der jeweils erkannten Wahrheit und der Wahrheit in ihrer Fülle überbrücken.

Ich bin fest davon überzeugt, dass gerade angesichts der dramatischen Entwicklung der Wissenschaften diese Unterscheidung von einer eminent humanen Bedeutung ist. Die Wahrheit die wir erkennen, ist zu unterscheiden von der Wahrheit in ihrer Fülle. Mit einem etwas komplizierten Ausdruck habe ich das die „epistemische Demut“ oder die Demut im Blick auf unser eigenes Wissen genannt.

Der zweite Gesichtspunkt lautet: Eine christliche Orientierung kann uns dabei helfen, Freiheit nicht nur als Durchsetzung der eigenen Interessen zu verstehen, sondern als eine Freiheit in Beziehung, in Verantwortung, eine Freiheit, die dem andern zugute kommen soll und nicht nur mir selbst. Was bedeutet das für die Wissenschaft? Es bedeutet für die Wissenschaft, dass die Freiheit nicht als Argument dafür herhalten kann, alles und jedes mit allen Mitteln und jeder Verfahrensweise erforschen zu wollen. Es verstößt nicht gegen die Freiheit, wenn man zwischen dem unterscheidet, was man tun kann, und dem was man tun darf. Es ist keine Einschränkung der Freiheit, wenn wir uns darum bemühen, den Gebrauch unserer Freiheit zu verantworten. Es ist übrigens insgesamt richtig, dass auch der Umgang mit der Wissenschaft an den Respekt vor der Würde der menschlichen Person gebunden werden muss. Auch für die Wissenschaft ist es entscheidend, dass wir den Menschen nicht als eine Sache, sondern als eine Person, nicht als ein „Etwas“, sondern als „Jemand“ ansehen.

Diese Differenz geltend zu machen, führt dann im Blick auf die Beispiele, von denen wir ausgegangen sind, zu der Konsequenz, dass wir achtsam mit menschlichem Leben vom Anfang bis zum Ende umgehen, dass wir auch an den Grenzen menschlichen Lebens einen Menschen nie als Sache, sondern stets als Person ansehen, ihn nie nur ansehen unter dem Gesichtspunkt seiner möglichen Nützlichkeit, sondern ihn unter dem Gesichtspunkt ansehen, dass jedes Leben sein Geheimnis hat.

Und schließlich das Letzte. Zum christlichen Glauben und zum christlichen Menschenbild gehört eine Einsicht in die Bedingungen der conditio humana, der Bedingung des menschlichen Lebens, die man so beschreiben kann: Der christliche Glaube hat eine tiefe Einsicht in die Verführbarkeit des Menschen. Auch die Geschichte der Wissenschaft zeigt, das noch so ausgeklügelte wissenschaftliche Erkenntnisse den Menschen nicht gegen diese Verführbarkeit gefeit machen.

Die deutschen Universitäten und Forschungsinstitute waren in den zwölf Jahren des nationalsozialistischen Regimes nicht der Hort des Widerstands gegen die Verführung, nein, man muss zugeben, Wissenschaftler standen in ihrer ethischen Haltung angesichts dieser Barbarei nicht höher als die Bevölkerung insgesamt. Forschungsprojekte hat es gegeben, übrigens auch in der Theologie, die dieser Verführbarkeit Ausdruck gegeben haben. Daraus lässt sich lernen, dass wir auch im Bereich der Wissenschaft auf Grenzziehungen angewiesen sind, die dieser Verführbarkeit des Menschen Rechnung tragen. Ja, es muss deswegen eine Ethik der Wissenschaft geben, die sich auch in rechtlichen Regelungen Ausdruck verschafft. Dazu gehört aber zugleich, dass die Wissenschaft selber Orte der Reflexion braucht, an denen sie sich selber Rechenschaft darüber ablegt, ob sie verantworten kann, was sie tut.

VI.

In diesen Hinsichten – der Demut hinsichtlich unserer Wahrheitserkenntnis, des Verständnisses von Freiheit im Sinn eines Lebens in Beziehungen, der Dienstfunktion der Wissenschaft gegenüber der Würde der menschlichen Person und der Einsicht der Verführbarkeit des Menschen – kann eine theologische Reflektion im Geist des christlichen Glaubens und seines Menschenbildes uns auch helfen, eine Grundorientierung zu finden im Blick auf die wissenschaftsethischen Herausforderungen am Beginn des 21. Jahrhunderts.

Das bedeutet nicht immer, dass Christen oder Theologen die Einzelfragen besser als andere zu beantworten in der Lage wären. Aber es trägt dazu bei, dass wir auch für die gesellschaftliche Diskussion eine Atmosphäre schaffen können, in der die großen Fragen der wissenschaftlichen Entwicklung mit dem Maß an Nachdenklichkeit behandelt und beantwortet werden, die angesichts der Dramatik des wissenschaftlichen Fortschritts notwendig und wünschenswert sind.

Dazu wollte ich mit dieser Überlegung beitragen.

Die Autoren

Jürgen Tautz

(geb. 1949) studierte Biologie, Geographie und Physik an der Technischen Universität Darmstadt und promovierte 1977 an der Universität Konstanz. Für seine Dissertation erhielt Tautz den, unter Doktoranden sehr begehrten, Byk-Preis der Herbert Quandt-Stiftung. Es folgten verschiedene Forschungs-Stipendien, die ihn nach Australien und die USA führten. 1986 habilitiert Jürgen Tautz und wird vier Jahre später Professor am Biozentrum der Universität Würzburg.

1994 wird die BEEgroup gegründet, eine Gruppe, die sich mit der Erforschung der Biologie der Honigbiene auseinandersetzt. Deren Schwerpunkt ist die Gesundheitsforschung an Honigbienen, ist doch die globale Nahrungsmittelproduktion zu 35% von Insektenbestäubern abhängig. Eine Nachhaltigkeit nachwachsender Rohstoffe sowie die Schönheit einer bunten Blumenwiese ist ohne gesunde Honigbienen also gar nicht möglich.

Ebenso wichtig ist Tautz die Vermittlung des Wissens um die Honigbiene in die Öffentlichkeit. Um diese finanzieren zu können, wird im Jahr 2004 den Verein „Bienenforschung Würzburg e.V." (www.bienenforschung.biozentrum.uni-wuerzburg.de gegründet, dessen Vorsitzender er ist.

2005 wurde er in diesem Zusammenhang von der European Molecular Biology Organization als einer der besten Wissenschaftkommunikatoren Europas bezeichnet.

Christoph Neinhuis

(geb. 1962) wuchs im nordrhein-westfälischen Kalkar auf und beschloss nach seinem Abitur zunächst eine Gärtnerlehre zu absolvieren. 1984 begann Neinhuis sein Studium der Biologie an der Rheinischen Friedrich-Wilhelms-Universität in Bonn und schloss dort 1990 mit dem Diplom ab. Drei Jahre später promovierte Neinhuis mit dem Thema: „Untersuchung zur Verbreitung,

Charakterisierung und Funktion mikroskulptierter Oberflächen bei Pflanzen, unter besonderer Berücksichtigung der Benetzbarkeit und Kontamination.“
1999 wurde Neinhuis mit dem Philip-Morris-Forschungspreis ausgezeichnet. Am Botanischen Institut der Universität zu Köln wurde er im Folgejahr mit der Vertretung einer Professor beauftragt. 2004 erhielt er eine Professur für Botanik an der Technischen Universität Dresden.

Klaus Hahlbrock
(geb. 1935) studierte an der Universität Freiburg Chemie und promovierte 1965 zum Dr. rer. nat. (Chemie). Nach einer Assistenzzeit und Forschungsaufenthalten an den Universitäten Freiburg und Davis/California habilitierte Hahlbrock 1971 und wurde anschließend Professor am Biologischen Institut II der Fakultät für Biologie der Universität Freiburg, 1976 Dekan der Fakultät für Biologie. Seit 1983 war Hahlbrock Mitglied des Max-Planck-Instituts für Züchtungsforschung in Köln, dessen geschäftsführender Direktor er 1986 wurde. Von 1990 bis 1993 war er Vorsitzender der Biologisch-Medizinischen Sektion und von 1996 bis 2002 Vizepräsident der Max-Planck-Gesellschaft. Hahlbrock ist Mitglied in zahlreichen naturwissenschaftlichen Vereinigungen und erhielt 2002 das Bundesverdienstkreuz 1. Klasse.

Gerda Horneck
(geb. 1939) studierte an den Universitäten Bonn, Marburg und Frankfurt am Main Biologie und promovierte 1967 bei Professor Reinhardt Kaplan zum Dr. phil nat. (Biologie). Sie befasste sie sich danach mit strahlenbiologischen und exobiologischen Fragen der Weltraumforschung, zunächst als wissenschaftliche Mitarbeiterin der Arbeitsgruppe biophysikalische Raumforschung an der Universität Frankfurt, die 1981 vom Deutschen Zentrum für Luft- und Raumfahrt (DLR) als Abteilung Strahlenbiologie in das Institut für Luft- und Raumfahrtmedizin übernommen wurde, und 1978 als Gastwissenschaftlerin bei John Spizizen an der

Scripps Clinics in La Jolla, USA. 1993 übernahm sie die Leitung der Abteilung Strahlenbiologie, 1997 die stellvertretende Leitung des Institutes für Luft- und Raumfahrtmedizin. Seit der Apollo 16 Mission (1972) hat sie zahlreiche Weltraumexperimente geleitet, bzw. in internationaler Zusammenarbeit koordiniert. Sie ist Präsidentin des Europäischen Astrobiologie-Neztwerkes, Koordinatorin eines europäischen Vorlesungs-Netzwerkes zur Astrobiologie, Beraterin von internationalen Organisationen (ESA, NASA, European Science Foundation) und Mitglied der Internationalen Astronautischen Akademie. Sie ist Autorin von über 150 wissenschaftlichen Publikationen.

Gerhard Kreysa

(geb. 1945) aufgewachsen in Dresden, wo er sein Studium der Chemie an der Technischen Universität absolvierte. 1970 promovierte Kreysa zum Dr. rer.nat bei Professor Kurt Schwabe in Dresden und begann drei Jahre später seine berufliche Laufbahn als wissenschaftlicher Mitarbeiter am DECHEMA-Institut. Seine Habilitation zum Thema „Konzeption der elektrochemischen Prozesstechnik und der Anwendung auf Fest- und Wirbelbettzellen“ an der Universität Dortmund absolvierte Kreysa 1978. Noch im gleichen Jahr übernahm er die Leitung der Arbeitsgruppe „Elektrochemie“ am DECHEMA-Institut Frankfurt am Main. 1985 ernannte ihn die Universität Dortmund zum außerplanmäßigen Professor. Neben seinen umfangreichen wissenschaftlichen Forschungen arbeitete Kreysa bereits ein Jahr später als stellvertretender Geschäftsführer der DEMCHEMA. Seit 1992 leitet er als Geschäftsführer die DECHEMA, die Deutsche Gesellschaft für chemisches Apparatewesen, Chemische Technik und Biotechnik e. V.

Seine Forschungsergebnisse legte Gerhard Kreysa in über 130 wissenschaftlichen Arbeiten nieder und erhielt neun Patente.

Jens Georg Reich

(geb. 1939) studierte an der Berliner Humboldt-Universität Medizin und Molekularbiologie und arbeitete anschließend

zunächst als Assistenzarzt, nach einer biochemischen Fachausbildung wissenschaftlich am Zentralinstitut für Molekularbiologie in Berlin-Buch. Nach seinen Pomotionen zu den Themen „Arterielle Gefäßgeräusche“ und „Zeit und Bewegung im Stoffwechsel der lebenden Zelle“ sowie seiner Ernennung zum Professor der Biomathematik wurde Reich 1980 Professor für Biomathematik und vorübergehender Abteilungsleiter am Zentralinstitut für Molekularbiologie, wurde später jedoch aus politischen Gründen zurückgestuft.
Reich ist vor allem als Bürgerrechtler der untergehenden DDR bekannt geworden, war er doch einer der Autoren und Erstunterzeichner des Aufrufs „Aufbruch 89 - NEUES FORUM“. Auf der größten Demonstration der Wendezeit trat Reich im November 1984 als Redner auf. Im März 1990 wurde er schließlich Abgeordneter der einzigen frei gewählten Volkskammer der DDR. 2001 wurde Jens Reich zum Mitglied des Nationalen Ethikrats berufen, dessen stellvertretender Vorsitzender er seit 2005 ist.

Spiros Simitis

(geb. 1934) von 1952 bis 1956 studierte er Rechtwissenschaften an der Philipps-Universität Marburg. Nach seinem Studium promovierte er über die „Faktischen Vertragsverhältnisse“, wurde wissenschaftlicher Assistent an der J.-W.-Goethe-Universität in Frankfurt am Main und habilitierte schließlich dort.
Zwischen 1964 bis 1969 war Simitis Professor an der Justus-Liebig-Universität Gießen und lehrte dort Bürgerliches Recht, Handels- und Wirtschaftsrecht sowie internationales Privatrecht. 1969 verschlug es ihn als Professor für Arbeitsrecht, Bürgerliches Recht und Rechtsinformatik mit dem Schwerpunkt Datenschutz zurück nach Frankfurt am Main. Spiros Simitis ist Direktor der Forschungsstelle für Datenschutz an der Frankfurter Goethe-Universität, war unter anderem Gastprofessor an den Universitäten Yale und Paris und zwischen 1975 bis 1991 hessischer Landesbeauftragter für Datenschutz. Dem Publikum des Königsteiner Forums ist er bereits, als aktives Mitglied des Beirates bekannt.

Friedemann Schrenk

Friedemann Schrenks (geb. 1956) Studienlaufbahn ist alles andere als einseitig. An den Universitäten Darmstadt, Johannesburg und Frankfurt am Main studierte er neben Geologie, Paläontologie und Zoologie auch Anatomie und Anthropologie. Mit einer Dissertation über ein schädelanatomisches Thema schloss er sein Studium 1987 ab und wurde anschließend Assistent am Zentrum der Morphologie der Universitätsklinik Frankfurt. Nach einer kurzen Assistenzzeit an der Universität Tübingen habilitierte Schrenk schließlich 1994 an der Technischen Universität Darmstadt im Fach Paläontologie.

Im Hessischen Landesmuseum Darmstadt war Schrenk bereits seit 1989 Leiter der Geologisch-Paläontologischen und Mineralogischen Abteilung, von 1992 bis 1999 sogar der stellvertretende Direktor des Museums.

Die Sektion Paläoanthropologie und Quartärpaläontologie des Frankfurter Forschungsinstituts Senckenberg leitet Friedemann Schrenk seit 2000. Gleichzeitig ist er als Professor für Paläobiologie der Wirbeltiere an der J.-W.-Goethe-Universität tätig.

Wolfgang Huber

(geb. 1942) studierte ab 1960 Theologie in Heidelberg, Göttingen und Tübingen, promovierte 1966 und absolvierte 1972 schließlich seine Habilitation. Zwischen 1968 und 1980 war er Mitarbeiter und stellvertretender Leiter der Forschungsstätte der Evangelischen Studiengemeinschaft in Heidelberg. Zwischen 1980 und 1994 übernahm Huber verschiedene Professuren in Marburg, Heidelberg und Atlanta/USA. 1983 wurde er Präsident des Deutschen Evangelischen Kirchentages. Zum Bischof der Evangelischen Kirche Berlin-Brandenburg wurde Huber 1994 geweiht. Die schlesische Oberlausitz kam zehn Jahre später dazu. Seit dem 5. November 2003 ist Bischof Dr. Wolfgang Huber der Vorsitzende des Rates der Evangelischen Kirche in Deutschland (EKD).

Vortragsreihen des Königsteiner Forums 1980–2008

Vortragsreihe 1980

Kernenergie und Humanität

Vortragsreihe 1981

Anspruchsgesellschaft am Ende?

Vortragsreihe 1982

Ehe und Familie

Vortragsreihe 1983

Beiträge zum Problem des Friedens und seiner Sicherung

Vortagsreihe 1984

Ökologie und Ökonomie im Widerstreit –
Bleibt der Humanismus auf der Strecke?

Vortragsreihe 1985

Gesundheit, des Menschen höchstes Gut?

Vortragsreihe 1986

Beiträge zu Fragen der Umwelt und Mitwelt

Vortragsreihe 1987

Arbeit – Umwelt – Arbeitslosigkeit

Vortragsreihe 1988

Technik und Bildung

Vortragsreihe 1989

Wertewandel und Lebenssinn

Vortragsreihe 1990

Europa – ein Weg zum Frieden

Vortragsreihe 1991

Fortschritt – ein Gebot der Humanität

Vortragsreihe 1992

Die Deutschen auf der Suche nach ihrer neuen Identität?

Vortragsreihe 1993

Information – eine dritte Wirklichkeitsart neben Materie und Geist

Vortragsreihe 1994

Deutschland auf dem Weg zu einer multikulturellen Gesellschaft?

Vortragsreihe 1995

Krise der Institutionen?

Vortragsreihe 1996

Erziehung und Bildung. Verspielen wir unsere Zukunftschancen?

Vortragsreihe 1997

Moralische Indifferenz: Die stille Revolution in unserer Gesellschaft

Vortragsreihe 1998

Das Menschenbild der freien Gesellschaft – Globalisierung und europäische Integration

Vortragsreihe 1999

Arbeit der Zukunft – Definiert sich der Mensch durch seine Arbeit?

Vortragsreihe 2000

Zeitenwende 2000 – Wohin bewegt sich die Welt? Wohin wird sie getrieben?

Vortragsreihe 2001

Bürgergesellschaft – Was hält unsere Gesellschaft zusammen?

Vortragsreihe 2002
Generalthema: DIE ZUKUNFT DER EUROPÄISCHEN UNION

Prof. Dr. Manfred Spieker: Die Identität Europas: Areopag – Kapitol – Golgatha (Die Ursprünge des Abendlandes)

Prof. Dr. Walter Hoeres: Christliches Europa? Gründe der Seins- und Gottvergessenheit

Prof. Dr. Konrad Löw: Erfahrungen der Gegenwart und Erwartungen der Zukunft (Prägende Elemente der Identität)

Dr. habil. Josef Graf von Meran: Was bedeutet Europa für die Jugend?

Prof. Dr. Armin von Bogdandy: Die vertikale Kompetenzordnung der Europäischen Union – Rechtsdogmatischer Bestand und verfassungspolitische Reformperspektiven

Generalleutnant Rainer Schuwirth: Die Entwicklung der europäischen Sicherheits- und Verteidigungspolitik

Prof. Dr. Stephen F. Frowen: Großbritannien und die Europäische Währungsunion

Prof. Dr. Mathias Rohe: Multikulturalität und/oder Leitkultur in der Europäischen Union

Prof. Dr. Anton Rauscher: Das Zusammenleben verschiedener Glaubensgemeinschaften in der EU

Prof. Dr. Diether Döring: Entwicklung der Sozialsysteme auf der Ebene der Europäischen Union

Dr. Katharina Holzinger: Verfassungsentwürfe für die Europäische Union und ihre Realisierungschancen

Vortragsreihe 2003
Generalthema: GENTECHNIK ZWISCHEN NATUR UND ETHOS

Prof. Dr. Walter Hoeres: Das christliche Menschenbild heute
Dr. med. Stephan Sahm: Gene sind nur Moleküle – aber: Wohin führt die Genmedizin?
Prof. Dr. Andreas Graner: Die grüne Gentechnik – Potenziale und Risiken
Dr. med. Dr. theol. Alfred Sonnenfeld: Ärztliche Heilkunst im Dienste der Person
Prof. em. Dr. med. Otto P. Hornstein: Ärztliche Berufseide – noch wirkmächtig oder medizinhistorisches Relikt?
Prof. Dr. theol. Johannes Reiter: Wann beginnt personales Leben? Auseinandersetzung mit den Thesen moderner Bioethiker
Dr. med. Claudia Kaminski: Die Würde des Menschen und die Gentechnik
Prof. Dr. jur. Dr. h. c. Spiros Simitis: Sozialethische und verfassungsrechtliche Grenzen der Fortpflanzungsmedizin
Prof. Dr. theol. Dietmar Mieth: Ethische Verantwortung angesichts der Klontechnik am Menschen
Prof. Dr. Eberhard Schockenhoff: Ethische Probleme der Präimplantationsdiagnostik und Pränataldiagnostik
Prof. Dr. jur. h. c. Ernst Benda: Der Embryo – das unbekannte Wesen

Vortragsreihe 2004
Generalthema: EUROPA UND DER ISLAM

Hayrettin Aydin: Der Islam, religiöse Grundlegung und koranische Offenbarung zum Christentum
Dr. Tilmann Nagel: Die 1400-jährige Geschichte des Islam
Dr. Johannes Kandel: Muslime in Deutschland zwischen Islamismus und Integration
Hamideh Mohagheghi: Der Islam und die Stellung der Frau
Prof. Dr. Claus-Peter Haase: Ästhetische Aspekte im Islam

Dr. Tilmann Nagel: Grundgesetz und Sharia
Dr. Hans-Peter Raddatz: Islam als Wurzel für Radikalismus – Eine dritte Ideologie für Europa?
Prof. Dr. rer. oec. Volker Nienhaus: Die Wirtschaft in der islamischen Welt
Wolfgang Günter Lerch: Der Islam in einer globalisierten Welt
Dr. Rainer Hermann: Die Türkei, ein Teil der Europäischen Union?
Prof. Dr. Christian Troll: Die neue Präsenz der Muslime in Europa – Herausforderung und Chance für Christen

Vortragsreihe 2005
Generalthema: IST DEUTSCHLAND ZUKUNFTSFÄHIG?

Dr. Wilhelm Bender und Prof. Dr. Paul Bernd Spahn: Die wirtschaftliche Wettbewerbsfähigkeit Deutschlands aus Unternehmens- und aus volkswirtschaftlicher Sicht
Johann Hahlen: Die demographischen Perspektiven Deutschlands
Prof. Dr. Ilona Ostner: Zukunft der Familie – Zukunft der Kinder
Prof. Dr. Paul Nolte: Blick zurück nach vorn – Deutschland zwischen gestern und morgen
Dr. Günther Nonnenmacher: Nationale Identität und europäische Einigung
Prof. Dr. Dr. h. c. Erhard Denninger: Zum Verhältnis von Gewalt, Recht und Moral in „nach-westfälischer“ Zeit
Dr. Warnfried Dettling und Prof. Dr. Diether Döring: Die Reform des Sozialstaates und der innere Zusammenhalt der Gesellschaft
Bischof Dr. Reinhard Marx: Globalisierung als ethische Herausforderung
Prof. Dr. Hans Mathias Kepplinger: Perspektiven der Mediengesellschaft – Sind Medien für eine unpolitische Haltung verantwortlich?

Vortragsreihe 2006
Generalthema: AN DER SCHWELLE ZU EINEM „ASIATISCHEN JAHRHUNDERT“?

Peter Sturm: Pulverfass Ostasien? – Nationalismus in China, Japan und Korea
Karl Pilny: Das asiatische Jahrhundert
Prof. Dr. Heiner Roetz: Eine kulturelle Herausforderung? China und die Standards einer künftigen Weltordnung
Prof. Dr. Dieter Rothermund: Wirtschaftswachstum und sozialer Wandel in Indien
Prof. Dr. Irmela Hijiya-Kirschnereit: Ferne Nachbarschaften. Japan, das „Projekt Ostasien“ und die europäische Perspektive
Urs Schoettli: Geschichte der chinesischen Welt. China – Asiens Supermacht des 21. Jahrhunderts
Zhengrong Liu: Unternehmerisches Handeln in China. Zu den deutsch-chinesischen Wirtschaftsbeziehungen
Prof. Dr. Oskar von Hinüber: Indien und die Auseinandersetzung mit westlicher Technik
Dr. Peter Zürn: Integration östlicher Philosophie und Lebensweisheit in den westlichen Führungsalltag
Prof. Dr. med. Gustav Jürgen Dobos: Kombination aus westlicher und chinesischer Medizin: Ein Modell für die Zukunft?
Prof. Dr. Harro von Senger: Die 36 Strategeme der Chinesen – List für die Lebenspraxis

Vortragsreihe 2007
Generalthema: ABENTEUER INFORMATION: NATUR UND WISSENSCHAFT IM DIALOG

Prof. Dr. Jürgen Tautz: Leben – die Organisation von Materie und Energie in Raum und Zeit
Prof. Dr. Christoph Neinhuis: Informationen aus der Pflanzenwelt: Die biologische Vielfalt

Prof. Dr. Klaus Hahlbrock: Die unsichere Zukunft der menschlichen Ernährung
Prof. Dr. Dr. Gerhard Kreysa: Alles Chemie: Moleküle als Funktions- und Informationsträger
Dr. Gerda Horneck: Informationen aus dem All: Der Mensch im Universum
Prof. Dr. Georg Jens Reich: Körperinformationen: Fortschritt und Grenzen der Medizin
Joachin Müller-Jung: Umweltinformationen: Tun wir genug für den Erhalt der Erde?
Prof. Dr. Dres. h.c. Spiros Simitis: Information und Verantwortung
Prof. Dr. Friedmann Schrenk: Die humane Information: Woher kommt der Mensch, wohin geht der Mensch?
Dr. Helmut Reitze: Wissenschaft in den Medien – Bildung oder Unterhaltung?
Bischof Dr. Wolfgang Huber: Was heißt wissenschaftlicher Fortschritt zu Beginn des 21. Jahrhunderts?

Vortragsreihe 2008
Generalthema: ALTER UND GESELLSCHAFT

Prof. Dr. Jürgen Mittelstraß: Zur Geistesgeschichte und zur Zukunft des Alters
Prof. Axel Börsch-Supan Ph. D.: Wirtschaftliche Wirkung des demografischen Wandels: Produktivität, Beschäftigung, Konsum, Kapitalmarkt
Dr. Rembrandt Scholz: Demografische Perspektiven der deutschen Gesellschaft
Prof. Dr. Ulrich Walwei: Arbeiten ohne Ende? Perspektiven der Erwerbstätigkeit in einer älter werdenden Gesellschaft
Dr. Tessen von Heydebreck: Der demografische Wandel und die Personalpolitik der Unternehmen
Prof. Dr. Dres. h. c. Spiros Simitis: Fragen der Altersdiskriminierung aus rechtswissenschaftlicher Sicht

Prof. Dr. Roland Prinzinger: Der programmierte Tod: In welchem Takt tickt unsere Alter(n)s-Uhr?

Prof. Dr. Ursula Staudinger: Altert der Geist? Psychologische Grundlagen des Alterungsprozess

Prof. Dr. Hartmut Radebold: Wie wirken sich zeitgeschichtliche Erfahrungen auf das Altern aus? Darstellung am Beispiel von Kindheiten und Jugendzeiten im zweiten Weltkrieg

Dr. Hannes Ziller: Wie wir im Alter leben wollen – Altenhilfestrukturen der Zukunft

Prof. Dr. Elisabeth Steinhagen-Thiessen: Wie bewahren wir unsere Gesundheit bis in das hohe Alter? Welche Hilfestellungen liefert die moderne Medizin?